수업친구

서로 관찰하며 함께 성장하는
다섯 선생님의 일상수업 공개

수업친구

김보미·지경준·서은영·박형종·이효인 지음

지식프레임

우리는 왜 수업을 공개하는가

학교는 늘 바쁘다. 3월 개학식부터 시작해서 이듬해 2월 종업식까지 때가 되면 치러야 하는 행사들이 항상 기다리고 있다. 그뿐인가. 학교 폭력 예방 교육부터 더 나은 교육을 위한 연구학교 운영까지 다양한 주제 교육도 해야 한다. 사회적 이슈가 발생할 때마다 교육청에서 내려오는 공문도 언제 터져 나올지 알 수 없다.

학교가 바쁘다는 말은 선생님이 바쁘다는 말과 같다. 학교의 모든 행사는 기획부터 운영까지 교사가 전부 도맡아야 한다. 특히 학부모나 지역사회에 내보여야 하는 행사는 많은 사전 준비가 필요하기 때문에 더욱 부담이 된다. 학생들과 관련된 모든 것 역시 교사가 전적으로 책임져야 한다. 학생 상담부터 급식, 생활 지도까지 학교에서는 교사가 학생들의 보호자다. 동시에 학교는 조직사회이기도 하다. 교사는 관리자인 교장·교감선생님과 동료 교사들 사이에서 분장 사무와 기대되는 역할을 빈틈없이 완수해야 한다.

이 많은 일들을 해내야 '유능한 교사'가 된다. 그나마 지금은 많이 준 게 이 정도다. 몇 년 전까지만 해도 교육조직이자 행정조직인 학교의 모순된 구조는 바쁜 교사들의 일상에 더 크게 기여했다. 많은 교사들이 교육청 공문 보고를 급하게 처리하느라 아이들을 자습시킬 수밖에 없었던 사정에는 그만한 이유가 있었다.

이렇게 바쁜 일과에 쫓기며 지내다 보면 어느 덧 '교사로서의 나'보다는 일을 하는 '직장인으로서의 나'로 사는 데 집중하게 된다. 그렇게 되는 것을 그토록 경계했음에도 불구하고 말이다.

2015년 어느 날 내가 근무하는 광주송정초등학교의 하루도 그랬다. 메르스의 여파로 대한민국은 큰 혼란과 두려움에 빠졌다. 7시 50분까지 출근한 나는 8시 30분까지 등교하는 학생들의 체온을 쟀다. 8시 30분부터 9시까지는 학교 폭력 사안에 대한 부장회의에 참석해서 의견을 말해야 했다. 그러곤 허둥지둥 수업에 들어가 아이들에게 이런저런 사정 때문에 아침 활동을 함께하지 못해 미안하다는 사과로 첫인사를 대신했다. 아이들을 하교시킨 후에는 기말고사 시험문제를 출제한 뒤, 갑자기 하루 앞당겨진 교무회의에도 참석했다. 다음 달 행사는 어떻게 치를 것인지, 교육 일정은 어떻게 조정할지, 아이들 안전 관리 대책은 무엇인지…… 논의할 게 산더미였다. 이렇게 학교는 쉴 새 없이 바쁘게 돌아간다.

교사가 가장 빛나는 순간

쳇바퀴처럼 한 해를 마무리하던 2014년 2월 어느 날, 집 앞 카페에서 같은 교사인 10년 지기 친구를 만났다. 최근 박사 학위까지 받고 학생들의 과학교육에 매진하고 있는 그 친구는 본인의 진로를 두고 고민하고 있었다. 하지만 승진하여 관리자가 되기보다는 교실에서 학생들과 함께 있길 원한다고 했다. 그러면서 수업에 관한 자신의 생각들, 그리고 수업시간을 더욱 뜻깊게 보내기 위한 여러 활동들을 하고 있다고도 했다. 그렇지 않아도 마음속으로 존경하던 친구였는데 이런 이야기를 듣고 나니 이젠 존경에다가 흠모까지 더하게 되었다.

같은 해에 발령을 받은 친구와 나는 얘기가 나온 참에 우리가 지나온 길을 되돌아보았다. 학교에서 지내온 수많은 날들 가운데 교사로서 자부심을 느꼈던 순간은 언제였을까? 후배 교사들에게 자랑스럽게 이야기할 만한 경험은 무엇이 있을까? 우리가 가르친 아이들이 나중에 우리를 찾아온다면, 그때 우리는 무슨 이야기를 해 줄까?

교직에 몸담은 십여 년, 길다면 긴 시간인데 막상 기억해 낼 수 있는 순간은 많지 않았다. 장학 자료를 집필했던 것, 연구 대회에서 수상했던 것, 학교 안팎의 여러 행사에 도움을 주었던 것, 영재 학생들을 지도하고 교육청 교재를 집필했던 것, 동료 교사들에게 강사로서 연수를 해 주었던 순간. 내 머릿속엔 이런 단편적인 사실들이 떠올랐다. 물론 이런 경험들도 개인적으로는 자랑스러운 순간들이었지만, 교사라는 정체성을 갖고 주저 없이 자랑스럽게 이야기하기에는 뭔가 부족한 것 같았다. 일을 하는 직장인으로서가 아닌 아이들을 가르치는 선생님으로서 말이다.

왜일까? 지나온 날들을 되돌아보며 나는 새삼 당연한 사실을 다시 확인했다. 교사에게 중요한 것은 학생과 함께하는 순간이고, 가르치는 보람은 수업의 한가운데 있음을. 우리가 찾으려던 보석 같은 기억은 수업과 관련 되었을 때 더욱 빛이 난다는 사실을. 교사는 스스로 빛나는 존재가 아니라 학생들과 함께할 때, 그들을 빛나게 해 줄 때 비로소 그 빛을 반사하여 반짝일 수 있다는 사실을 말이다.

그날의 만남을 계기로 나는 우리 교사들의 가장 중요한 임무, '수업'에 대해 좀 더 깊이 생각하게 됐다. 수업의 목적인 학생의 배움에 대하여도 알아보고 싶어졌고, 교사의 교수 행위가 학생에게 미치는 영향도 알고 싶어졌다. 학생들이 어떤 순간에 수업에 집중하고, 어떤 학습 방법을 선호하는지도 궁금해졌다. 그 과정에서 이런 고민들을 함께해 줄 동료가 필요했고, 날마다 수업에 관한 이야기를 나누고 서로의 상처를 쓰다듬고 싶었다. 비록 남들이 알아주지는 않지만 인류를 위해 의미 있고 멋진 일을 하고 있다고 스스로를 칭찬하고 싶었다.

생각이 여기까지 이르자 앞으로 우리가 해야 할 일이 보다 명확해졌다. '앞으로는 수업을 보고, 기록하고, 분석하자.' 하지만 이런 일은 혼자 할 수 없었다. 동료 교사들의 도움이 필요한 일이었다. 친구와 나는 각자의 학교에서 함께 수업을 연구할 선생님들을 찾아보기로 했다. 이 책은 이렇게 인연을 맺게 된 다섯 교사의 수업 관찰기를 싣고 있다.

먼저 우리 모임의 막내 김보미 선생님. 새로운 지식을 받아들여 자기 것으로 소화하는 능력이 탁월한 선생님이다. 그리고 나에게 수업친구 활동을 소개한 바로 그 10년 지기 친구, 지경준 선생님. 오늘도 더 재미있고 깊이 있는 과학교육을 위해 열심히 연구하고 고민하는 선생님이다. 다음은 서은영 선생님. 혁신학교 실무자로 활동하며 수업 연구

동아리에도 적극적으로 참여하는 깨인 선생님이다. 박형종 선생님은 다른 무엇보다 언제나 학생들을 믿고 지지해 주는 변함없는 마음 때문에, 내가 학생이라면 우리 담임선생님이었으면 좋겠다고 생각할 정도로 인간적인 매력이 넘치는 선생님이다. 마지막으로 나 이효인 선생님. 우리 반 눈높이에 맞는 수업이 뭘까 매일 고민하고 이것저것 시도하지만 아직까지 감을 못 잡고 헤매고 있는 중이다.

더 나은 교사가 되는 길

우리에게는 왜 수업친구가 필요할까? 거기에는 교사로서 우리가 간절히 바라는 이유들이 있다.

우리는 제일 먼저 교사로서 성장하고 싶다. 아이들을 가르치며 수업 속에서 그들의 배움을 연구하고, 더 잘 배우도록 도와주는 전문가가 되고 싶다. 그러기 위해서는 우리 자신과 수업친구의 눈을 통해 수업을 '제대로' 보아야 한다. 자신의 수업을 자신이 볼 수는 없으며, 수업을 보지 않으면 수업을 성찰할 수 없기 때문이다. 나의 수업을 열어야 동료의 수업을 열 수 있으며, 수업을 보아야 수업을 배우고 연구할 수 있다.

우리는 또 전문가로서 당당해지고 싶다. 의사의 전문성은 환자의 회복으로, 변호사의 전문성은 의뢰인의 고충 해결로 판단할 수 있다. 교사가 전문성을 갖추었는지 여부는 학생의 배움으로 판가름 된다. 교사의 전문성은 다른 어떤 순간도 아닌 '학생에게 배움이 일어났을 때' 세상에 드러나고, 인정받는다. 그 순간을 위해 교사만이 할 수 있는 일을 서로 나누고 전문가로서 당당해지는 데 수업친구의 두 번째 목적이 있다.

셋째로 우리는 매일 묵묵히 수업을 통해 아이들과 함께하고 있는 아름다운 동료 교사들을 칭찬하고 싶다. 누가 뭐라고 해도 우리나라와 우리 사회가 대를 이어 발전하고 문화적으로 자랑할 만한 위치에 있게 됐다면 그것은 매일매일 교실에서 아이들과 함께 가르치고 배우는 교사들이 있기 때문이라고 믿는다. 그들의 노력을 위해, 즉 아이들의 배움을 위해 계속해서 교실 문을 열고 수업을 공개하며 수업친구와 우정을 쌓아가고 싶다.

이외에도 수업을 공개하는 이유, 수업친구가 필요한 이유는 수없이 많다. 저마다의 이유로 우리는 우리의 가장 평범한 하루하루를, 우리의 일상인 '수업'의 풍경을 공개하고자 한다. 우리는 보여주기 위한 수업이 아닌, 수업 자체를 위한 수업이 무엇인지 끊임없이 탐구하고 고민할 것이며, 그 과정을 동료들과 함께 나눌 것이다. 그리고 이를 통해 이해받고 성장하고 발전해 나갈 것이다. 이 소중한 경험을 우리의 또 다른 수업친구인 독자들과 함께 나눌 수 있기를, 더 많은 수업친구들이 이 과정에 동참하여 함께 성장할 수 있기를 희망한다.

2015년 여름, 송정초등학교에서

지은이를 대표하여 이효인

차례

수업친구
활동을
시작하다

──── 우리 학교는 광주에 있는 작은 학교다. 학생 수는 많지 않지만 그래도 1학년들과의 생활은 하루하루가 전쟁터를 방불케 한다. 그렇게 학생들과 부대끼며 정신없이 지내던 어느 날, 나는 전라북도 완주군에 있는 삼우초등학교를 방문하게 되었다.

삼우초등학교는 작은 학교의 대안을 찾아가는 교육 실천가들이 모여 있는 학교다. 그곳에서 만난 선생님들은 행복해 보이는 얼굴로 학교의 이런저런 이야기를 들려주었다.

그중 유독 내 귀에 꽂히는 단어가 하나 있었다. 그것은 '수업친구', 즉 마음이 맞는 두 선생님이 서로의 수업을 코칭해 주는 활동이었다. 삼우초 선생님들은 동료 교사와 수업친구를 맺고 서로의 수업을 관찰하는 일상수업 공개를 실천에 옮기고 있었다. 거기에는 어떠한 외부의 개입이나 타인의 지시도 없었다. 선생님들은 오직 수업을 잘해 보고 싶은 마음 하나로 그 일을 이어오고 있었던 것이다. 잘못된 점을 지적하는 것이 아니라 서로의 노력을 칭찬하고 때로는 상처를 어루만져주는 삼우초 선생님들의 모습은 나에게 깊은 인상을 남겼다.

다시 학교로 돌아오는 길에 그동안 내가 경험한 공개수업을 돌아보았다. 평범한 일상을 화려하게 포장하기 위해 다양한 수업 재료를 만들었던 경험, 평소 수업에서는 자연스럽게 발표하다가도 공개수업에서는 바른 자세로 왼손을 들어 발표하게 했던 경험, 우수한 학생만 발표에 참여하게 했던 경험들이 떠올랐다.

지금까지 내가 공개했던 수업은 나와 아이들의 성장을 위한 것이 아니라 내가 잘하고 있다는 것을 '보여주기 위한' 수업이 아니었을까? 확신이 서지 않았다. 누군가 있는 그대로의 내 수업을 보고, 진심 어린 조언을 해 준다면 어떨까? 문득 나에게도 수업친구가 있었으면 좋겠다는 생각이 들었다. 내 수업에 대해 마음 편하게 이야기할 수 있는 그런 친구 말이다. 그럼 학교생활이, 아이들과의 수업시간이 좀 더 행복해질 것 같았다.

교사를 움츠리게 하는
잘못된 공개수업 문화

많은 교사들이 수업을 새롭게 바꿔보기 위해 저마다 노력 중이라는 것을 우리도 모르는 게 아니다. 그러나 이런 노력에도 불구하고 대부분의 선생님들은 경직된 수업 문화 때문에 난관에 부딪히곤 한다. 공개수업이 그 대표적인 예다. 학교에서 이뤄지는 일반적인 공개수업은 방식이 다양하지도 않고, 방향도 일방적이다. 물론 임상장학, 동료장학, 자기장학 등이 있긴 하지만 단지 형태만 나눠놓았을 뿐 그것을 다양성이라고 부르기는 어렵다.

학교마다 조금씩 다르지만 일반적으로 교육 경력이 짧은 교사일수록 갑안수업안을 작성하여 전체 교사를 대상으로 수업을 공개한다. 반면에 교육 경력이 5~20년 정도 된 중견 교사들은 을안수업안을 작성한 후 같은 학년 교사를 대상으로 수업을 공개한다. 또 20년 넘게 교직에 몸담은 선생님들은 자기장학을 실시한다. 교단에 선 지 20년이 넘으면 수업을 공개하지 않아도 된다는 의미다.

그런데 뭔가 이상하다. 학교에서 구분해 놓은 수업 공개 방식에 따르면 우리는 신규 교사일 때 가장 많은 사람들에게 수업을 공개하고, 경력이 쌓일수록 그 대상이 줄어 20년이 지나면 아무에게도 수업을 공개하지 않게 된다.

왜 그럴까? 왜 교사들은 경력이 쌓일수록 수업을 공개하지 않으려는 것일까? 경력이 긴 만큼 수업에 대한 노하우도 있고 그를 바탕으로 더 세련된 수업을 할 수 있을 텐데 말이다.

하지만 조금만 생각해 보면 수업 공개에 대한 교사들의 두려움을 이해할 수 있을 것 같기도 하다. 바로 교사와 수업을 평가의 대상으로만 보는 공개수업 문화 때문이다. 이런 문화 때문에 선생님들은 경력이 쌓이면 그 짐을 내려놓으려고 한다. 그러다 보니 힘없는 새내기 교사들에게 그 짐이 가중되는 것이다. 하지만 신규 교사들에게 그렇게 빡빡한 수업안과 부담스런 공개수업이 과연 꼭 필요한 것일까? 그래야만 수업을 잘할 수 있는 것일까? 도대체 왜, 무엇 때문에 수업을 공개하는가? 우리는 공개수업의 의미에 대해 다시 한 번 생각해 볼 필요가 있다.

게다가 기존의 공개수업은 절차와 형식에도 문제가 많다. 어떤 교사가 학생의 배움을 중심에 두고 수업안을 간단히 작성했다고 하자. 그런 수업안은 정해진 절차와 형식에 맞지 않는다는 이유로 빨간 줄이 그어지고, 무시되곤 한다. 그리고 돌아오는 대답은 TS안(교사와 학생의 응답을 미리 예상하여 작성한 수업안)으로 수정하라는 요구뿐이다. 또 다른 교사는 수업안을 구성할 때 활동을 먼저 하다가 나중에 동기 유발 자료를 넣고자 할 수도 있다. 그런데 결제를 올리자 수업의 단계에 따라 동기 유발을 먼저 넣어야 한다는 지적을 듣게 된다.

이런 일이 반복되면 어떻게 될까? 우리는 그동안의 경험을 통해 쉽게 예상할 수 있다. 두 교사 모두 스스로 연구하고 계획한 수업을 실현해 가며 성장하기보다는 일단 수업안을 통과시키기 위해 주어진 양식부터 충실히 따라야겠다는 생각을 하게 될 것이다. 이렇게 되면 공개수업은 새로운 방식을 시도하기보다는 또다시 관례를 지루하게 답습하는 시간으로 흘러가고 만다.

최근 들어 수업을 다양화하려는 시도가 일어나고 있다고는 하지만, 여전히 대부분의 학교가 이런 경직된 수업 문화에서 벗어나지 못하고 있는 것이 현실이다. 그나마 혁신학교에서는 기존의 수업 문화에서 빗겨난 다양한 방법들을 시험해 볼 수 있는 여지가 있다. 예를 들어 우리 학교는 교사들 간의 합의를 거쳐 경력과 상관없이 모두가 수업을 공개한다. 수업을 공개하기 일주일 전에는 사전 수업협의회를 통해 다 함께 수업안을 작성하며, 이때 모든 교사들이 자신의 수업인 것처럼 수업자와 함께 고민해 준다. 수업안의 양식도 간소하게 줄였다. 수업과 직접적인 관련이 없는 잡다한 내용들은 모두 생략하고 '학생의 배움을 위해 무엇을 어떻게 할 것인지' 고민한 내용만 담는다. 그리고 거기에 배움 자체가 즐거워야 하며 학생의 삶과 연결되어야 한다는 철학을 담기 위해 노력한다.

하지만 이것만으로는 부족하다. 고작 일 년에 한 번 공개하는 수업에 수업자의 진정성을 담아내기란 어렵고, 또 담아낸다 하더라도 관찰자의 입장에서 그것을 충분히 이해하기 어렵기 때문이다. 게다가 평소보다 좀 더 세련되고 화려한 모습을 보여주고 싶다는 욕망을 참기도 쉽지 않다(물론 여전히 자연스럽게 일상수업을 보여주는 교사들도 있지만).

그래서 내 수업의 맥락을 이해하며 좀 더 긴 호흡으로 일상수업을 봐줄 친구가 필요했다. 그래야 그 친구의 눈을 통해 교단에 선 나 자신의 온전한 모습을 볼 수 있을 것 같았다.

일상수업 공개는
어떻게 이루어지나?

　일단 수업친구의 연을 맺게 되자 일은 일사천리로 진행되었다. 광주 지산초등학교와 송정초등학교의 교류는 그렇게 시작되었다. 우리는 먼저 수업에 대해 어떻게 생각하는지 각자의 의견을 허심탄회하게 나누었다. 선생님들의 생각은 비슷하면서도 조금씩 달랐다. 우리는 의견이 갈리면 서로에게 그렇게 생각하는 이유를 충분히 설명했고, 그렇게 서로 의견이 다르더라도 각자의 수업 철학과 수업 방식을 존중할 수 있게 되었다.

　우리가 그럴 수 있었던 것은 각기 다른 수업 방식의 바탕에 모두가 동의한 원칙이 있었기 때문이다. '수업친구의 수업을 관찰하고, 의견을 나눌 때는 섣부른 충고와 비판을 하기보다는 그 수업의 장점을 찾아 더 크게 칭찬하자. 그리고 무엇보다 수업의 목적인 학생의 배움을 늘 앞에 두자.' 우리는 이 공통된 원칙 아래 각자의 방식으로 수업친구의 수업을 관찰하고, 교사와 학생 면담을 통해 궁금한 점을 알아보며 그로부터 자신의 수업을 되돌아보기로 했다.

2014년 3월 25일 – 첫 만남

일상수업 공개에 참여할 선생님들을 처음으로 만났다. 배움 중심의 수업이란 무엇인지, '가르친다는 것'에 관한 각자의 철학은 무엇인지 생각을 공유하는 자리를 가졌다. 또 이날 나눈 대화를 바탕으로 일상수업 공개 프로젝트를 어떻게 진행할지 구체적인 절차와 계획을 논의했다.

2014년 4월 29일 – 관찰자의 자세

수업은 교사와 학생, 학생과 학생이 서로 배움을 주고받는 과정이다. 따라서 관찰자는 되도록 그 교류에 끼어들거나, 수업에 관여하지 않는 것이 바람직하다. 또한 제대로 된 관찰을 위해서는 주관적인 시선을 배제하고 객관적인 눈으로 수업을 바라보는 자세가 중요하다.

2014년 6월 16일 – 중간 점검

두 학교는 수업을 관찰하는 틀이 서로 달랐다. 하지만 큰 틀에서 일상수업 공개를 통해 교사의 질적 성장을 도모한다는 목적은 같다. 이 점을 잊지 않는 것이 중요하다.

2014년 7월 14일, 23일 – 어떻게 기록할 것인가?

수업 관찰기에 담긴 교육철학적 의미는 무엇이며, 그것은 독자들에게 어떤 도움이 될 수 있을까? 먼저 관찰기를 쓸 때에는 관찰자 자신의 철학과 스타일을 거기에 담아내자. 그리고 그렇게 쓰인 글을 좀 더 읽기 쉽게 다듬자. 그래야 더 많은 사람들과 그것을 공유하고, 다양성으로부터 새로운 가치를 발견할 수 있다. 그리고 그 가치를 다시 나만의 수업 방식과 철학에 보탬이 되는 영양분으로 삼자.

일상수업 공개의 5단계

1단계	준비	• 수업친구 만들기 • 수업 일정 협의 • 수업의 주제와 차시 공유
2단계	관찰	• 노트북, 카메라 등 수업 기록 준비 • 수업 기록 • 모둠활동을 관찰할 경우 특정 모둠을 정하여 집중 관찰

3단계	대화	• 수업자, 학생과 나누는 대화
		  (학생의 배움이 일어나는 순간, 교사의 장점과 교사가
		  수업에서 어려움을 겪은 지점, 궁금한 점 등)

4단계	성찰	• 수업자의 수업 철학 찾기 • 나의 수업 되돌아보기
5단계	공유	• 관찰하고 성찰한 내용을 수업친구와 나누기

수업을 어떤 눈으로
볼 것인가?

이렇게 큰 틀은 정해졌지만 세부적인 관찰 과정은 두 학교가 서로 달랐다. 광주지산초등학교에서는 교사와 학생, 학생과 학생의 상호작용을 중심으로 수업을 기록했고, 송정초등학교에서는 한 학생의 배움을 중심으로 기록했다.

우린 두 방식 모두 의미가 있다고 여기고 다름을 인정하기로 했다. 그리고 그 다름은 존중받아야 한다고 생각했다. 우리 자신도 보다 다양한 방식으로 수업을 관찰하는 눈을 기를 수 있고, 이 책을 읽는 독자들에게도 다양한 선택지를 줄 수 있기 때문이다.

본격적으로 수업을 들여다볼 때 쉽게 이해할 수 있도록 여기에 두 학교의 관찰·기록 방식을 간단히 소개한다.

지산초등학교는 수업 비평 방식을 응용하여 수업을 기록했다. 수업을 있는 그대로 전사하고 의문 나는 부분이나 인상적인 부분에 관찰자의 코멘트를 다는 방식이다. 다만 수업 비평은 수업이 잘 됐는지 못 됐는지 평가하는 게 아니라 교사의 정체성과 수업 철학을 객관적인 시선에서 살펴보는 데 그 목적을 두었다.

저명한 교육 지도자인 파커 J. 파머는 훌륭한 가르침이란 교사의 정체성과 성실성에서 나온다고 했다. 그것은 하나의 테크닉으로 격하되는 것이 아니며, 훌륭한 교사는 자신과 학생 사이의 유대감을 통해 학생 스스로 하나의 세계를 엮어내는 방법을 가르친다. 수업친구와 수업을 나누는 과정은 훌륭한 교실의 이런 조건들을 함께 나누고 서로의 수업 철학을 공유하며 수업자와 관찰자 모두가 함께 성장하는 기회가 되어야 했다.

그래서 우리는 '교사로서 나는 어떤 존재인가?' '내 수업의 스타일과 마음가짐은 어떠한가?' '내 수업이 지향하는 바는 무엇인가?' 같은 질문을 던지며 수업을 관찰했다.

지산초등학교의 수업 관찰기에는 다음 내용들이 포함되었다.

– 수업 개요(교과, 단원, 차시, 주제 등)

– 수업자에 대한 정보(교직 경력, 성격 등)

– 수업의 과정(교사와 학생의 대화, 학생과 학생의 대화)

   – 수업에 대한 관찰자의 느낌(인상 깊었던 점, 의문 나는 점 등)

   – 수업이 끝난 뒤 수업자, 학생과의 대화

   – 수업 성찰

   한편 송정초등학교는 교사의 교수 행위보다는 학생의 배움에 중점을 두고 수업을 관찰하고 기록했다. 이 방식은 수업의 본질인 학생의 배움을 중심으로 하기 때문에 전사하는 방법이 따로 있다. 먼저 관찰자는 수업을 교사의 교수 행위와 관찰 학생의 반응, 주변 학생의 반응 등 세 부분으로 나눠 객관적으로 빠짐없이 기록(전사)한다. 그리고 그 내용을 분석해 주목할 만한 학생의 반응을 발견하고, 그 반응에 비춰 배움을 해석해 나가는 방식이다.

   학생의 배움을 제대로 분석하려면 교육인류학적으로 고도의 훈련이 필요하다. 워크숍과 교사 동아리 활동을 통해 '아이 눈으로 수업 보기'를 접한 경험이 있는 교사라면 비교적 수월하겠지만 이를 처음 해 보는 다른 선생님들에게 수업 상황을, 그것도 세 가지 기준에 맞춰 하나도 빠짐없이 객관적으로 기록해야 한다는 것은 쉬운 일이 아니었다. 그래서 우리는 협의를 통해 아이의 눈으로 수업을 본다는 취지는 살리되, 객관적 사실과 수업 집중 정도, 관찰자의 느낌을 중심으로 기록하기로 했다.

   송정초등학교의 수업 관찰기에는 다음 내용들이 포함되었다.

   – 수업 개요(교과, 단원, 차시, 주제 등)

– 관찰 학생에 대한 정보(학습 소양, 성격 등)

– 수업의 과정(관찰 내용과 수업 집중 정도, 의문점과 느낀 점)

– 학생의 배움이 일어나는 지점

– 수업이 끝난 뒤 수업자, 학생과의 대화

– 수업 성찰

수업 관찰 달력

● 표시는 이 책에 실린 수업 관찰기

관찰자	수업자	관찰일자	과목	수업 주제	관찰 주제
김보미	서은영	4.21(월)	국어	논설문의 특성 알기	한 박자 기다려주기 ●
	서은영	5.16(금)	사회	경제성장에 따른 생활의 변화	배움은 가까운 곳에서부터 ●
	지경준	5.23(금)	과학	KWL 차트로 단원 정리하기	알고 싶은 것을 배우다! ●
	지경준	6.13(금)	과학	곤충의 한살이 비교하기	시끄러워도 괜찮아! ●
	서은영	7.7(금)	사회	국토 개발의 의미와 필요성 알아보기	핵심은 짧게 활용은 넓게
	지경준	7.11(금)	과학	흙의 종류 비교하기	잘못된 개념은 바꾸기 어렵다 ●
	서은영	9.29(월)	수학	원뿔에 대해 알아보기	내가 아는 것과 비교하여 배움을 확장하다
	서은영	10.17(금)	사회	단원 개관	단원의 시작과 끝
	지경준	10.17(금)	과학	지층 모형 만들기	요리를 과학에 끌어들이다
	지경준	10.22(수)	과학	퇴적암 만들기	내 손으로 만드는 퇴적암

관찰자	수업자	관찰일자	과목	수업 주제	관찰 주제
지경준	서은영	4.21(월)	국어	논설문의 특징 알기	꾸준히 하다보면 효과는 있다
	김보미	5.13(화)	국어	원인과 결과를 담아 간추려 말하기	왜 이 수업이 필요한지 언제나 고민하기
	서은영	5.23(금)	사회	경제 위기의 극복과 성장	교사가 작아지면 학생은 커진다 ●
	김보미	6.10(화)	수학	두 자리 수× 한 자리 수	아이들이 좋아하는 것을 수업 속으로! ●
	서은영	7.10(목)	사회	환경친화적인 국토 개발의 방향	배움이 삶과 동떨어지지 않도록 ●
	김보미	7.11(금)	사회	버스 노선도에서 교통 중심지 찾기	일반 학급에서 특수아는 어떻게 배움을 경험할까?
	김보미	9. 23(화)	체육	공 주고받기	교실에서 살아 숨쉬는 캠페인 ●
	서은영	10.13(월)	사회	인권의 의미를 알고 침해 사례 찾기	인권 감수성을 기르는 수업 ●
	김보미	10.15(수)	사회	옛날 모습과 오늘날 모습 비교하기	거꾸로 수업은 학생들에게 배움을 줄 수 있을까?
	서은영	10.27(월)	수학	부피의 단위	보조 교사의 가르침이 부진학생에게 배움을 줄 수 있다
서은영	지경준	4.25(금)	과학	계절의 변화	다름을 인정하고 서로 격려하기 ●
	김보미	5.27(화)	수학	곱셈식에서 나눗셈의 몫 알기	어떻게 하면 수학에 흥미를 가질까?
	지경준	6.2(월)	도덕	서로 배려하고 봉사하며	학생 스스로 생각하는 수업 ●
	김보미	6.10(화)	사회	미래의 이동수단과 의사소통수단	스토리텔링으로 의미 있는 수업 만들기
	김보미	7.9(수)	국어	상황에 어울리게 말하기	자신의 생각을 정확하게 표현하기 ●
	지경준	7.14(월)	과학	자석 주위에서 일어나는 현상	스스로 질문하고 답을 찾는 수업 ●

관찰자	수업자	관찰일자	과목	수업 주제	관찰 주제
서은영	지경준	9.24(수)	과학	물의 세 가지 상태	교사가 학생과 함께 참여하는 수업
	지경준	10.8(수)	과학	헬륨 비행선 만들기	창의적인 아이디어를 위해 교과 통합하기
	김보미	10.29(수)	사회	옛날과 오늘날의 주생활 비교하기	교과서보다 좋은 수업 자료 '책' 활용하기
	김보미	10.31(금)	수학	분수로 나타내기	한 명의 학생도 소외되지 않도록 ●
박형종	이효인	6. 3(화)	국어	글쓴이의 관점을 생각하며 글 읽기	교사가 보는 것과 학생의 눈으로 보는 것은 다르다
	전유리	6.9(월)	수학	원주율과 원의 넓이 정리하기	아이들은 또래에게서 많은 것을 배운다
	이효인	6.11(수)	국어	뉴스의 짜임새 알아보기	관찰자가 되면 학생들의 세계가 보인다 ●
	전유리	6.12(목)	국어	뉴스 시청하고 관점 파악하기	문제를 스스로 생각하고 해결할 수 있는 시간 주기
	이효인	7.15(화)	수학	비례식 알아보기	창조성은 학생을 믿는 데서부터 ●
	이효인	10.16(목)	사회	세계의 자연과 문화	단점을 고치기보다는 장점을 키워주기
	이효인	10.31(금)	국어	뉴스 취재 계획 세우기	주변을 따뜻하게 하는 미소의 힘 ●
	양용석	12.11(목)	국어	주장과 근거의 적절성 판단	'보이지 않는 수업'도 중요하다 ●
	이다현	12.12(금)	수학	정비례와 반비례	관계는 아주 작은 것에서부터 ●
이효인	박형종	4.15(화)	수학	익힘책 풀기	가르침은 아이를 알아가는 것부터
	전유리	6.10(화)	수학	놀이로 원주율과 원의 넓이 구하기	학생 입장에서 수업에 참여한다는 것
	박형종	6.11(수)	사회	무역은 왜 이루어질까?	수업하는 방법, 배우는 방법

관찰자	수업자	관찰일자	과목	수업 주제	관찰 주제
	전유리	6.13(금)	국어	뉴스를 보고 관점 찾기	수준이 다른 아이들
	전유리	7.10(목)	실과	전자회로 꾸미기	배움을 수업의 중심에 두자!
	박형종	10.10(금)	음악	초록바다 노래 부르기	아이들의 미소가 되살아나는 수업
이효인	박형종	10.29(수)	수학	3단원 정리 학습	공부하며 재미 느끼기
	박형종	11.25(화)	수학	방정식 알아보기	질문이 있는 교실의 조건
	박형종	12.9(화)	체육	스키장에서 신나는 하루	교사가 잘하는 것을 가르치자
	양용석	12.11(목)	국어	주장과 근거의 적절성 판단	가르침의 시작은 학생을 믿어주는 것

아이들을 배우는
수업시간

김보미 선생님의
수업 관찰기

─────── 직장에서 친구를 사귄다는 것은 생각처럼 쉽지가 않다. 그 직장이 학교라면 더욱 그렇다. 학교는 이제 막 사회에 나온 새내기 선생님부터 곧 정년을 앞둔 나이 지긋한 선생님까지 다양한 연령층이 함께 생활하는 곳이다. 게다가 선생님들은 모두 각자의 업무에 바빠 진솔한 대화를 나누며 마음을 주고받을 시간도 부족하다.

그래선지 그동안 학교에서 내가 친구라고 부를 수 있는 사람은 '같은 주제의 이야기를 할 수 있는 내 또래의 동학년 선생님' 정도로 한정돼 있었다. 아이들, 학교나 수업에 대해 허심탄회하게 고민을 털어놓을 수 있는 동료도 또래 동학년 선생님들뿐이었다.

지금 되돌아보면 당시 내가 또래 동학년 선생님들과 이야기했던 것은 일종의 푸념이 아니었을까 싶다. 우리는 매번 같은 문제에 부딪혀

같은 고민을 되풀이했다. 그렇게 매일 같은 고민을 안고 지내다 보면 '지금 이대로 하는 게 맞는 건가?' 하는 생각이 들 때가 많았다. 뭔지 모를 불안감에 동학년 교재 연구실에 가는 시간도 부쩍 줄었다. 물론 고민을 이야기하는 것만으로도 많은 도움이 되었지만, 어쩐지 속 시원히 해결된 느낌은 들지 않았다. 여전히 문제의 근본적인 해결책을 찾지 못한 나로서는 늘 풀어야 할 숙제가 남아 있는 느낌이었다.

게다가 그런 관계나마 1년이 지나 새로운 학년에서 새로운 사람들을 만나게 되면 흐지부지 멀어지는 경우가 많았다. 그렇게 친구라고 생각했던 사람들과도 조금씩 거리가 생겼다.

허전함을 채워준
수업친구

그러던 차에 '수업친구'를 함께하자는 제안을 받았다. 서로의 수업을 아무 거리낌 없이 공개할 수 있는 친구가 되자는 제안이었다. 일상수업 공개? 평소 수업을 있는 그대로 공개한다는 말이 낯설고 생소하게만 느껴졌다. 날마다 수업을 공개하라는 말인가? 만약 그렇다면 수업친구 활동은 어쩌면 큰 용기가 필요한 일이 아닐까?

나는 그동안 있었던 공개수업의 기억을 떠올리며 잠시 주춤했다. 어떻게 수업을 공개해야 하는지, 다른 선생님의 수업을 관찰할 때 무엇을 보아야 하는지 생각이 정리돼 있지도 않았다. 하지만 그런 망설임을 덮을 정도로 내 마음을 움직이는 게 하나 있었다. 바로 수업친구로부터 뭔가를 배울 수 있지 않을까 하는 기대감이었다. 나는 그 기대 하나로 흔쾌히 수업친구 프로젝트에 함께하기로 했다. "서로의 수업을 보면서 칭찬거리를 찾아 칭찬해 주고, 힘을 주는 친구 같은 거야." 내 마음을 흔들었던 이 한마디를 가슴에 새기며 우리는 '친구'가 되었다.

우리는 수업 공개가
두렵지 않다

"지금 해 보고 싶은 것을 마음껏 해 봐." 신규 교사일 때 전체 교사를 대상으로 공개수업을 하면 선배들은 늘 이런 말을 했다. 하지만 그 말에는 '조금 더 경력이 쌓이면 무서워서 못 할 걸?'이란 속뜻이 숨어 있었다. 왜일까? 경력이 쌓이면 그만큼 아는 것도 많아지고 아이들 마음도 더 잘 알 수 있을 텐데 왜 수업 공개를 무서워하는지 선뜻 이해되지 않았다.

어느덧 10년의 세월이 지나고 되돌아보니 그때 선배들이 했던 말이 무슨 뜻이었는지 절실히 느껴진다. 연구학교나 학부모 공개수업처럼 준비된 수업이 아닌 일상수업은 더욱 공개하기가 두렵다. 경력이 쌓일수록 수업자에게 거는 동료나 학부모들의 기대는 커진다. 그것은 고스란히 수업자에게 부담으로 다가온다. 가끔은 나보다 경력이 낮은 선생님께 수업을 보여준다는 것이 어쩐지 부끄럽게 느껴질 때도 있다. 수업 공개가 이렇게 중압감을 준다는 것은 그만큼 교사로서의 자존감이 떨어져 있다는 뜻이기도 했다.

이런 현실에서 선배 교사들의 수업을 보고 싶을 때 볼 수 있다는 것은 얼마나 큰 행운인가! 특히 나는 우리 학교에 있는 세 명의 수업친구 중 막내다. 그러니 실수를 해도 다 용서받을 수 있을 것 같은 마음이 들었고, 그만큼 수업을 공개할 용기가 생겼다. 또 혼자 수업을 준비하면서 느끼던 허전함을 채울 수 있지 않을까 하는 기대도 하게 됐다. 이렇게 하면 맞는 것인지, 똑같은 일상을 생각 없이 되풀이하고 있는 건 아닌지 고민에 허덕이던 나에게 새로운 변화의 계기가 찾아온 것이다.

수업친구 활동은 우리 반 수업을 구체적으로 바꾸어놓았다. 일상수업 공개 이후 나는 수업시간에 아이들이 자신의 이야기를 할 수 있도록 유도하고, 과제도 아이들의 상황에 맞춰 그때 그때 다른 방법으로 내준다. 학교에서의 배움을 아이들 각자의 삶과 연결시킬 수 있는 방법에 대해서도 함께 생각해 본다. 새로운 수업 방식을 배우기 위해 연수를 다녀오기도 하고 교육과정에 대한 책도 열심히 사서 읽는다. 모두 전에는 꿈도 꾸지 않았던 일들이다. 수업친구와의 교류는 나에게 교사로서의 열정을 되찾아주는 에너지가 되었다. 덕분에 스스로 필요한 것을 찾고 배우면서 벌거벗은 내 수업에 여러 가지 옷을 입힐 수 있었다.

수업 관찰은 배움과 반성의 시간이기도 했다. 특히 그동안 몰랐던 우리 반 아이들의 새로운 모습을 볼 수 있었던 게 가장 큰 결실이다.

다른 선생님과 수업을 하는 우리 반 아이들은 어떤 모습일까? 많은 교사들이 이 부분에 대해서는 잘 모른 채 1년을 보낸다. "우리 아이가 학교에서는 어떤가요?" 묻는 학부모들처럼 말이다. 그래서 수업자가 아닌 관찰자가 되어 한 해 동안 우리 반 아이들을 여러 번 관찰할 수 있다는 것은 커다란 의미가 있다. 내가 모르는 우리 반 아이들의 모습을 입체적으로 볼 수 있기 때문이다.

나만의 수업 철학을 찾아서

수업친구 1년의 활동이 끝나고 되돌아보니, 나를 변화시켰던 말들이 떠오른다.

"수업을 통해 단순히 지식을 전달하는 것이 중요한 게 아닙니다. 결국 공부란 자기의 생각과 관점을 갖고 거기에 책임도 질 줄 아는 사람이 되는 과정이라는 걸 깨달았으면 합니다. 그래야 내 문제뿐 아니라 사회의 문제에도 자기 일처럼 관심을 가질 수 있지 않을까요?"

배움은 머릿속이나 교실 안에서 그치는 게 아니라 실천을 통해 자신과 사회를 변화시킬 수 있음을 깨달을 때 의미를 지닌다. 이때 교과서에 제시된 단편적인 지식을 학생의 삶과 연결시키는 것이 교사의 역량이 아닐까? 배움을 통해 스스로 반성하고 발전할 수 있도록 아이들을 도와야겠다는 생각을 어느 때보다 많이 했다.

나에게 변화를 가져다준 또 한마디는 질문과 배움에 관한 것이다.

"교사가 아이들의 질문에 답을 하지 못할 경우에는 배움이 끊어지지만, 다른 뭔가를 제시해 질문을 이어주면 배움도 이어지지 않을까 합니다. 수업은 거미줄처럼 더 많이 칠수록 더 많은 것을 향한 배움으로 나아가게 되니까요. 그리고 그렇게 배움을 이어주다 보면 어느 지점에서 학생들은 지식을 자기 것으로 소화시킬 수 있습니다."

생각해 보면 수업친구의 교실은 소란스러울 정도로 질문이 많았다. 하지만 그 질문들은 어쩌면 새로운 것을 알고자 하는 아이들의 호기심, 즉 앎에 대한 욕구가 아니었을까? 나의 수업친구는 그 욕구를 채워주기 위해 교사가 무엇을 해야 하는지 잘 알고 있었다. 정답을 제시하기보단, 호기심이 이어질 수 있도록 교사 또한 끊임없이 질문하고 대화하며 배움의 거미줄을 친다는 말이 오래 기억에 남았다.

수업친구와 서로의 수업을 공유하면서 제대로 느낀 것이 하나 있다. 바로 교사는 수업을 통해서 자신의 교육철학이 무엇인지 보여준다는 점이다. 확고한 교육철학을 바탕으로 하는 수업은 뿌리가 깊어 흔들리지 않는 나무처럼 어떤 과목, 어떤 상황에서든지 한결같은 모습을 보여주었다. 그런 수업을 보며 나에게도 새로운 목표가 하나 생겼다.

너무나 어렵게만 느껴져 엄두가 나지 않았던 '나의 교육철학 세우기'도 이제 겨우 발을 딛기 시작했다. 올해는 교사로서 뿌리를 더 넓고 깊게 내리기 위해 인문학에 도전해 보려 한다. 어렵기만 한 교육철학에 한 발짝 다가가기 위한 첫걸음으로 사람에 대해 생각해 볼 수 있는 인문학을 선택했다. 인문학의 가치를 수업과 교실 활동에 접목할 수 있는 방법을 아이들과 함께 생각해 보는 것도 즐거운 고민이 될 것이다.

1

한 박자
기다려주기

    우리 학교는 학교 특색 교육으로 '디딤돌 학습'을 한다. 디딤돌 학습이란 기초 학습이 중요한 국어, 수학교과에서 뒤처져 수업에서 소외되는 학생이 없도록 학생의 단계에 맞게 기초 학습 능력을 향상시키는 프로그램이다. 국어과를 예로 들면, 1학년은 소리 내어 읽기, 2학년은 문장 완성하기, 3~6학년은 단계에 맞게 어휘 사전 만들기를 한다. 우리 반은 아직 사전 찾기 활동이 시작되지 않아 교과서에 나오는 낱말 뜻을 이용한 '십자말풀이'라든지 '낱말골든벨' 같은 단어 암기 게임을 하고 있다.

    하지만 이런 노력에도 불구하고 학생들 간의 학습 능력 차이는 여전히 존재한다. 한 번 말해서 이해하는 아이들, 몇 번을 말해도 모르는 아이들, 심지어 '일부러 장난치나?' 하는 생각이 들 정도로 전혀 따라오지 못하는 아이들도 있다.

사실 아이들마다 학습 속도가 다른 것은 어찌 보면 당연하다. 새로운 것을 배울 때 아이들은 자신이 기존에 알고 있는 것들과 연관 지어 이해하는 경우가 많다. 그래서 배우는 속도에도 저마다 차이가 있다.

새로운 지식을 받아들여 머릿속을 정리하기 위해 각자에게 필요한 시간, 그 시간 동안 교사는 인내하고 기다려주어야 한다. 조금 기다리면 아이들은 어느 순간 번뜩 이해하기도 한다. 내 앞에서는 몰랐다가 자리로 돌아가면서 '아하!' 하며 깨닫기도 하고, 어제는 몰랐던 것을 하룻밤 지나 알게 될 때도 있다. 필요한 만큼의 시간과 적당한 자극만 주어지면 아이들은 스스로 번뜩이며 배움을 향해 나아간다.

🔍 수업 들여다보기

2014년 4월 21일 6교시   국어 : 논설문의 특성 알기   수업자 : 서은영 선생님

6교시 수업 시작 전. 옆 친구와 장난을 치는 아이, 교과서를 뒤적거리는 아이, 멍하니 있는 아이……. 학생들은 제각각 이런저런 모습으로 수업을 기다리고 있다.

선생님의 등장과 함께 아이들의 시선은 선생님에게로 향한다. 선생님은 학생이 청소하는 장면을 보여주며 청소를 점심시간에 하자는 주장이 타당한지 학생들과 짧게 토론한 뒤 본격적인 수업을 시작했다.

"오늘은 어떤 글을 공부할지 살펴봅시다. 교과서에 나온 '많이 웃자'라는 글의 특성을 알아볼 거예요. 그런데 특성이 뭘까요?"

아이들이 대답하지 못하고 머뭇거린다.

"말로 설명할 수 없죠? 그래서 사전을 준비했어요. 사전에서 특성을 찾아볼까?"

선생님은 새로운 용어를 사용하거나 생소한 개념이 나오면 학생들에게 직접 사전을 찾아보도록 했다.

사실 수업시간에 국어사전을 사용하도록 하면 아이들은 그때만 잠깐 관심을 가질 뿐 정작 필요할 때는 사용하지 않는 경우가 많다. "선생님, ○○는 무슨 뜻이에요?" 모르는 단어가 나오면 아이들은 사전의 존재는 잊은 듯이 항상 나를 바라보며 궁금함이 가득 담긴 눈빛을 보낸다. 나는 답을 말해 주기보다 "모르는 단어는 어떻게 뜻을 알아 볼 수 있을까?"라고 되묻는다. 아이들은 곧장 "맞다!" 하며 스스로 사전을 찾아본다.

국어사전은 많은 정보가 수록되어 있는 훌륭한 수업 도구다. 국어사전에서 필요한 단어(뜻)를 찾아보고 고르는 연습을 하다 보면 개념을 정확하게 이해하고, 나아가 어휘력과 표현력을 기르는 데도 많은 도움이 된다. 또 작은 것부터 확실하게 확인하는 습관도 기를 수 있다.

다시 수업으로 돌아와서, 학생들은 각자 국어사전을 이용하여 '특성'이라는 단어의 뜻을 찾아 대답했다.

"특성은 사물의 고유한 성질이래요. 오늘은 글의 특성, 즉 글의 고유한 성질을 알아볼 거예요. 그렇다면 무엇을 생각하며 이 글을 읽어 볼까?"

"우리가 많이 웃는지 안 웃는지 생각하면서요."

"글쓴이가 생각하는 주장이요."

"글쓴이가 이 글을 쓴 이유요."

'주장'과 '이유'라는 단어는 어떻게 생각해 냈을까? 교과서를 보고 그 이유를 알 수 있었다. 아이들은 교과서에 적혀 있는 학습 주제와 선생님의 발문을 연관 지어 발표한 것이다. 간단한 것 같지만 아이들의 머릿속이 빠르게 돌아가는 모습을 생각하니 기특했다.

학생들은 '많이 웃자' 글을 돌려 읽었다. 관찰 학급은 자신의 차례에서 읽는 부분을 모르면 그날 제재글을 한 번 쓰고 가야 하는 규칙이 있다고 한다. 아이들은 누군가 글을 읽으면 놓치지 않아야 한다는 생각으로 읽는 사람의 목소리에 집중하며 주의 깊게 들었다.

"글을 읽어보았는데, 이 글이 다른 글하고 다르죠? 어떤 점을 찾았나요? 이 글만이 가지고 있는 고유한 성질은 무엇일까요?"

아이들이 조용하자 선생님은 말을 이었다.

"글에 가~바까지 기호가 붙어 있는 것을 보았나요? 글을 6개의 문단으로 나누어놨지요? 왜 그럴까? 각 문단에서 무엇을 말하고 있는지 중심 문장이나, 중요한 단어에 밑줄을 그어보세요."

선생님은 교실을 돌아다니며 학생들이 밑줄 그은 문장을 확인했다. 중심 문장을 찾지 못하는 아이들은 다시 한 번 읽어보며 찾을 수 있도록 독려해 주었다.

학생들이 거의 활동을 끝내자 선생님은 각 문단별로 어떤 문장을 중요하게 생각했는지 한 명씩 확인했다. 답을 하지 못하거나, 답이 조금 엇나가면 앞뒤 문장의 관계와 문맥을 파악하도록 부연 설명을 해 주면서 다시 한 번 찾을 기회를 주었다. 곧 아이들이 생각한 중심 문장(또는 중심 단어) 6개가 칠판을 채웠다.

수업이 계속 이어지자 지쳐 보이는 아이들이 몇몇 눈에 띄었다. 선생님도 눈치를 채셨는지 수업 중간에 동영상을 틀어주었다. TV 화면에는 박장대소를 터뜨리는 아이의 모습이 보였다. 지쳐 있던 아이들이 조금씩 활기를 되찾고 흥미를 갖기 시작한다. 잠깐 함께 웃는 시간이 지나고 선생님은 다시 수업으로 돌아왔다.

"글이 여섯 개 문단으로 나누어져 있는데 이걸 다시 세 부분으로 나누어볼 거예요. 여러분이 밑줄 그은 중심 내용을 생각하면서 세 부분으로 나누어보세요."

아이들의 활동이 거의 끝나자 선생님은 학생 세 명을 지목해 답이 적힌 보드판을 칠판에 붙였다.

"지훈이가 먼저 발표해 볼까?"

"가~다, 라~마, 바 이렇게 나누었어요. 그냥 편해서 순서대로 3가지, 2가지, 1가지로 나눈 거예요."

"글을 읽어보라고 했잖아. 글을 읽지 않았구나. 다음은 은서가 발표해 볼까?"

"가와 나는 '웃음은 건강, 마법'이라고 말하고 있어요. 다, 라, 마는 웃음이 어떤 역할을 하는지를, 바는 자기의 생각을 적는 것으로 마무리했어요."

"마지막으로 우영이가 발표해 보자."

"가는 웃음은 좋은 것이라고 이야기하고, 나는 잘 모르겠지만 다~마는 웃음의 역할을 말하고, 바는 많이 웃자고 했어요."

"그럼 나번은 역할을 찾기 어려웠어요? 같이 의견을 나누어볼게요."

아이들은 자신이 생각하는 내용을 이것저것 이야기한다.

"그렇다면 나는 웃음이 주는 건강을 말하고 있네. 자, 이렇게 친구들 의견을 들어보았어요. 그러면 글을 세 부분으로 어떻게 나누면 될지 다시 한 번 생각해 보세요. 어떻게 나누면 될까요?"

"가, 나~마, 바 이렇게 세 부분으로 나눠요."

"그렇게 구분한 이유는 뭘까?"

"첫 부분은 상황을 제시하고, 두 번째는 그에 대해 자세히 얘기하고, 마지막은 글쓴이의 생각을 정리해요."

"이렇게 나눈 세 부분의 이름을 뭐라고 할까? 가를 '서론'이라고 한답니다. 나~마를 '본론', 바를 '결론'이라고 합니다. 이런 글을 논설문이라고 해요. 그러면 논설문을 왜 썼을까요? 다른 사람을 어쩌자고?"

"설득하자고."

"맞아요. 논설문의 특성은 다른 사람을 설득하기 위한 글이므로 주장이 있다는 것이죠. 그렇다면 오늘 읽은 글의 주장은 뭘까? 은율이가 이야기해 보자. 글쓴이의 주장은 뭐야?"

"음……."

은율이는 선뜻 대답하지 못했다.

선생님은 은율이가 대답할 때까지 1분 정도를 기다려주었다. 은율이가 망설이는 동안 다른 친구들이 발표를 하려고 하자 선생님은 아이들에게 기다려보자는 신호를 보낸 뒤, 옆에 앉은 짝꿍에게 은율이를 도와주도록 했다. 은율이는 짝이 짚어준 곳을 읽었다.

"글쓴이의 주장은 많이 웃어보자는 거였네요. 그리고 그걸 그냥 말하면 안 들으니까 본론에 웃으면 이런 효과가 있다고 근거를 댔지요. 결론은 주장을 정리하는 것으로 마무리했네요."

학생들은 한 명씩 돌아가면서 오늘 배웠던 것을 한 문장으로 정리해 발표했다. 한 시간 동안 아이들이 무엇을 배웠는지 스스로 정리해 보는

시간이다. 이 시간 역시 선생님은 모든 아이들이 발표할 때까지 기다려
주며 이야기를 들어주었다.

💬 수업자와의 대화

관찰자   오늘 수업은 어떤 수업이었나요?

수업자   국어과 읽기 수업입니다. 학년이 올라갈수록 제재글의 길이가
길어져 학생들이 글을 읽기 싫어합니다. 글을 읽을 때 단어를 빼먹거나
바꿔 읽는 등 또렷하게 읽지 않는 경우도 많아요. 당연히 독해도 어려
워합니다. 그래서 수업시간에 글을 있는 그대로 읽도록 연습을 하는 편
이에요.

이번에 제시된 글은 논설문입니다. 논설문의 핵심인 주장과 근거는 익
숙한 용어지만 글 속에서 아이들이 찾는 것은 쉽지가 않습니다. 하지만
아직 1차시 수업이니까 감을 잡는 것을 목표로 하고 앞으로 차근차근
배우면 될 것 같아요.

관찰자   책을 돌려 읽기 할 때 문장과 단어에 상관없이 갑자기 다른 친
구를 지목하여 읽게 했는데, 어떤 목적이 있으신지요? 친구의 목소리
에 집중하는 반면에 글의 흐름을 이해하는 데는 방해가 될 수도 있을
것 같은데요.

수업자   학생들이 다른 학생이 읽을 때 거기에 집중하지 않는 경향이

있어요. 그래서 학기 초에 아이들과 약속을 하나 했어요. 지문을 읽을 때 갑자기 지목해서 모르면 오늘 배울 글을 다 쓰고 가자는 약속이었죠. 아이들의 집중력을 기르기 위한 방법이에요. 이렇게 하면 학생들이 친구들의 목소리에 집중하여 글을 읽을 뿐만 아니라, 동시에 중요한 내용을 찾아가며 글의 내용을 파악하려고 합니다. 마치 내가 읽을 때처럼 글의 흐름을 놓치지 않으려 집중하지요.

관찰자　수업시간에 모르는 개념이나 단어가 나오면 학생들이 바로 사전을 찾아보게 하시던데요?

수업자　네. 저는 이런 방법을 국어나 사회시간에 주로 활용하는데요. 불명확하게 알고 있는 단어나 개념을 정확하게 짚고 넘어갈 수 있어 사전을 수시로 활용합니다. 뭔가를 배울 때는 꾸준히 하면 효과가 있다고 봅니다. 사전을 직접 찾아보고 개념을 깨치는 것도 마찬가지지요. 그래서 애들이 무슨 뜻이냐고 물어보면 바로 답해 주지 않고 우선 사전을 찾아보라고 합니다. 자신들이 직접 찾아볼 시간을 주는 거죠.

관찰자　저는 정해진 수업시간이 끝나면 바쁜 마음에 그냥 넘어가기도 하는데, 아이들이 학습을 정리할 수 있는 시간을 주시는 모습이 인상적이었습니다.

수업자　학습 정리는 중요하기 때문에 시간이 지났지만 계속 했습니다. 오늘 수업인 국어과뿐만 아니라 모든 교과가 마찬가지입니다. 수학 수업의 경우 '알게 된 점'을 적기도 합니다. 아이들이 학원을 다니면서 공식을 바로 알고는 있지만, 그 공식이 도출되는 과정은 모르는 경우가 많습니다. 그래서 공식을 찾아가는 과정을 스스로 정리해 보는 시간을 갖습니다. 그날의 배움을 정리하고 문장으로 짧게 이야기하면서 수업을 정리하면 그만큼 아이들에게 녹아들 것이라고 생각해요.

💡 수업 성찰

학년이 올라가면서 교과서의 텍스트도 어려워지고 길어지는 경향이 있다. 그래서 글을 수업 전 과제로 미리 읽어오거나, 수업시간에 읽더라도 집중할 수 있도록 소리 내지 않고 눈으로 읽게 하는 경우가 많다. 지문의 내용을 파악하기 위해서다. 하지만 오늘 수업자는 글을 직접 소리 내어 읽도록 했다. 눈으로 글을 쫓으며 입으로 글을 읽고 손으로 필요한 내용에 밑줄을 긋는 활동이 복합적으로 이루어졌다. 귀로 듣고, 눈으로 보고, 머리로 생각하라는 의미였을까?

우리 교실에서도 문제를 이해하지 못하는 학생에게 다시 한 번 문제를 소리 내서 읽어보게 하면 '아하!' 하며 문제를 이해할 때가 있다. 내 경험을 떠올려봐도 그렇다. 눈으로만 읽을 때는 글자를 대충 읽어 속도는 빠르지만 반복해서 읽게 될 때가 많았다. 하지만 눈으로 읽으면서 줄을 긋거나, 작게라도 소리 내어 읽어보면 속도는 더 느리지만 내용은 더 잘 이해되곤 했다.

한편 교사라면 누구나 아이들이 하나라도 더 알고 익혔으면 하는 바람을 가지고 있다. 그래서 학생들이 수업시간에 모르는 것을 물어보면 '즉문 즉답'을 하게 되는 경우가 많다. 나 또한 초임 교사 때는 학생의 질문에 바로바로 대답해 주어야 한다는 생각을 가지고 있었다. 지식을 전달하는 것이 교사의 역할이라고 생각했기 때문이다.

그러나 한 해 두 해 아이들을 가르치다 보니 많이 알고 있는 교사보다 기다려주는 교사가 되어야겠다는 생각을 하게 됐다. 더 많은 지식을 전달하는 것보다, 스스로 배울 수 있는 길을 열어주는 게 더 중요하기 때문이다. 그래서 아이들이 뭔가를 궁금해하면 바로 대답을 해 주고 싶은 유혹을 뿌리치고 다시 물어본다. "너는 어떻게 생각하니?" "한번 찾아볼까?" 한 박자 쉬고 기다려주는 교사가 되고 싶어서다.

교사가 학생의 물음에 바로 답을 하게 되면 거기서 학생의 생각은 멈춘다. 하지만 학생 스스로 궁금증을 해결하게 한다면 학생도 더 큰 성취감을 느낄 수 있지 않을까? 작은 것을 하나씩 스스로 해결해 나가다 보면 배움도 점점 깊어져갈 것이다. 교사의 기다림이 아이들의 배움이 되는 순간이다.

2

배움은
가까운 곳에서부터

　나무로 된 의자에 앉아 칠판만 쳐다보며 수업을 받던 때가 엊그제 같은데 어느덧 나는 컴퓨터, 텔레비전, 인터넷을 자유롭게 사용할 수 있는 교실에서 아이들을 가르치고 있다. 기술이 발전할수록 세상도 빠르게 변한다. 지금은 모든 것이 자연스럽게 보이지만, 내 학창시절만 떠올려봐도 세상이 얼마나 변했는지 새삼 실감하게 된다. '맞아, 그땐 그랬지'라는 소리가 저절로 나온다.

　이런 변화를 다루는 사회과 수업에서는 조사학습이 굉장히 중요한 역할을 한다. 사실 사회 수업의 성패는 조사학습이 어떻게, 얼마나 잘 이루어졌는가에 달려 있다고 해도 과언이 아니다. 특히 아이들이 살고 있는 오늘날과 거리가 있는 과거의 이야기라면 더더욱 그렇다. 우리도 직접 경험해 보지 않은 것은 완전히 이해하기 어려운 것처럼, 아이들도 과거의 일은 쉽게 상상하기 어려워한다. 그러나 그것은 우리 어머니의 어머니가 어떻게 살았고, 어머니는 어떻게 살아왔으며, 나는 어떻게 살고 있는지에 대한 역사이다. 조사학습은 그 역사에 관심을 갖고 그 시대의 삶을 이해하기 위한 첫걸음이다.

조사학습은 지금의 교육과정 시수 안에서는 현실적으로 수업 중에 이루어지기 힘들다. 그래서 학생들에게 과제로 내주는 경우가 많다. 하지만 과제를 내주면서도 염려가 된다. 교사들은 아이들이 과제를 해 오리라 믿는 수밖에 없다. '제발 반이라도 해 와라.' 과제를 주면서도 걱정이 앞선다.

하루는 아이들에게 우리 주변의 다양한 가족 형태에 대해 조사해 오라고 과제를 내준 적이 있다. 조사학습으로 수업이 이루어지기 때문에 중요한 과제였다. 그래서 과제를 설명하며 아이들에게 어떻게 조사해야 하는지 자세하게 알려주었다. 그런데 그런 수고가 무색하게도 절반이 넘는 아이들이 숙제를 해 오지 않았다! 실제 사례를 들어보며 가족의 형태를 나눌 계획이었는데, 사례를 들려줄 수 있는 학생들 자체가 얼마 없었다. 그러다 보니 교사의 일반적인 이야기로 수업이 진행됐고, 당연히 학생의 흥미나 수업 참여도도 떨어졌다.

며칠 뒤, '다른 가족 문화 탐방'이라는 주제로 또 조사학습 과제를 내줄 일이 있었다. 이번에는 나도 각오가 남달랐다. 과제를 할 수 있는 기간을 조금 더 길게 주고 꼭 해 오라는 아부(?) 겸 당부까지 잊지 않았다. 그 덕분인지 한두 명을 제외한 대부분의 아이들이 과제를 해 왔다. 수업시간 전부터 어떤 가족을 조사했다느니, 꼭 발표 시켜달라느니 얘기하는 아이들의 얼굴 또한 밝았다. 수업이 시작되자 아이들은 서로 발표를 하겠다고 나섰다. 다른 친구들의 이야기를 들으며 자신이 조사한 가족과 비슷한 점, 다른 점을 스스로 찾아 이야기하는 등 수업에 활기가 돌았다. 교실에 아이들의 목소리가 가득 차니 나도 덩달아 기분이 좋아졌다. 조사학습은 아이들 스스로 수업을 만들어나간다는 측면에서도 중요하다.

🔍 수업 들여다보기

2014년 5월 16일 2교시 사회 : 경제성장에 따른 생활의 변화 수업자 : 서은영 선생님

오늘 수업도 조사학습 과제가 중심이다. 아이들이 과제를 짐으로 여기는지 아니면 흥미를 갖고 임하는지, 어떻게 해결해 왔는지 궁금하다. 선생님은 또 그걸 수업시간에 어떻게 활용할까?

TV 화면에는 한 장의 흑백사진이 띄워져 있다. 사진엔 다른 사람의 도움을 받아 창문을 통해 버스를 타려고 하는 사람의 모습이 담겨 있다. 저 사진 속에는 어떤 이야기가 숨어 있을까? 전쟁이 일어났을까? 사고가 났을까?

"여러분, 이게 무슨 사진인 것 같아요?"

"위험하기 때문에 살려고 한 명씩 버스에 들어가요."

"창문 속 사람과 대화를 하고 있어요."

"전쟁이 났어요."

여러 가지 의견이 쏟아져 나왔다.

"80년대, 5.18인 것 같아요."

어떤 학생은 수업이 5월이고 광주에 살기 때문에 5.18 민주화운동을 떠올리기도 했다.

학생들은 자신이 가지고 있는 배경 지식을 최대한 활용하여 상황을 추측해 보려 했다. 하지만 우리들의 예상은 보기 좋게 빗나갔다.

"선생님이 추측하기로는 사람들이 서울에서 광주로 한꺼번에 몰려오는 때가 있어. 언제일까?"

"일요일? 토요일?"

"아니, 모든 사람들이 한꺼번에 올 때는 언제일까?"

"휴일?"

"명절?"

"맞아요. 이 사진은 명절 버스 터미널의 모습이에요. 사람들은 고향으로 가는 차를 꼭 타고 싶어서 창문에 매달려 있는 것 같아요."

사진은 자동차가 보급되기 전의 명절 풍경을 담고 있었다. 과거에는 고향으로 갈 수 있는 교통수단이 많지 않았다. 그래서 명절이면 사람들이 한꺼번에 버스를 타려고 창문으로 넘어 다녔나 보다. 확실히 오늘날의 명절 풍경과는 거리가 있다. 나나 학생들이나 지금으로선 상상하기 힘든 모습이기에 유추하기 어려웠을 것이다.

선생님은 이어서 공부할 문제를 칠판에 적었다.

"○○에 따른 생활 모습의 변화를 살펴봅시다."

시대별 원인에 따른 생활 모습의 변화를 알아보는 수업이다. 선생님은 학생들에게 부모님과의 인터뷰를 예습 과제로 내주었다. 부모님의 어렸을 적 생활 모습을 학교, 주택, 생활이라는 세 가지 측면에서 알아보는 과제다. 사회과의 특성상 조사학습이 많다 보니 어떤 식으로 조사 과제가 제시되었는지 궁금했다.

[과제] 우리 경제의 성장 과정

2-2 우리 경제의 성장 과정	부모님께 여쭤어봅시다.	6학년 1반 이름;

우리 경제가 성장함에 따라 생활 모습은 어떻게 바뀌었을까요? 부모님의 어린 시절 기억에 대해 인터뷰를 해 봅시다. 시간을 충분히 갖고 차분하게 여쭤본 후 부모님의 답변을 요약하여 적습니다. * 기록은 반드시 학생 본인이 하도록 합니다.

1. 학창시절 점심시간을 떠올려주세요. 어떤 모습이었나요?

2. 운동회나 소풍은 어땠나요?
   (예: 도시락은 무엇을 싸갔는지, 차편은 무엇이었는지, 장소는 어디였는지)

3. 어린 시절 살았던 동네 혹은 집을 기억하시나요? 어떤 모습이었는지 구체적으로 묘사해 주세요.

4. 요즘 아이들은 TV를 보거나 게임을 하거나, 노래방에 가거나 책을 읽으며 여가 시간을 보냅니다. 어린 시절 부모님은 무엇을 하며 여가 시간을 보내셨나요?

5. 그 외에 지금은 사라졌지만, 부모님의 기억 속에 남아 있는 풍경이나 사건이 있나요?

학생들에게 조사 내용을 구체적이고, 직접적으로 제시해 줘도 학생들은 어떤 것을 조사해야 하는지 갈피를 잡지 못하는 경우가 많다. 심지어 조사할 웹사이트의 주소까지 알려줘도 말이다.

그런데 선생님의 예습 과제를 보니 조금은 감이 왔다. 이렇게 하면

조사에 대한 학생들의 부담감을 줄여 줄 수 있을 것 같다. 뿐만 아니라 과제를 계기로 부모님과 대화의 시간도 가질 수 있다.

아이들이 조사해 온 부모님의 이야기를 통해 수업시간은 어느새 과거로의 시간 여행이 되었다. 아이들은 부모님께 들은 내용을 서로 나누며 활발하게 대화한다. 부모님들끼리도 세대가 달라서인지 서로 조사한 내용의 다른 점을 찾으면 신기해하며 웃는다. 학생들이 조사를 충실히 해 왔기 때문일까? 시끌시끌한 분위기 속에서도 아이들은 서로의 이야기에 집중하며 눈빛을 반짝인다.

사랑이의 모습이 눈에 띈다. 사랑이와 같은 모둠인 나래가 부모님에게 들은 학교 생활 풍경을 이야기해 준다. 학생 수는 몇 명이고, 책상은 어땠는지 등을 설명하자, 사랑이는 그것을 가만히 듣더니, 자신이 부모님에게 들은 것을 나래에게 이야기해 주었다. 나래는 사랑이의 말을 주의 깊게 들으면서 간간히 조언도 해 준다.

사실 말이 없던 사랑이는 선생님이 특별히 신경을 쓰는 학생이기도 했다. 선생님은 매 수업시간마다 사랑이가 말을 할 수 있는 주제를 찾아 의견을 내도록 독려했다. 나래도 사랑이의 특징을 잘 파악하여 수업시간에 말을 하도록 유도하는 것 같았다. 사랑이도 여기에 응답하듯 수업시간에 짝과 활발히 대화를 나누었다. 그동안 사랑이의 목소리를 들기 위해 기다렸던 선생님과 친구들의 노력이 빛을 발하는가 보다. 더불어 오늘 조사학습 주제인 부모님의 과거 이야기도 큰 몫을 한 것 같다. 부모님과 함께한 과제를 통해 말할 거리가 생겼으니 말이다.

이어진 모둠활동은 사진을 시간 순으로 배열해 보는 시간이다. 선생님은 사진 자료를 따로 준비하지 않았다. 학생들에게 사회 책에 있는 사진을 직접 잘라 사용하도록 한 것이다. 교과서로 수업을 하는 사람들에게는 충격일 수 있지만, 학생들은 아무 거리낌 없이 책의 사진을 잘라 수업에 활용했다. 사진 속 장면을 시대별로 나열하며 왜 그렇게 생각하는지 함께 이야기했다.

"이제 집 사진을 한번 볼까요? (네 장의 사진이 시대순에 따라 배열되어 있는 것을 보며) 주거문화가 어떻게 발전해 왔는지 구분할 수 있을 것 같아요? 사진을 살펴봅시다. 왜 이런 순서대로 변했을까요? 어떻게 바뀌었을까요?"

"1950년대는 집이 옛날 집이

고 밭이 있어요. 1960년대는 50년대에 볼 수 없었던 공장과 건물들이 들어섰고, 1970년대에는 사람들이 다닐 수 있는 공간인 길이 놓였고, 1980년대에는……."

선생님은 학생의 대답을 잠시 기다려준 뒤 학급 전체에 물었다.

"함께 말해 볼까?"

"사진이 칼라 사진이 나왔어요. 그리고 건물이 높아졌어요."

"1990년대에는 아파트가 많아졌어요. 2000년대에는 아파트와 회사들이 더 많아졌어요."

"네, 여러분 말대로 생활 모습이 많이 달라졌어요. 그러면 무엇 때문에 이렇게 바뀐 걸까요?"

"기술이 발달해서."

"자원이 달라져서."

"수입과 수출이 달라져서."

"모두 맞아요. 이 모든 것들을 우리는 경제라고 불러요. 경제가 성장하면서 이렇게 생활환경도 바뀌었어요."

경제라는 용어는 생활과 밀접한 관련이 있지만, 포괄적인 뜻을 내포하기 때문에 학생들이 선뜻 제시하기는 힘들었을 것이다. 그래서 선생님은 학생들이 대답한 기술, 자원, 수입과 수출을 '경제'로 한데 모아 정의해 주었다. 아이들은 교과서 사진을 관찰하며 시대의 변화를 느꼈고, 그로부터 부모님과 나의 생활이 달랐다는 사실과 우리나라 경제가 그만큼 성장했음을 깨달았다.

선생님은 이제 학생들에게 미래를 이야기하자고 한다. 2050년에는 세상이 어떻게 변할 것 같은지 경제성장과 관련지어 이야기해 보자는 말에 학생들은 저마다 상상력을 발휘해 대답한다.

"경제가 성장하고 기술이 발달해서 생활이 자동으로 되는 시스템."

"전자책."

"움직이는 침대."

"대체 에너지 자동차."

아이들의 이야기를 다 들은 선생님은 물었다.

"그렇다면 2000년대와 1950년대 중 언제가 살기 좋을까?"

"2000년대요."

"뭐가 좋을까?"

"더 안전하고 편하게 지낼 수 있어요."

"의학이 발달해요."

"기술이 좋아서 편리해져요."

여러 가지 의견이 나왔다.

"편리해지니까 뭐가 더 생기게 되었나요?"

"예전에는 빨래를 손으로 했지만 이제는 세탁기가 해요."

"맞아. 경제가 성장하면서 편리해졌어. 그래서 시간이 생겼지. 여유가 생긴 거야. 그러면 다 좋을까요?"

"환경이 안 좋아요."

"더 나쁜 일도 일어날 수 있어요."

선생님은 과거와 현재를 비교하면서 경제성장에 따른 이점뿐 아니라 부작용도 함께 생각해 보도록 했다. 그리고 다음 시간에 이를 더 이야기해 보기로 하고, 마인드맵으로 오늘 배운 내용을 정리했다. 학생들은 꼭 공부할 문제와 연관이 없더라도 수업에서 느낀 점을 한마디씩 이야기하며 마무리했다. 예정된 시간보다 조금은 길어졌지만 모두가 활발히 참여했고 많은 이야기를 나눌 수 있었던 수업이었다.

　사회과 수업은 간단히 하면 쉽게 끝나고, 제대로 하려면 끝이 없는 과목이다. 그래서 수업을 설계할 때 미리 어느 선까지 다루어야 하는지에 대한 고민을 많이 하게 된다. 또 어떻게 하면 아이들이 좀 더 친숙하게 자료를 조사할 수 있을지도 아직은 막연하다. 수업자는 어떤 생각으로 오늘 수업을 계획했을까?

💬 수업자와의 대화

관찰자　오늘 수업에 대해 간단하게 말씀해 주시겠습니까?

수업자　경제가 성장하면서 생활이 변화했음을 알아보는 내용입니다. 그래서 좀 더 실감나게 부모님의 어렸을 적 생활을 알아보는 과제를 내주었어요. 학생들이 과제를 해결하고 친구들과 의견을 공유하면서 옛날과 오늘날이 많이 다르다는 걸 느낀 것 같아요.

수업 중에 교과서에 있는 사진을 시대순으로 배열하는 활동도 해 봤는데요. 원래 의도는 우리 생활이 과거에 비해 풍요로워졌다는 것을 알아보고자 했는데, 아이들과 제가 연도를 찾는 것에 너무 집중하다 보니 좀 헤맸던 것 같습니다. 활동 자체는 쉬웠지만 실제로 수업을 하다 보니 나름 배경 지식이 좀 필요했어요. 그래서 조금은 어렵지 않았나 싶습니다.

그래도 전체적으로 아이들이 많은 이야기를 나눌 수 있었던 수업이었습니다. 부모님과 대화한 내용을 갖고 모둠끼리 이야기를 해 보고 사진을 어떻게 분류할지도 아이들끼리 정했습니다.

관찰자　오늘 수업을 보니 아이들이 활발하게 참여하더라고요. 학생들이 사회 수업을 좋아하나요?

수업자　사실 사회과가 학력으로 보나 흥미로 보나 아이들에게 인기 있는 과목은 아닙니다. 하지만 스스로 자료를 찾고 함께 공부한다면 우리 아이들도 할 수 있겠구나 하는 생각이 듭니다. 그래서 사회시간도 아이들이 가진 역량을 마음껏 펼칠 수 있는 수업이 되었으면 하는 바람이에요.

관찰자　3학년이 되면서 조사학습이 시작되는데요. 필요한 자료를 찾는 것, 자료를 찾아 읽는 것, 요약하는 것이 쉽게 되지는 않는 것 같습니다. 그런데 오늘 선생님께서 내주신 과제는 참 신선했습니다. 부모님과 함께 이야기도 하고 숙제도 하고, 일석이조인 것 같아요.

수업자　초등학교 사회과 교육과정 자체가 흐름을 파악하도록 되어 있습니다. 배경지식이 부족한 아이들의 입장에서는 부모님과 대화를 나누는 것도 경험을 늘리는 하나의 방법입니다. 부모님도 과제를 통해 자녀의 학교생활에 관심을 가질 수 있지요. 그래서 앞으로도 부모님이 간접적으로라도 수업에 좀 더 많이 참여하는 방법을 생각해 보고 계속 이어갈 예정입니다.

관찰자　오늘 모둠활동을 관찰해 보니 조별로 아이들 성향이 다르던데요.

수업자　적은 수의 아이들이지만 각자의 개성이 뚜렷해요. 6년 동안 함께 해서인지 아이들은 각자의 특성을 너무나도 잘 알고 있습니다. 그 가운데는 이기적인 아이도 있고, 나보다 못한 아이를 무시하는 아이도 있지요. 한 번 각인된 이미지는 바뀌기가 어렵습니다. 그래서 더욱 교사의 세심한 주의가 필요하지요.

관찰자　저도 우리 반 아이들을 볼 때 그 점이 고민이었습니다. 6년 동안 함께하면서 친구의 많은 것들을 보게 될 텐데 좋은 점, 안 좋은 점을 이해하며 함께 생활할 수 있을지 걱정이에요. 참, 오늘 교과서를 잘라서 활동에 활용하셨는데 어떠셨나요?

수업자　사실 오늘 자른 사진 뒷장이 다음 차시 부분이어서 자를지 말지 고민이 많았습니다. 그래서 아이들도 주저하지 않을까 생각했는데 저의 기우였어요. 거리낌 없이 교과서를 자르더라고요. 사회교과서는 자료이기 때문에 자르거나 붙이는 게 가능하지만, 아마도 공개수업이었다면 활용하기 힘들지 않았을까 합니다. 반발할 교사들이 꽤 있을 테니까요.

관찰자 교사에겐 어려운 것도 아이들은 때로 쉽게 하더라고요. 교과서도 배움에 필요한 자료라고 생각하고 저도 가끔 사용하는 방법입니다. 특히 3~4학년의 지역화 교과서는 정말 좋은 자료지요. 저도 학생들에게 보고서를 쓸 때 사진이 필요하면 지역화 교과서에서 잘라서 사용하라고 합니다.

오늘 선생님의 수업을 보며 조사학습을 할 때 책과 인터넷만 유용하리라고 너무 좁게 생각했던 걸 반성하게 되었습니다. 어떻게 하면 조사학습을 더 쉽고 즐겁게 할 수 있을지, 주변에 있는 배울 거리를 아이들 스스로 찾을 수 있을지 조금 더 고민해서 과제를 만들어봐야겠어요.

💡 수업 성찰

그동안은 조사학습을 어렵게만 생각해서 과제를 내줄 때도 고민이 많았다. 아이들의 실제 생활, 주변 사람들을 활용하는 방법도 있다는 사실을 왜 몰랐을까? 아이들과 가장 가까이 있는 가족들의 인터뷰를 활용하면 그만큼 피부에 와 닿는 이야깃거리를 수업 재료로 사용할 수 있다. 그뿐 아니라 자료 조사에 대한 부담감도 줄여주고, 가족 간의 대화 기회를 제공해 줄 수도 있다.

자신이 직접 조사해 온 부모님의 이야기를 들려줄 때 아이들의 표정은 무척 밝아 보였다. 마치 특종을 잡은 기자처럼. 아이들은 서로의 이야기를 잘 들어주고 즐겁게 대화를 나누었다.

교사와 아이들의 언어를 기록하면서 새롭게 알게 되는 것들이 있다. 수업 속에는 내가 그동안 보지 못했던 여러 상황들이 숨어 있다. 아이들은 교사가 나서서 가르치지 않을 때에도 서로서로 가르치고 배운다. 또 자신과 관련된 이야기를 할 때는 상기된 표정으로 눈빛을 반짝인다. 이런 모습들이 수업을 관찰하고서야 비로소 눈에 들어왔다.

아이들의 입장에서 날마다 이어지는 수업이란 어떻게 느껴질까? 초등학교는 담임선생님이 대부분의 교과를 가르치는데 혹시나 그것이 지루하지는 않을까? 같은 사람이 가르치니 수업이 헷갈리지는 않을까? 아이들은 어떤 수업을 재미있게 느끼고, 또 기다릴까? 학생들의 입장에서 궁금증이 커져간다. 다른 사람의 수업을 관찰한다는 건 나를 돌아보고 내 수업을 반성하는 기회를 갖는 과정인 것 같다.

오늘 수업에 비춰보니 내 지난 수업에도 아쉬움이 남는다. 좀 더 친근한 대상을 활용하여 조사 과제를 해결할 수 있게 했다면 어땠을까. 학습 주제에 따라 어떻게 하면 아이들이 자신의 삶과 수업 내용을 연결지을 수 있을지 고민해야겠다.

3

알고 싶은 것을
배우다!

아이들은 무엇을 알고 있고, 무엇을 알고 싶으며, 수업을 통해 무엇을 배울까? 수업을 하는 교사들이라면 항상 안고 있는 질문이다.

우리 학교 과학실에는 학생들이 과학시간에 작성한 보고서가 비치되어 있다. 어느 날 우리 반 아이들이 쓴 보고서가 궁금해 살펴보던 중 처음 보는 형식의 차트가 눈에 띄었다. 과학교육을 전공하고 석사 학위를 이수해서 나름 과학교육에 대한 자부심이 있었는데, 'KWL 차트'라니? 우리 반 학생들이 썼지만 너무나 생소하게 느껴졌다. 그동안 내가 공부를 게을리했던 것일까 하는 생각마저 들었다.

하지만 (알파벳을 이제 겨우 한두 번 적어본) 아이들의 글씨로 어색하게 적힌 'Know, Want to know, Learned'라는 문구를 보고 대략 짐작이 갔다. 수업을 시작하기 전에 항상 확인해야 하는 아이들의 사전 지식과 아이들이 배우고자 하는 것, 그리고 수업을 통해 배운 내용을 나타내는 표였다.

KWL 차트

Know	알고 있는 것	– 배경지식의 활성화(동기 유발)
Want to Know	알고 싶은 것	– 배우는 내용에 의문 품기 – 의문을 구체적인 질문으로 만들기 – 질문에 대답하기
Learned	알게 된 것	– 알게 된 것을 기록하고, 발표하기 – 알고 싶은 내용 공유하기 – 풀리지 않는 궁금증에 대해 더 알아보기

KWL 차트에 기반한 수업은 교사가 주도하는 기존의 수업과 달리 '동기 유발 – 배움 – 정리' 등 수업의 전 과정을 아이들이 주체가 되어 이끌어간다. 아이들은 그 과정에서 자신이 알고 싶어 하는 것을 배운다. 한 단원, 길게는 한 학기 수업을 계획할 때 KWL에 기반을 두면 더욱 알찬 수업을 꾸릴 수 있지 않을까?

각종 교육학 이론에서 이야기하는 사전 지식은 실제 학급에서 측정되는 일이 거의 없다. 수업을 시작하기 전에 아이들이 알고 있는 정도를 파악하는 것은 물론 필요한 일이지만, 현실적으로 그럴 만한 여건이 조성되지 않은 상황이다. 다행히 요즈음 교과서(또는 교육과정)의 첫 차시가 단원 개관을 하는 시간으로 편성돼 있어 그나마 학생의 학습 상태를 조금은 파악할 수 있지만, 여전히 수업자에게는 턱없이 부족하게 느껴진다.

수업 들여다보기

2014년 5월 23일 1교시　과학 : KWL 차트로 단원 정리하기　수업자 : 지경준 선생님

　우리 반은 평소 쉽게 학생 작품을 붙이기 위해 판 자석, 동전 자석, 장구 자석 등 다양한 자석을 교실 보관함에 넣어두고 사용한다. 그런데 보자 하니 아이들은 자석을 이곳저곳에 붙여보질 않나, 어떤 자석이 센지 겨뤄보질 않나, 심지어 강력한 네오디움 자석 두 개를 붙였다 떼었다 하면서 손이 꼬집혀 아파하기까지 했다. 하지만 아이들은 지치지도 않고 자석을 가지고 놀았다. "책상에는 자석이 안 붙어요." "책상 다리에는 자석이 붙네요!" "창틀에 자석을 붙였어요." 아이들은 가끔 나에게도 이런 질문들을 쏟아내며 자석에 호기심을 보였다.

　그런데 아이들의 이런 열렬한 호기심에는 다 이유가 있었다. 수업친구와 아이들의 과학 수업을 들어보니, 요즈음 우리 반 자석이 남아나지 않은 이유를 알 수 있었다. 과학실에서의 배움이 교실에 돌아와서도 계속 이어지고 있었던 것이다.

　사실 수업자가 아닌 관찰자 입장에서 학생들이 공부하는 모습을 볼 기회는 많지 않다. 오늘 수업 관찰은 우리 반 학생들과 함께 수업을 들

을 수 있는 기회였다. 마음 한편으로 기분 좋은 설렘을 느낀다.

수업은 실험 관찰을 함께 보며 시작되었다. 칠판에는 단원명, 공부할 문제가 적혀 있다. TV를 통해 실험 장면이 흘러나왔다. 이어 자석이 붙는 물체의 공통점, 자석의 극 등에 대한 다양한 질문과 응답이 오갔다. 수업자는 자석, 나침반 등을 칠판에 그리면서 그동안 배웠던 개념들을 설명해 주었다.

자석의 성질에 대한 단원 정리 학습이 시작되자 아이들의 궁금증은 더욱 커져 있었다. 초등학교 과학에서는 눈에 보이는 현상까지만 이해하도록 하고 있는데, 아이들의 질문은 눈에 보이지 않는 자석의 본래 성질을 탐구하는 수준에까지 이르렀다. 그리고 이해하기 어려운 질문일수록 학생들은 교사의 이야기에 빠져들었다.

"자석에는 N, S극이 있지요. 그렇다면 극이 없는 자석은 있을까요, 없을까요?"

"음, 극이 없는 자석이 있어요."

"지난번에 이야기한 것 같은데."

선생님은 웃으며 말했다.

"아, 맞다!" 학생은 머쓱해하며 대답한다.

"자석은 양쪽에 서로 다른 극이 존재해요."

"왜요?" 아이들은 궁금한 표정을 감추지 못한다.

"과학에서는 하나의 극으로만 된 자석은 없다는 법칙이 있어요. 점처럼 작은 자석이라도 두 극이 존재해요."

"그렇게 작은 자석도 철에 붙어요?"

"네, 그럼요."

끊임없이 질문을 하던 현기와 제근이는 수업이 끝나고 교실로 돌아와 네오디움 자석을 부딪쳐 떨어져 나온 작은 조각을 교실 여기저기에 붙여보며 선생님의 말을 확인했다. 작은 자석도 철에 붙는다는 사실을 확인하고 있는 현기의 얼굴엔 집중한 기색이 역력했다.

수업시간에도 학생들의 질문과 선생님의 대답은 계속 이어졌다.

"선생님, 지구는 왜 자석이지요?"

"지구 안에는 핵이라는 게 있는데, 핵이 돌면서 자기장이 생겨요. 이 자기장 때문에 지구가 자석의 성질을 지니게 되지요."

"가운데 핵이 있어요?"

"핵은 안 쪼개져요? 그럼 핵은 없앨 수도 없어요?"

"핵을 없앨 수는 없어요. 핵을 없애면 자기장이 생기지 않아요. 자기장이 생기지 않으면 태양에서 오는 태양열을 막지 못하게 돼요. 그러면 피부암 같은 질병에 걸리게 되지요. 자기장은 자석의 역할만 하는 게 아니라 여러 가지 역할을 해요."

학생들은 끊임없이 자석, 지구, 자기장 등에 관한 질문을 쏟아냈다. 모두 선생님의 설명을 듣고 새롭게 생겨나는 질문들이다. 하지만 당장은 해결할 수 없는 질문이 대부분이다. 선생님은 되도록 많은 학생들의 질문을 들어주고 학생들의 수준에서 알기 쉽게 설명해 주었다.

선생님은 물리학 박사 학위를 가지고 있다. 아이들의 질문에 거침없이 대답해 주는 모습에 그 역량이 그대로 묻어난다. 다른 과목도 마찬가지겠지만 특히 과학은 학생들의 호기심을 채워주기 위해 깊이 있는 지식이 필요한 수업이다. 쏟아지는 질문에도 막힘없이 수업을 이어나가는 선생님의 전문성이 부러웠다.

실험 관찰을 통해 간단한 단원 정리가 끝나고, 드디어 KWL 차트를 쓸 시간이다. 아이들은 이 단원을 공부하면서 알고 싶었던 것을 수업을 통해 알게 되었는지 스스로 점검해 본다. 완성된 차트만 봤을 때는 정말 아이들이 쓴 건가 싶을 정도로 훌륭했는데, 실제로는 어떤 과정을 거쳐 완성해 나갈지 궁금했다.

K 차트에는 알고 있는 것, W 차트에는 알고 싶은 것이 각각 다른 색의 포스트잇으로 붙어 있었다. 이제 비어 있는 L 차트, '알게 된 것'을 채울 차례다. 학생들은 이 공간을 알고 싶은 것(W)에 대한 답을 찾았는지에 초점을 맞춰 채워나갔다. 아이들은 토의하고 책도 찾아보면서, 함께 답을 찾았다. 모둠에서 해결하기 힘든 질문은 선생님에게 물어보고, 선생님은 돌아다니면서 필요한 도움을 준다. 그렇게 알게 된 것(L)이 새롭게 채워졌다.

지금 와서 생각해 보면 아이들의 능력은 참 대단하다. 알고 있는 것, 알고 싶은 것 사이에서 새롭게 알게 된 것을 척척 구분해 낸다. L 차트는 그 범위가 무궁무진할 텐데, 어떻게 질문을 정선할 수 있었는지 궁금하다. 진작에 수업친구를 시작해 수업을 처음부터 관찰하지 못한 것이 못내 아쉽다.

이어진 모둠별 발표 시간에도 아이들은 서로 발표를 하고 싶어 안달이었다. 자신들이 완성한 차트를 다른 사람에게 발표하는 데 거리낌이 없다.

"(모둠 차트에 있는 W 차트와 L 차트를 가리키며) 왜 철이 자석에 붙을까? 자석에 철을 끌어당기는 성질이 있다. 왜 자석은 플라스틱에 안 붙을까? 플라스틱은 철이 아니니까. 왜 같은 극끼리는 안 붙을까? 자석의 성질이 같기 때문에. 자석은 무엇으로 만들어질까? 자철석으로 만들어진다."

선생님은 현기의 이야기를 듣고는 자철석이라고 쓰인 포스트잇을 가리키며 말했다.

"자철석이라는 돌이 있어요. 그 돌 근처에 가면 어떻게 될까? 허리띠를 차고 가면 허리띠가 붙겠지요? 혹시 질문 있나요?"

"칼도 자철석에 붙을까요?"

"붙겠지요."

"숟가락도 붙을까요?"

"숟가락의 종류에 따라 다르겠지요. 숟가락이 무엇으로 만들어졌냐에 따라 붙는 것이 있고 안 붙는 것이 있겠지요."

이어서 실험 관찰에 있는 문제를 해결하는 것으로 수업은 마무리됐다. 문제를 풀던 윤지가 잘 모르겠다며 선생님께 도움을 요청했다. 선생님은 문제를 읽어보고 손동작으로 힌트를 주었다. 윤지가 그래도 모르겠다는 표정으로 선생님을 쳐다보았다.

"방향을 찾을 때 사용하는 것?"

다시 힌트를 주지만 윤지는 여전히 잘 모르겠다는 표정이다. 선생님이 질문에 대한 답을 직접 말해 주지 않고 힌트로 시작하자 같은 모둠의 친구들도 동참했다. 옆에 있는 제근이가 입모양으로 윤지에게 힌트를 준다. 선생님과 제근이의 힌트를 보고 윤지는 "나침반!"이라고 정답을 말했다.

도움은 받았지만 윤지까지 모든 학생들이 스스로 실험 관찰을 해결했다. 선생님은 수업을 정리하며 자석의 N극과 S극을 서로 좋아하면 끌리는 사람 사이의 관계에 비유해 설명했다. 아이들은 끝까지 수업에 집중하는 모습이었다.

오늘 수업을 관찰하며 우리 반 아이들을 다시 보게 되었다. KWL 차트에 붙어 있는 포스트잇의 글들을 정말 우리 반 아이들이 적었을까? 평소 장난기 다분하고 호기심이 많은 우리 반 아이들이라면 '알고 싶은 것'을 채울 때 엉뚱한 질문들도 많이 떠올랐을 텐데, 차트를 보면 볼수록 어떻게 단원 목표와 연관 지어 잘 생각했는지 기특했다.

🗨 수업자와의 대화

관찰자　오늘 KWL 차트를 활용한 과학 수업을 잘 보았습니다. 저에게는 약간 생소한 기법인데요, 학생들은 꽤 흥미로워하는 것처럼 보였습니다. 어떤 의도로 KWL 차트를 도입하셨는지요?

수업자　올해 초 미국 연수를 갔는데 제가 갔던 학교에서 KWL 차트를 활용하는 것을 보았습니다. 이 차트를 활용하면 단원을 시작할 때 학생들이 알고 있는 것, 알고 싶은 것을 미리 파악할 수 있습니다. 그리고 마지막에 알고 싶었던 내용을 배웠는지 확인할 수 있습니다.

관찰자　학생들이 엉뚱한 것을 알고 싶다고 적을 수도 있어서 저라면 두려웠을 텐데, 아이들을 믿는 모습이 좋게 느껴졌습니다.

수업자　학교 여건과 주변 환경에 따라 학생들의 수준이 다른데요. 그런 것과 무관하게 일단 학생들에게 수업을 맡겨놓으면 어떻게든 나름대로 정리해 내더라고요. 사실 이번 단원이 이론적으로는 상당히 어려운 단원인데 학생들 스스로 자신이 알고 싶은 것을 찾는 과정을 거쳤기 때문에 참여율이 더 좋지 않았나 싶습니다.

관찰자　학생들이 계속해서 선생님께 궁금한 점을 물어봤는데요. 초등학교 수준에서는 어려운 내용의 질문도 많이 나왔고요. 평소에도 아이들이 이렇게 질문을 많이 하나요?

수업자　네, 아이들은 항상 질문이 많습니다. 특히 오늘 수업한 반은 남학생들이 질문이 많았어요. 현기, 제근이처럼 호기심이 많아서 질문을 하는 학생도 있지만, 어떤 학생들은 교사를 시험하려고 질문을 하기도 하지요. 하지만 그런 학생들에게도 성심성의껏 답변을 해 줍니다.

관찰자　오늘 학생들의 질문에서는 초등학생들이 이해하기 어려운 용어들이 많이 나왔습니다. 특히 지구의 핵은 학생들의 눈에 보이지 않기 때문에 설명하고 이해시키기가 쉽지 않았을 텐데 어떠셨나요?

수업자　'핵'은 예전에 나침반 만들기 활동을 하면서 동영상으로 본 적이 있습니다. 그때도 학생들이 궁금해해서 한 번 더 설명했고요. 그리고 자석의 극에 대해 배울 때도 지구에 대한 설명을 자연스럽게 한 적이 있습니다. 지구가 큰 자석인데 철이 붙는 정도는 아니고 전류가 흐르면 자석이 생긴다는 개념을 설명하면서 다시 한 번 핵을 이야기했어요. 아마도 아이들은 당시 했던 이야기들을 기억하고 있는 것 같습니다. 그때 배운 것들을 자신의 언어로 바꾸어 설명하는 활동을 했는데, 그래서 더 잘 기억하는 것 같기도 하고요.

관찰자　오늘 정리 학습에서 자석의 인력과 척력을 사람 사이의 관계로 비유하여 설명할 때 아이들이 순간 집중하는 것을 보았습니다. 개념을 학생들이 알고 있는 비유로 설명한 것은 탁월한 방법이었던 것 같아요.

수업자　과학 개념을 설명할 때에는 적절한 비유를 해 주면 학생들이 더 잘 이해할 수 있습니다. 그래서 어려운 개념은 되도록 학생들이 알고 있는 사실에 비유하여 설명하는 편입니다. 학생들도 배운 개념을 자신들의 언어로 바꿔 말하면서 이해한 걸 다시 확인하지요.

과학이라는 것이 그런 것 같아요. 일반인들은 과학이 정교한 학문이라고 생각하지만 어림잡거나 추리가 필요할 때도 많습니다. 그래서 '과학은 이유가 있는 불확실성'에 가깝지 않나 생각해요. 정밀하고 확실한 것을 과학이라고 주장하는 사람도 있지만 교육적인 입장에서 보면 다양하게 추리해 보고 '이럴 수도 있지 않을까?' 하며 부딪혀보기도 하고 그러면서 정교해지는 것이 과학을 배우는 과정이 아닐까요? '대략적인 것'에서 '정교한 것'으로요.

관찰자　그 과정에서 혼자 생각하는 것보다 다른 사람들과 함께 생각하는 것도 중요할 것 같은데요. 오늘 수업에서도 협력 학습이 활발하게 이루어졌습니다.

수업자　수업에서 모둠 공동 사고는 중요합니다. 3학년이 되면서 친구들과 함께 생각하는 모둠활동이 본격적으로 시작됩니다. 모둠활동을 할 때는 토론 담당자를 만들어주고, 책임질 만한 학생들을 정해서 어느 정도 길을 만들어줘야 합니다. 그리고 교사가 모든 모둠을 둘러보며 활동이 원활하게 진행되고 있는지 체크할 필요가 있습니다. 또 활동을 처음 시작할 때는 학생 한 명과 교사가 짝을 이뤄 시범을 보여주면 이해를 잘하는 경우가 많더라고요.

사실 저는 이런 활동을 통해 학생이 중심이 되는 수업을 하는 게 가장 좋다고 생각합니다. 하지만 학년이 올라가고, 입시 경쟁도 치열해지면 다시 교사가 일방적으로 지식을 전달하는 전통적인 수업 방식이 중심이 될 가능성이 높습니다. 그렇게 되면 초등 교육과정에서 했던 이런 활동들의 의미가 바래지는 않을까 안타까운 마음이 들기도 합니다.

💡 수업 성찰

KWL 차트를 활용하니 교사는 가르침의 방향을 알게 되고 학생들은 배움의 방향을 알게 되었다. 차트에 적힌 내용이 수업의 나침반이 되어준 것이다. 학생들에게도 도움이 되겠지만, 교사가 길을 잃지 않고 항해할 수 있도록 도와주는 나침반이 있다는 것은 수업의 흐름을 이어가는 데 중요한 역할을 한다.

교사들은 아이들에게 모두 맡겨도 수업이 잘 진행될 수 있을까 하는 불안감에 학생의 배움이 시작되기도 전에 많은 것을 알려주려 하는 경우가 있다. 하지만 그런 염려가 무색하게도 아이들은 스스로 곧잘 배운다. 교사가 의도했든 아니든, 권한을 주면 아이들은 그에 대한 책임을 다한다.

오늘 수업에서 아이들이 내가 수업할 때와는 다른 모습을 보여준 것도, 스스로 해내도록 더 많은 자율을 보장받았기 때문이 아닐까 싶다. 교사는 수업 전면에 나서서 배움을 주도하기보다 아이들이 스스로 학습하고 그것을 소화하도록 하며 그 과정을 뒤에서 도왔다. 또 아이들의 질문이 끊어지지 않도록 단순히 답을 제시하는 것에 그치지 않고 이곳저곳에 호기심이 자라날 여지를 열어두었다.

나는 그동안 학생들을 교사의 입장에서만 생각하고 바라보았다. 그렇기에 가르치려고만 했지 학생이 알고 싶어 하는 것을 스스로 알아갈 것이라고는 쉽게 생각하지 못했다. 더 많은 것을 보고, 많은 것을 읽으며, 학생의 입장에서 생각해 보는 노력을 꾸준히 이어가야겠다. 교사가 많이 아는 것도 중요하겠지만 얼마나 아이들의 사고를 풍부하게 하느냐가 배움에 있어서는 더 중요하지 않을까 생각해 본다.

4

시끄러워도
괜찮아!

 일상수업 공개라는 이름으로 교사 연구회를 하면서 다양한 교육 패러다임이나 교수법에 대해 알아간다. 얼마 전 '거꾸로 교실' 프로젝트가 〈KBS 파노라마 - 21세기 교육혁명 : 미래 교실을 찾아서〉 편에서 다루어졌다는 소식을 교사 연구모임에서 알게 되었다. 거꾸로 교실은 교사의 강의를 10분 분량의 동영상으로 대체하여 학생들에게 수업 전에 미리 보게 하고, 수업시간에는 스스로 문제를 풀거나 친구들끼리 토론을 하며 배운 내용을 활용하도록 하는 수업 방식이다. 이 프로젝트 결과 학생들 대부분의 성적이 눈에 띄게 향상되었다고 한다.

 성적도 성적이지만 나의 눈과 귀를 사로잡은 것은 따로 있었다. 바로 대부분의 학생들이 수업에 적극적으로 참여한다는 사실이었다. 아이들은 누가 시켜서가 아니라 스스로 궁금한 문제를 해결하기 위해 수업에 참여했고 그 과정에서 학급 친구들과 협력했다. 아이들의 목소리가 교실 여기저기에서 터져나왔다. 그래서 교실은 소란스러울지 몰라도 아이들의 배움은 끊임이 없었다.

수업 내용과 관계없이 아무렇게나 떠드는 것은 수업에 방해가 된다. 하지만 자신의 의견을 제시하고 모둠 친구들과 서로 의견을 나누며 과제를 해결할 때 발생하는 소음은 배움에 꼭 필요한 소음이다. 아이들이 생각하고 변화하고 있다는 것을 보여주는 소리이기 때문이다.

다행히 우리 반 아이들은 수업 참여도가 높다. 어떤 때는 너무 열정적으로 참여해서 걱정이 될 정도다. 교사의 질문 맥락에 맞든 안 맞든 무조건 말하고 본다. 그러다 보니 다른 사람의 말을 잘 듣지 못하는 경우도 많다. 그래서 처음에는 '이렇게 활발한 아이들이 있나!' 감탄했지만 며칠이 지나자 이러다가는 시장통이 따로 없겠다는 생각도 들었다. 참여도가 높다고 해서 수업이 잘 되는 것은 아니었다. 수업 참여도도 중요하지만 그 안에서 배움이 잘 일어나는지 또한 중요하기 때문이다.

거꾸로 교실 연수를 다녀와서 수업 참여 의지가 높은 우리 아이들을 위해 친구들과 함께 해결할 수 있는 활동을 제시해 주어야겠다는 생각이 들었다. 가령 사회시간에 중심지의 조건을 알아봤다면 이어서 실제로 도시 계획을 해 보는 시간을 갖는다. 모둠 아이들은 어떤 곳에 사람들이 많이 모일지 토의하며 지식을 실제 사례에 적용해 본다. 아이들이 배우고 있음을 증명하는 기분 좋은 소란스러움이 교실 가득 울려 퍼진다.

🔍 수업 들여다보기

2014년 6월 13일 2교시 │ 과학 : 곤충의 한살이 비교하기 │ 수업자 : 지경준 선생님

우리 학교는 광주광역시라는 대도시에 있지만 주변이 논과 밭으로 이루어진 농촌 학교다. 그래서인지 주변엔 다양한 생물들이 함께 살고 있다. 화장실 처마 밑에는 제비가 집을 두 채나 지었고, 교실 앞 잔디밭에는 여치가 뛰어다닌다.

아이들은 자연, 그중에서도 곤충과 동물들에 관심이 많다. 여기저기서 쥐며느리를 주워오고, 잠자리를 잡으러 뛰어다니고, 과학실만 다녀오면 장수풍뎅이 이야기로 떠들썩하다.

오늘도 아침부터 우리 반 학생들이 수업자와 함께 나무젓가락과 투명 컵을 들고 작은 생물들을 잡으러 다니는 모습이 학교 여기저기서 눈에 띄었다. 저 생물들을 어떻게 사용할까 궁금했다. 학생들의 책상 위에는 투명한 일회용 컵에 작은 생물들이 담겨 있고 나무젓가락, 흰 종이, 매직, 돋보기 등이 놓여 있다. 직접 잡은 생물들이 아이들 눈앞에 놓여 있어서인지 수업 분위기가 한껏 들떠 있다. 조금은 어수선한 가운데 교사의 박수 소리로 수업이 시작되었다.

우선 선생님은 지난 시간에 배운 배추흰나비의 한살이 과정을 문답 형식으로 정리했다. 학생들은 알 - 애벌레 - 번데기 - 성충 단계를 정확하게 이야기했다. 그러는 동안에도 학생들은 자신의 앞에 놓여 있는 여러 가지 도구들에서 눈을 떼지 못하고 손장난을 한다. 하지만 교

사의 질문에는 모두 손을 들어 대답한다. 선생님의 말에 무관심한 듯 보였지만 자세히 보면 장난을 하고 있는 중에도 들을 것은 다 듣고 수업에 집중하고 있음을 알 수 있다.

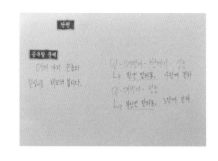

선생님은 책에 있는 곤충의 한살이 과정을 사진으로 보여주었다. 사마귀, 잠자리, 장수풍뎅이의 한살이에 대한 설명이 이어졌다. 배추흰나비까지 모두 네 가지 곤충의 한살이를 사진으로 정리한 후 어떤 점이 다른지 학생들에게 찾아보도록 했다. 아이들은 쉽게 번데기 과정이 없다는 것을 찾아냈다. 선생님은 다른 곤충들의 한살이 과정도 살펴보자며 오늘 공부할 문제를 제시한다. 여전히 아이들은 자기 앞에 있는 여러 가지 자료에 관심이 많다.

"자, 여기 선생님을 보세요. 이제 이름을 지어볼 텐데요. 알 – 애벌레 – 번데기 – 성충으로 이어지는 한살이 과정을 무엇이라고 부르면 좋을까요?"

"탈바꿈. 완전 탈바꿈이요."

"어디서 보았니?"

"공부했어요. 책에서 봤어요."

"그럼 여러분이 짓는다면 어떤 이름이 좋을까요?"

"4단계요."

"4단계 진화요."

"그렇다면 알 – 애벌레 – 성충으로만 이뤄진 한살이 과정은 어떤 이름을 지어줄까요?"

"불완전 탈바꿈이요."

"그런데 번데기 단계가 없어요. 뭐라고 하면 좋을까요?"

"3단계 진화가 좋겠어요."

선생님은 곤충의 두 가지 한살이 단계에서 차이점을 찾고 둘을 정의할 용어를 학생들과 함께 만들어나갔다. 미리 예습해 온 학생들이 있어 완전 탈바꿈, 불완전 탈바꿈 같은 용어는 쉽게 나왔지만 선생님은 새로운 용어를 만들어보자며 이야기를 이어갔다.

"직접 지은 이름도 좋지만 사람들은 이름을 하나로 통일했어요. 왜일까요?"

"이름이 너무 많아요."

"이야기하는 사람마다 달라요."

"맞아요. 이름을 통일하지 않으면 사람마다 말하는 것이 달라져서 이해하기 힘들겠지요. 이런 것들을 용어라고 해요. 그래서 곤충의 한살이 과정도 하나의 용어로 통일했어요."

용어를 통일해야 하는 까닭을 함께 생각하면서 학생들은 선생님의 설명에 고개를 끄덕였다.

이어서 학생들이 채집해 온 여러 가지 생물에 대해 이야기를 나누었다. 곤충의 한살이를 알아보려면 먼저 학생들이 채집한 생물들 중에서 곤충을 골라내야 한다.

"오늘 곤충의 한살이를 관찰할 텐데, 우리가 채집해 온 곤충들의 한살이가 어떤 과정인지 자료를 찾아서 붙임딱지로 붙여보겠습니다. (생물 도감, 곤충 도감 몇 권과 포스트잇을 학생들에게 나누어주며) 오늘 잡은 생물 중에서 곤충만 찾아보고 어떤 한살이 과정인지 붙여보세요. 책에 없는 곤충은 선생님한테 말해 주면 같이 찾아보도록 하겠습니다."

선생님의 말과 함께 모둠활동이 시작되었다. 흰 종이를 반으로 나누어 완전 탈바꿈, 불완전 탈바꿈이라 쓰고 자료에서 곤충의 한살이 과정을 찾아 알맞은 곳에 곤충 이름을 붙이는 활동이다. 선생님은 모둠을 돌면서 완전 탈바꿈, 불완전 탈바꿈에 대해 다시 한 번 설명하고 모둠활동 참여를 유도했다.

아이들은 제각기 다른 모습으로 모둠활동에 참여했다. 1모둠은 곤충의 한살이를 찾기 전 서로 역할을 분담하느라 티격태격했다. 2모둠은 자신이 찾고 싶은 곤충을 곧바로 책에서 찾아 이름을 붙였다. 3모둠은 책에서 찾기보다는 선생님께 질문을 한다. 그 와중에 책을 읽느라 모둠활동에는 참여하지 않는 학생도 있다. 이렇게 모두가 자신만의 방법으로 모둠활동에 활발하게 참여하고 있다.

벌, 반딧불이, 개미 등 다양한 곤충들의 한살이 과정이 모둠활동으로 하나씩 정리되어간다. 그러다 어느 모둠에서 집게벌레가 탈출했다. 아이들은 그 틈에도 집게벌레가 곤충인지 아닌지 질문을 하며 학습

에 열중이다. 집게벌레의 한살이 과정을 함께 찾아본 아이들은 다른 곤충에 대한 자료도 계속해서 찾아본다. 자료를 찾으면서 자연스럽게 완전 탈바꿈, 불완전 탈바꿈 같은 용어를 사용하기도 한다.

이 과정은 모두 자유로운 분위기에서 이어졌다. 먼저 해결하여 놀고 있는 모둠도 있고, 끊임 없이 질문하며 답을 찾는 모둠, 책에 빠져 책을 읽고 있는 학생, 곤충뿐만 아니라 지렁이, 원숭이, 악어에 대해 끊임없이 질문을 던지는 학생도 있다. 학생들은 스스로 인터넷으로 자료를 찾아보기도 하고, 교사에게 질문도 한다. 질문을 하는 얼굴은 한껏 상기되어 있다. 자료를 찾고 알아가는 과정이 즐거운가 보다.

한동안 활동을 이어간 뒤 모둠 발표와 질의응답까지 마친 선생님은 그동안 과학실에서 키웠던 장수풍뎅이로 화제를 돌렸다.

"선생님이 그동안 여러분과 장수풍뎅이를 키웠잖아요. 장수풍뎅이를 찍은 사진이 있어요."

선생님은 사진을 하나씩 클릭하면서 곤충의 한살이 과정과 관련지어 설명했다. 그리고 장수풍뎅이의 한살이 과정을 보여주는 동영상도 함께 보았다.

"장수풍뎅이 한살이 과정은 완전 탈바꿈인 것을 확인할 수 있어요. 만약 여러분이 완전 탈바꿈을 하는 곤충이에요. 그러면 번데기 단계가 오겠지요. 번데기가 되면 움직일 수도 없을 거예요. 여러분은 언제 번데기가 되고 싶나요?"

"공부하기 싫을 때요."

"싫은 곳으로 가야 할 때요."

"3학년 때."

"엄마한테 꾸중들을 때요."

"7살 때부터 어른까지요."

"다시 아이가 되고 싶어요."

아이들은 각자 자신의 생각을 이야기했다. 선생님은 채집한 동물을 다시 놓아주라는 당부와 함께 수업을 마무리했다.

오늘 수업에서 우리 반 아이들 12명은 제각각 활동에 집중해 여기저기 돌아다니느라 한눈에 들어오기조차 힘들었다. 내가 수업자였다면 이런 부산스러움과 소음을 견디지 못했을 것이다. 아이들의 주의를 집중시키고, 모둠활동을 함께하도록 중재하고, 잘하고 있는지 확인하며 아이들에게 주어진 자유를 불안해했을 것이다. 아마 이런 소음을 방지하기 위해 조사학습으로 과제를 제시해 주었을지도 모른다. 하지만 선생님은 이 모든 상황을 있는 그대로 받아들이고 아이들이 자유롭게 탐구할 수 있도록 기다려주었다. 그러니 아이들도 집중해서 수업에 참여하며 학습 목표에 도달했다.

💬 수업자와의 대화

관찰자　상당히 활발한 수업이었는데, 오늘은 어떤 수업이었나요?

수업자　전 차시까지 배추흰나비의 한살이에 대해 공부했는데요. 이번 시간에는 다른 곤충들의 한살이도 궁금하지 않을까 하여 사마귀, 장수풍뎅이, 잠자리의 한살이를 공부하고 차이점을 비교해 봤습니다.

관찰자　평소에 수업 계획은 어떻게 하시나요?

수업자　3학년 수업을 하면서 A4 한 장 정도로 수업 시나리오를 짧게 작성해 보았습니다. 이렇게 하니 수업을 계획할 때 많은 도움이 되더라고요. 판서나 모둠활동 시간을 수업 흐름에 맞게 적절히 안배할 수 있지요. 그리고 이런 것들을 적어두면 다음에 비슷한 수업을 할 때도 굉장히 도움이 됩니다. 나만의 자료집을 만드는 거죠.

관찰자　아침에 학생들이 선생님과 함께 곤충을 잡으러 다니는 모습을 보았습니다. 이 작은 곤충들이 학생들의 책상 위에 있더라고요. 학생들과 곤충을 직접 잡으신 의도가 있나요?

우리 주변에 있는 다양한 곤충들을 직접 채집하고 관찰하다 보면, 곤충의 한살이 과정에 대해 자연스럽게 궁금증이 생길 것 같았습니다. 직접 찾는 과정을 통해 장기적인 학습도 기대해 볼 수 있고요.

관찰자 곤충을 직접 채집하면서 학생들의 흥미는 높아진 반면에 교사의 위험 부담은 커진 것 같아요. 소란스러워지기도 하고, 살아 있는 생물을 다루다 보면 변수가 많기 때문에 학생들에게 어려운 활동이 될 수도 있을 것 같은데요. 오늘 보니 학생들이 채집한 생물 중에 간혹 곤충이 아닌 동물도 포함되어 있더라고요.

수업자 채집 활동을 너무 열심히 했고, 그걸 또 책상 위에 갖고 있다 보니 학생들이 수업에 열중하지 못한 것 같습니다. 곤충의 한살이 과정을 찾는 것도 쉽지 않았던 데다, 자료를 찾아도 긴 글을 읽어 필요한 내용을 뽑아내야 하기 때문에 3학년 아이들에게는 어려웠겠지요. 저도 조금은 힘들었습니다. 하지만 직접 해 봤다는 것에 의의를 두고 싶습니다. 또 장수풍뎅이는 학생들과 함께 과학실에서 실제로 키우며 만져보았기 때문에 학생들이 굉장히 몰입하는 모습을 보였습니다.

관찰자 학생들을 관찰해 보니 먼저 끝낸 모둠은 각자의 활동을 하고, 활동을 끝내지 못한 모둠은 선생님께 여쭤보면서 배워나가더라고요. 사실 모든 학생들이 동시에 학습을 끝낼 수는 없기 때문에 속도가 각기 다른 학생들을 어떻게 지도해야 하는지 고민이 필요할 것 같은데, 선생님은 어떠신가요?

수업자　먼저 끝난 모둠이 조금은 소란스럽게 떠들었습니다. 이런 상황에 교사가 초연해질 필요가 있지 않을까 합니다. 활동이 끝난 모둠에 항상 새로운 활동을 줄 수도 없고, 조용히 하라고 묶어둘 수도 없으니까요. 아이들을 보면 각자가 나름대로 자신의 배움을 주도하고 있다는 것을 알 수 있습니다. 활동을 조금 늦게 마친 지연이와 도경이도 저와 함께 인터넷을 이용해서 자신이 채집한 곤충의 한살이를 찾았고, 지수는 책 속에 파묻혀 주변 상황에 아랑곳하지 않고 집중하여 과제를 해결했지요. 12명밖에 되지 않는 학생들이지만 각자에게 맞는 방법으로 스스로 답을 찾으려는 모습이 대견했습니다.

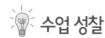

수업 성찰

아이들이 직접 몸으로 체험하는 수업은 누구나 원하는 교육이 아닐까? 선생님은 아이들이 직접 뭔가를 할 때 더 오래 기억에 남고 장기적인 학습으로 이어진다는 사실을 잘 알고 계셨는지, 한 시간 동안 아이들과 학교를 샅샅이 뒤져 곤충을 찾았다. 그리고 채집한 곤충을 수업시간에 자료로 활용했다.

완전 탈바꿈, 불완전 탈바꿈 같은 개념을 적용할 때에도 다양한 곤충 관련 책들과 컴퓨터로 아이들이 직접 원하는 것을 찾을 수 있도록 했다.

아이들은 너무 많은 자료가 앞에 놓여 있으면 자료에 빠져 수업에 집중하지 못하는 경우가 많았지만, 오늘은 활동 주제를 잊지 않고 자신이 찾아야 하는 내용에 집중해 활동을 끝마쳤다. 방대한 자료 속에서 원하는 것을 찾는다는 것이 3학년 아이들에게는 어렵게 느껴졌을 수도 있다. 그래도 그런 과정 자체가 한편으로 많은 경험이 되었을 것이다.

게다가 살아 움직이는 자료가 눈앞에 왔다 갔다 하니 아이들의 흥미는 최고조에 달했다. 덕분에 아이들은 그 어느 때보다 자유롭게 모둠 활동에 참여했다. 그 과정에서 교실이 조금은 소란스러워지기도 했다. 하지만 수업자는 떠들썩한 분위기도 그대로 인정해 주었다. 아이들이 스스로 활동을 하는 과정에서 발생하는 소음은 전혀 잘못된 것이 아니며, 배움의 가장 확실한 증거이기도 하다는 사실을 선생님은 알고 계셨다. 교사가 어떻게 하느냐에 따라 아이들은 떠들며 배울 수도 있는 것이다.

겉으로 보기에 시끄럽고 분별없는 듯 보여도 아이들의 목소리와 행동은 모두 의미가 있다. 자신의 생각을 전달하고 친구를 설득하기 위해 내는 목소리, 선생님에게 도움을 요청하고 확인하는 목소리, 나만의 방식으로 답을 찾아가는 과정……. 학생들은 각자 자신만의 방식대로 배움을 위해 노력하고 있었다. 아이들의 행동을 조금 더 이해하고, 자신의 언어로 자신의 목소리를 낼 수 있도록 수업 활동을 다양하게 개선해 봐야겠다.

5

잘못된 개념은
바꾸기 어렵다

대학원생의 가장 큰 고민거리 중 하나는 논문 주제를 정하는 것이다. 무엇을 연구할지 정하지 못하고 고민에 빠진 나에게 가장 눈에 띄었던 주제는 '오개념'이었다. 오개념은 수업 전에 생성된 잘못된 개념으로, 바로잡아야 하는 개념을 말한다. 과학과에서 이야기하는 오개념은 한마디로 인정될 수 없는 비과학적 개념을 지칭한다고 할 수 있다. 예를 들어 곤충은 몸집이 크지 않고 다리가 4개가 아니므로 동물이 아니라고 생각하거나, 거미는 풀밭에 살고 몸집이 작으므로 곤충이라고 생각하는 것이 대표적인 오개념이다. 일개미들은 날개가 없기 때문에 곤충이 아니라고 생각하는 아이들도 있다.

아이들이 이런 오개념을 확신에 찬 눈빛으로 질문할 때는 가끔 난감하기도 하다. 저 순수한 마음에 상처를 주는 것은 아닐까? 자신의 생각이 틀렸다는 것을 알고 충격을 받지는 않을까? 이런 걱정을 하다 보면 대답하기가 조금은 조심스러워진다. 겨우 대답을 해 주어도 간혹 내 말을 믿지 않고 "아닌데?" 하고 토를 달면 더욱 난감하다. 나를 못 믿는 건가 하는 생각에 상처를 받기도 하고, 어떻게든 이해를 시키겠다는 오기가 생기기도 한다.

그렇다면 이런 오개념은 어떻게 바로잡을 수 있을까? 조지 포스너는 오개념을 과학적 개념으로 교정하기 위한 네 가지 조건을 제시했다 (George J. Posner, 1982).

- 자신의 생각에 불만을 가진다.
- 새로운 개념을 이해할 수 있다.
- 새로운 개념이 그럴 듯하다.
- 새로운 개념의 활용 가능성이 많다.

이 네 가지 조건을 바탕으로 오개념을 바로잡을 다양한 수업 모델들이 개발됐다. 전문가들은 공통적으로 수업을 짤 때 다음을 기억하라고 조언한다.

- 학생들이 자신과 동료의 생각을 인식할 수 있도록 수업 중에 생각을 충분히 표현할 수 있는 기회가 제공되어야 한다.
- 기존의 생각과 새롭게 배운 사실 사이에 인지 갈등이 일어나 자신의 생각에 불만족을 느껴야 한다.

― 새로운 개념이 학생들이 보기에 이해하기 쉽고, 그럴듯하며, 활용 가능성이 높아야 한다. 그리고 수업자는 그렇게 보이도록 하는 장치를 마련해야 한다.

학생들의 오개념을 미리 파악하여 수업에 적용할 수 있다면 얼마나 좋을까? 하지만 현실에서 그러기는 어렵다. 언제 어디에서 오개념이 튀어나올지 모른다. 학생들은 책을 읽다가, 길을 지나가다, 혹은 그냥 문득 생각이 나서 자신들의 오개념을 질문할 때도 많다. 그렇기에 매 시간 다른 주제의 수업에 대비해 오개념을 파악하는 것은 실질적으로 거의 불가능하다.

따라서 교사는 미리 오개념을 파악하는 것보다 그때그때 아이들의 오개념에 혼란을 줄 수 있는 상황을 적절히 제시하는 역량을 기르는 편이 바람직하다. 학생이 갖고 있는 잘못된 개념으로는 해결하기 어려운 문제를 적시적소에 제시해 오개념을 바로잡을 수 있도록 유도하는 기술이 필요하다.

🔍 수업 들여다보기

2014년 7월 11일 1교시 | 과학 : 흙의 종류 비교하기 | 수업자 : 지경준 선생님

아이들의 책상 위에 이상한 모양의 실험 기구가 놓여 있다. 기다란 관 두 개가 실험관대 양쪽에 매달려 있다. 과학시간에는 실험 기구에

먼저 손을 대는 아이들이 꼭 있다. 눈앞에 신기한 물건이 있으면 그것을 만지게 되는 것은 아이들의 당연한 반응인가 보다. 호기심이 많은 지호는 참지 못하고 실험 기구를 가지고 놀다가 선생님에게 지적을 받았다. 선생님은 이런 아이들의 마음을 아는지 지난 시간에 배운 내용을 간단하게 정리 한 후, 서둘러 오늘 활동에 들어간다.

오늘은 모래가 많이 섞인 흙과 진흙이 섞인 흙의 차이를 관찰하는 시간이다. 관찰은 과학 수업의 가장 기본이 되는 활동이다. 오늘 우리 아이들은 이 관찰 활동을 통해 무엇을 찾게 될까 기대된다.

"지표의 변화 단원에서는 흙끼리 장기자랑을 할 거예요. 두 가지 흙이 있는데, 여러분이 심사위원이 되는 거예요. 첫 번째는 겉모습, 두 번째는 물 빠짐. 이 두 가지 기준으로 심사를 하겠습니다. 그럼 먼저 겉모습을 심사하는 데 무엇이 필요할까요? 모둠끼리 이야기해 보세요."

"심사가 뭐예요?"

"심사는 뭔가를 자세히 들여다보고 점수를 매기거나 선별하는 거예요. 흙의 겉모습을 심사하는 데는 무엇이 필요할까요?"

"돋보기요."

"그럼 여러분은 돋보기로 무엇을 관찰할 건가요?" 선생님은 아이들의 대답을 잠시 기다린 뒤 책을 참고해도 좋다고 말해 주었다.

"색깔, 알갱이의 크기를 관찰해요."

"여러분이 두 흙 중에 마음에 드는 흙을 하나 뽑고 이유를 적는 거예요."

학생들은 선생님에게 돋보기를 나누어 받고 심사를 시작한다. 새로운 실험 도구를 받아든 아이들은 돋보기를 가지고 서로의 얼굴을 먼저 살핀다. 그 와중에 친구들을 단속하는 아이, 계속 장난치는 아이들이 서로 티격태격한다.

잠시 후 아이들은 본격적으로 흙을 관찰하기 시작한다. 흙을 손으로 만져보며 촉감을 기록하고, 부셔보기도 하면서 저마다 흙의 특성을 파악하려 열심이다. 선생님은 학생 사이사이를 돌아다니면서 다양한 감각을 이용하여 관찰할 수 있도록 아이들에게 질문을 한다. 관찰하면서 무엇을 보았는지, 왜 그렇게 생각했는지 이런저런 질문이 오간다.

어떻게든 한 가지를 뽑아야 하는 상황이 주어지자 아이들은 조금 더 집중해서 관찰했다. 두 흙을 비교하기 위해 색깔, 알갱이의 크기와 같은 기준을 정하였고 돋보기로 보고, 손으로 만져보기도 했다. 그리고 모둠원 4명의 의견을 모아 심사를 진행했다. 이 과정에서 아이들은 서로 다른 의견을 조율하기 위해 자신이 관찰한 것을 토의했다. 간단하지만 그 어디에도 없는 색다른 방식으로 아이들의 수업 참여가 활발해진다.

우리 반 아이들의 '흙 겉모습 대회'에서는 진흙이 많은 흙이 우승을 차지했다. 모래가 많은 흙에 비해 부드럽고, 색도 진하고, 알갱이가 작아서 마음에 들었단다. 아이들은 "진흙이 많이 섞인 흙이 더 예쁘다"는 심사평을 내렸다.

"자, 그럼 2차 심사는 물 빠짐이에요. 우선 누가 이길지 예상해 봅시다. 예상이 뭐예요?"

"미리 추측하는 거요."

"미리 생각해 보는 거지요? 어떤 흙이 물 빠짐이 좋을지 모둠끼리 이야기해 보세요."

진흙이 많은 흙과 모래가 많은 흙 가운데 과연 어떤 흙의 물 빠짐이 좋을까? 결과는 정해져 있지만 아이들의 생각이 궁금하다. 그런데 결과는 의외였다. 쉽게 맞출 수 있을 거라고 예상했는데, 아이들의 관점에서는 그게 아닌가 보다. 세 모둠 모두 진흙의 물 빠짐이 더 좋을 거라 예상했다. 진흙이 물렁물렁하고, 알갱이가 작기 때문이라는 것이다. 또 선우는 진흙에 물을 뿌리면 더 잘 젖기 때문에 물 빠짐이 좋을 것이라고 생각했다.

"예상은 맞을 수도 있고, 틀릴 수도 있지요. 틀려도 실망할 필요는 없어요. 실제 과학자들도 많이 틀리니까요."

학생들은 모둠별 책상에 놓여 있는 물 빠짐 장치를 이용하여 실험을 시작했다. 두 종류의 흙이 들어 있는 장치에 동시에 물을 붓고 바닥에 물이 빠지기 시작하는 시간을 초시계로 잰다. 아이들은 처음 보는 물 빠짐 장치를 서로 만져보겠다고 야단이다. 초시계를 처음 사용하는 아이들은 이것저것 버튼을 눌러보며 장난을 치기도 한다. 아이들은 그러면서도 실험을 시작한다.

"이게 더 빠르네."

정수가 모래가 많이 든 흙을 가리키며 말했다.

모래와 진흙에 물이 스며들면서 천천히 아래로 퍼져나갔다. 모래가 많이 섞여 있는 흙에서 먼저 물이 떨어졌다. 물 빠짐 장치를 지켜보던 아이들도 모래가 많이 섞인 흙에서 물이 먼저 떨어지는 것을 보았다.

"야, 떨어진다."

"모래가 더 빨리 떨어진다!"

아이들은 모래에서 물이 빠지는 것을 지켜보며 저마다 한마디씩 했다. 하지만 진흙의 물 빠짐이 좋다고 생각하는 모둠도 있다.

"진흙이 더 빠른데……."

물이 스며들며 진흙이 많이 섞여 있는 흙의 색이 더 짙은색으로 변하자 아이들은 진흙에서 물이 더 빨리 빠진다고 생각한 것 같다.

"그럼 동시에 떨어진 거 아니야? 아니 진흙인가?"

"그럼 진흙이라고 말해."

실험을 통해 사실을 관찰했지만, 자신이 생각하는 대로 실험 결과를 바꿔서 믿어버리는 현상도 나타난다. 하지만 다른 모둠 아이들이 모래가 많이 든 흙의 물 빠짐이 좋다고 하자 이 모둠 아이들은 은근히 다른 모둠의 눈치를 보며 대답한다. 같은 사실을 관찰하고도 자신이 믿고 있는 것과 주변 분위기까지 살피며 사실을 바꾸어버린다. 보이는 것 그대로 믿으면 될 텐데, 이럴 때 보면 아이들은 복잡하게 생각하는 경향이 있는 것 같다.

학생들은 왜 모래가 많이 든 흙의 물 빠짐이 좋은지 선뜻 이해되지 않는지 그 이유를 찾으려 했다.

"이유가 뭐지? 모래가 부드러우니까?"

"모래 알갱이가 작아서."

분명히 '겉모습 대회'에서 진흙의 알갱이가 더 작다고 관찰했건만, 이 실험에서도 아이들은 사실을 자신들의 오개념에 끼워 맞추려 한다. 선생님은 이 모둠 아이들에게 알갱이의 크기와 관련지어서 다시 한 번 생각해 보라고 한다.

"알갱이가 작으면 물이 잘 빠질까? 아무튼 알갱이의 크기와 관련이 있어요. 잘 생각해 보세요."

하지만 학생들의 토론에는 진전이 없고, 여전히 알갱이가 작기 때문에 물이 잘 빠진다는 결론을 내리고 있었다. 한번 잘못 생각한 개념은 쉽게 바뀌지 않았다. 이제 선생님이 나설 차례다.

"알갱이의 크기 때문에 물이 잘 빠지기도 하고, 안 빠지기도 해요. 하나는 알갱이가 커요. 두 번째는 작아요."

선생님은 흙의 입자를 칠판에 그려가며 설명해 주었다.

"그리고 물을 부어줍니다. 어느 쪽의 물이 잘 빠질까요?"

선생님은 물이 흘러가는 모습도 그림으로 그려주었다.

"작은 알갱이요?"

선우와 지현이가 대답했다.

"왜?"

"알갱이가 작아서 사이가 막히지 않는데……."

"사이가 다 막혀 있는데?" 선생님은 그림을 가리키며 말했다. "모래는 사이가 벌어져 있어요. 진흙은 사이가 다 막혀 있어요. 어느 것이 물이 잘 빠질까요?"

"진흙이요."

"모래요."

아이들의 대답은 여전히 엇갈렸다. 모둠활동에서 관찰했듯이 진흙이 많이 든 흙에서 물이 스며드는 장면이 더 잘 보였기 때문에 헷갈리는 아이들이 있다.

"다시 설명할게요. 진흙은 알갱이가 작아서 빈틈이 없어요. 그러니 모래가 더 잘 빠지겠지요."

"아니에요. 알갱이가 작으면 더 잘 스며들어요."

"잘 스며든 것처럼 보이는데, 우리는 물이 잘 빠지는 것을 보는 거예요. 모래가 많이 든 흙에서 물이 먼저 나왔지요? 모래가 물이 잘 빠졌어요. 그러면 모래가 알갱이의 크기가 커요, 작아요?"

"커요."

"작은가? 커요."

선생님은 흙의 종류에 따라 쓰임이 다른 예를 들어 다시 한 번 아이들이 생각해 볼 수 있도록 했다. 선생님은 질문과 대답을 통해 알갱이가 커서 물 빠짐이 좋기 때문에 운동장에는 모래가 섞인 흙을 사용하고, 알갱이가 작아서 물을 머금고 있기 때문에 화단에는 진흙이 섞인 흙을 쓴다고 설명하며 수업을 끝마쳤다.

💬 수업자와의 대화

관찰자   오늘 수업은 어떤 수업이었나요?

수업자   이번 단원은 '변화하는 땅'입니다. 땅이 어떻게 변하는지에 대해 전 차시 흙이 되는 과정을 배웠고, 이번에는 땅이 변화하면서 생긴 여러 종류의 흙을 관찰하는 시간입니다. 오늘 수업은 모래가 많이 섞여 있는 흙과 진흙이 많이 섞인 흙의 겉모습과 물 빠짐을 실험을 통해 비교해 봤어요. 또 왜 그런지 그 이유도 생각해 보았습니다.

관찰자   특히 오늘은 대회라는 형식을 빌려 수업을 하셨는데요, 그렇게 하신 특별한 이유가 있는지요?

수업자   일상수업 공개를 통해 3학년 수업을 관찰해 보니 스토리와 게임을 좋아하더라고요. 그래서 교과서에 나온 실험을 대회 형식을 빌려서 아이들의 참여를 유도해 봤습니다. 저는 겉모습 심사를 망설일 줄 알았지만, 아이들 모두 자신의 생각대로 잘했고, 물 빠짐 심사에서도 실험에 매우 집중하는 모습을 보였습니다.

관찰자   저는 오늘 수업에서 아이들의 오개념에 대해 다시 한 번 생각하게 되었습니다. 잘못된 개념을 바로잡기가 어렵다는 것을 알고는 있었지만, 수업을 통해 이 사실을 새삼 깨닫게 되네요.

수업자　그러니까요. 한 번 잘못 인식된 개념은 정말 바꾸기 어려운가 봐요. 물 빠짐에 대한 실험을 하고 결과를 눈으로 관찰했음에도 불구하고 생각이 쉽게 바뀌지 않더라고요. 그래서 알갱이의 크기를 단순화해 그림으로 설명했지요. 그리고 운동장 흙과 화단 흙을 비교하며 예를 들어줬더니 아이들의 생각에 조금씩 변화가 일어나는 것 같았습니다.

관찰자　혹시 오늘 말고도 오개념과 관련한 경험이 또 있으신가요?

수업자　학생들도 우리 어른들과 마찬가지로 '이것은 이럴 것이다'라는 선입견을 가지고 있습니다. 이러한 현상은 잘못된 게 아니라 그들의 경험, 주변 환경에 따라 자연스럽게 형성된 것이지요.

과학교과에서는 열의 이동, 눈에 물체가 보이는 원리, 물의 상태 변화 등에서 오개념이 주로 나타납니다. 예를 들어 차가운 문고리를 잡으면 몸이 차가워집니다. 대부분의 학생들은 찬 기운이 몸에 전달되어 우리 몸이 차가워졌다고 하지요. 또한 우리가 물체를 보는 이유는 우리 눈에 물체를 볼 수 있는 특별한 물질이 있어서라고 생각하는 학생들도 많아요. 물을 끓일 때 나타나는 김을 액체가 아닌 기체라고 생각하는 것도 대표적인 오개념입니다.

이런 오개념은 쉽게 고쳐지지 않기 때문에 처음 경험할 때 바르게 가르쳐주는 것이 중요하지요.

관찰자　그렇다면 한 번 형성된 오개념을 바로잡으려면 어떻게 해야 할까요?

수업자　일단 학생들의 오개념이 무엇인지 파악하는 것이 중요합니다. 오개념이 많이 나타나는 수업의 경우, 학생들이 갖고 있는 생각을 먼저 확인하고, 그런 생각을 흔들어놓는 상황을 제시해 주는 겁니다.

예컨대 찬 기운이 우리 몸에 들어와 몸이 차가워졌다는 오개념을 가진 친구들에게는 열의 이동에 관한 과학적 개념을 제시합니다. 여기서 열은 에너지를 말하며, 에너지는 많은 곳에서 적은 곳으로 이동합니다. 그래야 열의 평형을 유지할 수 있고, 그게 자연의 법칙입니다. 비유적으로 설명하면 돈이 많은 사람이 돈이 적은 사람에게 베풀어야 평등의 가치가 실현되는 것과 같은 이치입니다.

이런 상황을 제시하고 학생들이 갖고 있던 처음 생각이 어디서부터 잘못되었는지 스스로 되돌아보게 합니다. 그럼 학생들은 자신의 생각 중에 잘못된 부분을 찾고 이를 수정해 나갑니다.

결국 과학도 철학적 접근이 필요합니다. 왜 열은 평형을 유지하려고 하는지, 사물은 왜 우리 눈으로 들어오는지, 근원적인 질문을 자꾸 던져야 합니다. 그래야 학생들이 과학을 전체적인 시야에서 이해하고, 자신의 세계에 담을 수 있습니다.

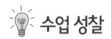 **수업 성찰**

학교 숲에서 학생들과 여름철 곤충을 찾아보던 날이었다.

"곤충은 머리 – 가슴 – 배로 이루어졌고, 6개의 다리와 4장의 날개를 갖고 있어요."

2학년 학생들을 대상으로 한 수업이었기에 곤충의 기본 개념만을 간단하게 알려준 후 조건에 맞는 생물을 찾아보라고 했다. 학생들은 방아깨비, 여치, 무당벌레 등 다양한 곤충들을 채집했다.

채집에 열중인 학생들을 흐뭇하게 지켜보는데 몇몇 학생들이 모여 옥신각신하고 있는 게 보였다. 가까이 다가가 들어보니 개미가 곤충이냐 아니냐를 가지고 열을 내며 이야기를 하고 있었다.

"날개가 없기 때문에 곤충이 아니다."

"날개가 있는 개미를 본 적이 있다!"

아이들 사이에서 이런저런 의견이 오갔다.

나는 끼어들지 않고 아이들이 하는 얘기를 계속 들어보았다. 대화는 이미 오개념을 바로잡기 위한 첫 단계에 들어선 것 같았다. 곤충이 아닌 것 같지만 왠지 곤충일 수도 있겠다는 생각이 들었는지 한 학생의 말끝이 흐려지기 시작했다. 곧이어 아이들은 날개가 있는 개미를 찾아 나섰다. 그렇게 반 아이들이 모두 함께 10여 분을 찾아 헤맨 끝에 드디어 날개가 달린 개미를 찾아냈다. 그러자 곤충이 아니라고 한 학생들의 눈빛이 흔들렸다.

"날개가 없는 개미가 더 많잖아요……."

학생은 말끝을 흐리며 나에게 구원의 눈빛을 보냈다.

교실로 돌아온 우리는 EBS 〈지식채널e – 개미 왕국〉 편을 모두 함께 보았다. 프로그램은 '날개가 달린' 여왕개미와 수개미의 짝짓기부터 알을 낳고 일개미들이 태어나 왕국을 만드는 과정까지 개미의 생태계를 아주 자세하게 보여주었다. 짝짓기를 끝낸 여왕개미는 스스로 날개를 뜯어버린다. 더 이상 필요가 없기 때문에 스스로 없애는 것이다.

이 장면을 본 뒤 아이들에게 일개미들은 주로 땅에서 일하기 때문에 날 필요가 없어서 날개가 없어졌을 것이라고 말해 주었다. 그리고 그런 곤충이 또 있으니 함께 찾아보자고 하였다. 우리는 이후에도 비슷한 활동을 몇 번 했지만, 개미가 곤충이 아니라는 소리는 더 이상 나오지 않았다. 오개념이 어느 정도 바로잡힌 듯 보였다.

재미있는 수업을 계획하면서 오개념까지 바로잡아 주는 것은 물론 쉽지만은 않다. 때로는 오랜 시간과 노력을 들여야 하고, 그 과정에서 당황하는 일도 많다. 하지만 학생들이 자신의 생각을 객관적으로 확인해 보고, 잘못된 부분을 스스로 바로잡는 활동은 학습에서 매우 중요하다. 아이들이 즐겁게 배우며 그 과정에서 잘못된 생각을 바로잡을 수 있다면, 더불어 그런 연습을 통해 훗날 자신이 갖고 있는 개념을 비판적으로 성찰하고 바르게 길러갈 수 있는 근육까지 기를 수 있다면 교사로서 이 또한 기쁘지 않겠는가.

학생의 오개념을 너무 멀리하거나 답답해하지만 말고, 인내심을 갖고 고쳐나가보자. 교사 역시 그 과정에서 배우는 게 있을 것이다.

수업친구의 교실에서 수업 철학 찾기

지경준 선생님의
수업 관찰기

─────── 30년 전 내가 다니던 중학교는 교생실습이 이루어지는 곳이었다. 당시 교생선생님들이 학교에서 반드시 거쳐야 하는 관문이 하나 있었는데, 그것은 바로 공개수업이었다. 그런데 학생인 나도 느낄 수 있었을 정도로 공개수업은 선생님들에게 적잖이 부담이었던 모양이다. 공개수업을 하기로 한 날이 다가올수록 학교는 분주하게 돌아갔고, 선생님들의 표정은 어두워져갔다.

우리 반에 배정됐던 교생선생님도 그 두려운 공개수업을 피할 수는 없었다. 그리고 수업은 어느덧 코앞으로 다가왔다. 수업이 시작되기 전, 선생님은 뜬금없이 나를 복도로 불러냈다. 어리둥절하며 복도로 따라 나간 나에게 그는 발표할 기회를 준다는 말과 함께 자신이 원하는 '모범 답안'을 내밀었다. 나는 아무 생각 없이 그 답을 달달 외우고 수업에 참여했다. 그때 그가 어떤 수업을 했는지는 정확히 기억나지 않지만 영어 수업이었던 것만은 분명하다. 내가 외운 것은 그리 길지 않은 영어 한마디였다.

학생에게 답을 알려주면서 그는 무엇을 기대했을까? 무엇이 그를 그토록 두렵게 했을까? 나에게 정해진 대본을 쥐어주며 선생님은 내가 그 대사를 정확히 연기하길 바랐던 걸까?

지금 와서 생각해 보면, 동의할 수는 없을지라도 그 선생님을 이해할 수는 있을 것 같다. 공개수업을 하는 동안 교실 뒤편으로는 선생님들이 모여들었고 그들의 손에는 페이퍼가 들려 있었다. 수업의 이모저모를 평가하기 위해 선생님들의 눈은 바쁘게 돌아갔다. 아마도 그 교생 선생님은 모든 교사들을 만족시킬 완벽한 수업을 꿈꾸었을 것이다. 잘 짜인 스토리대로 학생들이 움직여주는 보기 좋은 수업 말이다.

이후 나는 교사가 되었고, 어느덧 교단에 선 지도 16년이 흘렀다. 광주교육청에서는 경험 많은 교사들을 주축으로 수업 컨설팅단을 꾸려 선생님들이 더 나은 수업을 계획하고 실행할 수 있도록 지원하고 있다. 수업 컨설팅단으로 활동하던 나에게 어느 날 도움을 청하는 전화 한 통이 걸려왔다.

나를 찾아온 선생님은 이제 갓 걸음마를 뗀 신규 교사였다. 컨설팅을 받으러 온 그는 내 앞에서 파워포인트 자료를 꺼내 들었다. 공개수업에 사용할 자료이니 한번 검토해 달라고 했다. 우리는 그가 준비한 파워포인트를 함께 보며 가상 수업(마이크로 티칭, 학생들 없이 수업을 시연해 보는 활동)을 해 보았다. 수업은 막힘이 없었고 매끄러운 것처럼 보였다. 마치 내비게이션에 목적지를 찍어놓고 그 길대로 따라가는 자동차 같았다. 모든 물음에는 정해진 답이 있었고, 수업은 그 정답을 맞히면 다음 단계로 넘어가도록 설계되어 있었다. 학생의 호기심이나 창의적인 생각은 설 곳이 없었다.

"그런데 선생님, 수업이 너무 꽉 짜인 것 같지 않나요? 정해진 길대로 쉼 없이 따라가는 듯한 느낌이 드는데요."

나는 조심스럽게 내 생각을 이야기했다. 그러자 선생님은 잠시 머뭇거렸다. 그가 어떤 말을 꺼낼지 궁금했다.

"학생들이 (수업시간에) 어떤 말을 할지 몰라서요. 엉뚱한 말을 하는 애들도 있고. 그런 상황이 오면 어떻게 해야 할지 모르겠어서……."

그는 학생과의 소통에서 일어날 수많은 변인들을 미리 예상했고, 그 때문에 자신이 계획했던 수업의 스토리가 무너질 것을 걱정했다. 그러다 보니 사전에 수업 내용을 되도록 꽉 채워 변수가 일어날 틈을 주지 않으려고 하는 것 같았다. 정해진 틀에서 벗어남이 없도록 말이다.

하지만 수업이란 게 어디 교사가 마음먹은 대로만 흘러가는가. 당연히 그렇지 않다. 아이들과 호흡을 맞추며 수업을 하다 보면 애초 정해진 길을 따라가는 게 아니라 가끔씩 다른 길로 갈 수도 있고, 그 길에서 잠시 머무를 수도 있는 법이다. 다양한 변수에 그때그때 대처해 나가는 과정 자체가 수업인 것이다. 하지만 평가받는다는 사실에 압박을 받다 보면 교사는 이런 당연한 사실을 자신도 모르게 잊게 된다.

벌써 30년 전인 그때 그 교생선생님부터 최근에 나를 찾아왔던 새내기 교사까지, 선생님들은 새로운 교구가 개발되고 시대가 바뀌어도 여전히 공개수업을 두려워하고 있었다. 무엇이 공개수업을 준비하는 그들을 두렵게 했을까? 보여주지 않아도 되는 일상수업에서도 그들은 비슷한 부담을 느끼고, 어떻게 평가받을지 고민했을까?

'평가'의 대상이 되면
공개수업이 두려워진다

초등교사는 보통 일 년에 두 번, 학부모와 동료 교사들에게 수업을 공개한다. 학부모를 대상으로 하는 공개수업은 담임교사라면 모두 거치게 되는 관문이지만, 교사를 대상으로 하는 수업 공개는 조금 성격이 다르다. 대부분의 교사들은 많은 사람들 앞에서 평가의 대상이 된다.

평가자들은 수업안 구성, 교사의 언행, 판서, 동기 유발, 발문, 모둠별 학습, 형성평가까지 수업을 요소 요소로 나누어 무엇이 훌륭하고 무엇이 부족한지를 꼼꼼히 살핀다. 그러니 수업자도 수업을 전체적인 안목에서 구성하려 하기보다는 각 단계별로 빠진 부분이 없는지를 점검하는 데 집중하여 수업을 준비하게 된다. 이렇다 보니 경력이 길어질수록 수업을 잘 보여줘야 한다는 부담이 생기고, 수업을 공개하는 것을 꺼리는 것도 어쩌면 당연하다.

그렇다면 공개수업을 주관하는 수업협의회, 더 나아가 수업 공개 방식은 어떻게 변화해야 하는 것일까? 수업에 관한 연수를 받고 다양한 자료를 찾아보며 나는 수업 공개에도 여러 가지 방법이 있다는 것을 알게 되었다. 아이의 눈으로 수업 보기, 수업을 비평적으로 바라보기, 수업친구를 맺어 일상수업을 공개하고 성찰하기 등이 그것이다. 그 가운데 수업친구를 맺는 방식이 유독 내 눈에 띄었다. 동료 교사들에게 수업을 공개하는 것은 평가받기 위함이 아니라는 전제에 공감이 됐다.

수업친구를 맺고 일상수업을 공개하는 것은 수업에 대해 서로 깊이 있는 대화를 나누기 위한 것이고, 궁극적으로는 수업을 성찰하는 데 그 목적이 있다. 교사는 일상수업을 수업친구에게 공개하고 진심어린 피드백을 받음으로써 자신만의 수업 스타일을 찾을 수 있고, 교단에 설 용기를 얻을 수 있다. 또한 수업에서 겪는 어려움, 가르침과 배움의 어긋남, 삶과 겉돌지 않는 배움에 대해 진지하게 고민하고 사유할 기회도 만날 수 있다.

하지만 그러기 위해서는 한 가지 조건이 있다. 수업친구에게 수업을 공개할 때는 '보여주기' 위해서가 아닌, 있는 그대로의 모습으로 수업에 임해야 한다는 것이다.

수업친구가
만들어준 변화

"교사는 수업을 잘해야지!"

지난 15년 동안 학교에 있으면서 나는 이 말을 수도 없이 들어왔다. 그래서 수업 연구도 많이 했고, 다른 교사들보다 앞서가기 위해 늘 노력했다. 하지만 혼자만의 노력은 언제나 뭔가 부족한 것처럼 느껴졌다. 그럴수록 함께 고민하고 서로를 격려해 줄 '친구'가 있었으면 좋겠다는 생각이 간절해졌다.

결국 나는 동료 교사에게 수업친구를 맺고 싶다고 제안했다. 그렇게 수업친구가 되어 처음으로 그의 교실에 들어갔다. 한 손에는 노트북, 다른 손엔 카메라를 들고 헐레벌떡 교실 안으로 들어서자, 아이들이 내 주위로 몰려들었다.

"선생님 뭐하세요? 우리 보러 오신 거예요?"

"음...... 선생님은 너희들이 수업시간에 뭐하는지 보러 왔단다. 너희들과 친해지고 싶기도 하고."

관찰 첫날 아이들은 나에게 대단한 관심을 보였다. 하지만 시간이 지나면서 익숙해졌는지 이제는 내가 문을 열고 들어와도 큰 관심을 보이지 않는다. 그렇게 계절이 몇 번이나 바뀌도록 나는 수업친구와 함께 서로의 일상수업을 공개하고 관찰했다. 그 과정은 생각보다 어렵지 않았고, 공개수업을 평가받을 때처럼 스트레스를 받을 일도 없었다. 오히려 수업의 감을 잃지 않게 해 주었으며 깊은 대화를 나누며 함께 수업을 성찰할 수 있는 시간이었다.

수업친구를 맺고 일상수업을 공개하며 여러 선생님들과 이야기를 나눌 기회가 있었다. 어떤 선생님은 내가 수업친구를 맺고 활동하는 것이 부러웠다고 했다. 그리고 또 다른 선생님은 우리의 기록을 읽어보고는 긍정적인 변화와 성장이 느껴진다고도 했다. 이런 말들을 들으며 우리는 조금씩 우리의 이런 작은 실천들이 획일적이고 경직된 수업 공개 문화를 바꿀 수 있는 시작점이 될 수 있지 않을까 하는 희망을 품게 되었다.

수업친구의 일상수업을 관찰하면서 나 또한 변화를 느낀다. 교사는 철학자여야 한다는 말을 그동안은 생각으로만 갖고 있었다면 이제는 실제로 행동에 옮기려 노력한다. 예전의 나는 학생들을 개개인이 아닌 하나의 집단으로 보곤 했다. 그래서 몇 명의 학생이 떠들어도 전체 학생들에게 "조용히 해라. 수업시간에 집중을 해야지"라고 야단치는 일이 잦았다. 하지만 이제는 수업시간에 집중하는 대다수의 학생들에게는 아무런 잘못이 없다는 것을 안다. 그래서 "ㅇㅇ아, 선생님을 봐야지"라고 말하고, 할 이야기가 있다면 수업이 끝난 후 그 학생과 직접 이야기한다.

또 수업시간에 학생들의 활동 시간을 보장하기 위해 노력한다. 나는 그동안 나 혼자서만 말을 많이 하고, 학생들에게 활동을 일방적으로 요구하는 수업 방식에 익숙했다. 그러나 수업친구의 수업을 관찰하며 그런 방식이 과연 옳은 것인지 다시 생각해 보게 됐다. 학생들에게 되도록 많은 시간을 주고 그들이 하는 대화에 귀 기울여볼 기회를 찾은 것이다. 이전에는 몰랐지만 학생들의 대화에는 배움이 있었고 학습 목표를 해결하기 위한 창의적인 아이디어가 번뜩였다. 아이들은 내가 생각했던 것보다 훨씬 성숙했으며, 무엇보다 스스로 수업을 이끌어갈 힘이 있었다.

동료 선생님들과 수업에 관한 철학을 나눌 수 있었던 것도 큰 기쁨이다. 그들의 수업으로부터 내가 그동안 생각하지 못했던 많은 것들을 배울 수 있었고, 더 나아가 그들과 직장 동료 이상으로 친해질 수 있었다. 수업을 통해 진짜 우정을 나눌 수 있다니 얼마나 고마운 일인가!

활동을 마치며 수업친구와 나눴던 대화가 생각난다. 그는 "선생님, 우리 잘하고 있는 건가요?"라고 물었고, 나는 "그럼요, 이제 우리가 해야 할 일이 무엇인지 찾은 것 같은데요"라고 대답했다. 가르칠 수 있는 용기는 아주 가까운 곳, 내 주변의 수업친구를 통해 얻을 수 있었다.

1

교사가 작아지면
학생은 커진다

 교사들은 수업시간에 얼마나 많은 말을 할까? 일상수업을 동영상으로 촬영해 보면 교사가 평소 얼마나 많은 말들을 하는지 알 수 있다. 그 가운데는 수업과 관련된 말도 물론 있지만 쓸데없는 말도 많다.

 "민호, 뒤돌아보지 말고 선생님 보세요."

 "글씨를 바르게 써야지 이게 뭐니?"

 "강당 열쇠는 영철이가 교무실 들려서 가지고 와라."

 이렇게 교사들은 자신도 모르는 사이에 수업시간과 별 관련이 없는 말들을 끊임없이 하게 된다. 안타깝게도 그만큼 학생이 자신의 의견을 이야기하고, 수업의 주인공이 되는 시간은 줄어든다.

 가르침 중심의 수업과 배움 중심의 수업에는 큰 차이점이 있다. 전자는 교사의 수업 기술이나 발문에 초점을 두지만 후자는 학생이 무엇을 하는지가 중요하다. 학생의 배움에 초점을 맞추면 교사의 말은 줄어들게 되고, 학생의 대화와 몸짓이 늘어난다. 교사는 수업의 핵심적인 부분만 언급해야 하며 가능한 학생들의 말을 많이 들어주어야 한다. 그래야 학생들이 스스로 수업의 주인공이라는 느낌을 받을 수 있고, 자발적으로 수업에 참여하게 되기 때문이다.

🔍 수업 들여다보기

2014년 5월 23일 6교시   사회 : 경제 위기의 극복과 성장   수업자 : 서은영 선생님

교실에 들어서자 학생들은 관찰자인 내 시선을 크게 의식하지 않고 평소처럼 수업을 준비하고 있었다. 수업은 사진 내용 추리하기 – 조사한 과제 토의하기 – 토의 결과 발표하기 – 정리하기 등 4단계로 진행되었다. 오늘 관찰 교실의 학생 창호는 학습 장애를 겪고 있다. 창호가 수업시간에 어떤 행동과 대화를 하는지 살펴보고 싶어 창호의 모둠을 집중 관찰해 보았다.

수업자   경제성장의 좋은 점들이 많이 있었는데요. TV 화면 속
사진을 보고 어떤 장면인지 말해 봅시다.
(모니터에는 IMF 때 음식을 배급받으려 줄을 선
사람들의 모습이 보인다.)

태민 사람들에게 일자리를 제공
하려는 것 같아요.

창호 음식을 배급받기 위해
줄을 서 있어요.

정효 나라에 돈이 부족해서
사람들이 돈을 내는 것
같아요.

수업자 선생님이 90년대 신문에서 찾은 사진입니다. 오늘 이 시간
에는 경제 위기에 대해서 이야기할 거예요. 그런데 위기가
무슨 뜻일까요?

학생들 사전에서 찾아봐요.

수업자 네. 빨리 찾아보세요.

태민 위험한 고비, 아슬아슬한 순간들이라는 뜻이에요.

수업자 네, 그러면 경제 위기의 원인과 그로 인해 나타난 현상에
대해서 알아봅시다. 시대별로 모둠을 나누어 앉아보세요.

학생들은 1950년대, 1970년대, 1990년대로 나누어 자리에 앉는다.

수업자 여러분이 조사한 과제를 보고 시대별 경제 위기의
원인과 그로 인해 나타난 현상을 기록해 봅시다.
(마리가 모둠활동에 참여하지 못하는 모습을 보고)
마리는 모둠 친구들이 있는 곳으로 와서

같이 이야기하세요.

창호   (수미를 바라보며) 이렇게 하면 돼?

수미   (창호에게) 불러줄게. 똑바로 적어.

수미는 창호에게 모둠 학습판에 기록할 내용을 불러준다. 창호를 가운데 두고 학습 능력이 뛰어난 두 친구가 양쪽에서 도와주는 환경이 조성되었다. 창호는 모둠 학습판에 학습 내용을 기록하는 역할을 맡았다.

수업자   이건 어디서 조사해 온 거예요?

창호   인터넷에서요.

수업자   인터넷에서 그대로 베껴온 것은 의미가 없잖아요?

창호   뜻을 찾아봤는데 안 나왔어요.

창호는 국어사전에서 뜻을 찾아본다.

수업자   정리가 다 됐나요? 1분 후에 발표할게요. (잠시 시간을 준 뒤) 자, 이제 마무리하고 조사한 내용을 발표해 볼까요? 먼저 1950년대 모둠에서 발표해 보세요.

은영   6.25 전쟁 이후 인구가 줄어들어 (…) 경제활동인구가 적어지고 공장, 도로 등이 파괴되었어요.

수업자   사람들은 무엇이 힘들었을까요?

은영   어디 가기가 어려워요. 또…….

수업자	누가 정리해서 말해 볼까요? 창호가 해 볼까요?
창호	음…….
수업자	창호를 봐주세요. 경제 위기의 원인은 뭐예요?
창호	…….

창호는 모둠 학습판을 바라보고 있으나 말을 하지 못한다.

수업자	잘 모르겠어요? 창호 모둠에서 누가 창호를 도와줄래요?
수미	(창호에게) 이건 있잖아. 6.25 전쟁이 일어났잖아. 그래서 문제점이 많잖아. 도로나 공장도 파괴되고.
수업자	이제 창호가 말해 볼까요?
창호	6.25 때 인구가 줄어들어…….
은영	그럼 이게 원인일까요? 현상일까요?
창호	현상이요.
수업자	그렇다면 경제 위기가 일어난 이유는 뭐였죠?
학생들	전쟁이 났어요.
수업자	전쟁이 나니까 일할 사람들이 줄어들고, 건물들이 부서졌어요. 이것은 현상이 되겠죠. 이제 1970년대의 이야기를 들어볼까요?
수미	정부의 지원으로 경제성장이 이루어졌지만 성장 불균형이 일어나 많은 문제점이 발생했습니다. 원유를 많이 사용하는 나라들은 특히 어려움을 겪었어요.

정효	(발표한 모둠을 향해) 양적 경제성장 부작용이 뭐예요?
수미	음…… 성장하고 있는데 부작용이 나타나는 것을 말해요.
수업자	경제가 급속하게 성장하게 되니까 어느 한쪽만 성장하고 나머지 부분은 제대로 성장하지 않게 된 걸 말해요.
은영	무엇이 경제 위기인지 성장인지 잘 모르겠는데요?
수미	경제 위기는 성장 불균형 때문에 나타난 것입니다.
수업자	그러면 원유 때문에 왜 어려움을 겪었나요?
수미	음…… 돈 문제죠. 원유가 비싸져서 많은 돈을 주고 사야 되니까 나라가 어려워졌어요.
수업자	그게 왜 문제죠?
수미	원래 100원인 줄 알고 100원을 가져왔는데 200원으로 오르면 못 사게 되는 거죠.
수업자	원유가 올라가면 반도체 등의 가격도 올라가는데 이렇게 되면 어떻게 될까요?
학생들	돈이 부족해서 빌려야 해요. 회사가 망할 수도 있어요.
수업자	왜 원유 가격이 올라가면 경제가 어려워지는지 모둠끼리 이야기해 볼까요?

다시 모둠활동이 시작되고,
창호가 속한 모둠을 집중 관찰했다.

| 수미 | (창호에게) 원유 가격이 오르면 |

공장에서 물건이 비싸지니까 돈이 부족하게 되고, 그러면
돈을 빌려야 하니까 경제가 어려워지는 거야.

창호   광산에서 자원을 팔면 안 돼?

수미   광산에서 작업을 하려면 기계를 돌려야 하는데
원유가 비싸잖아.

수업자   자, 이제 90년대로 넘어가볼게요.

태민   경제가 발전하고 소득이 늘어나면서 과소비가
발생했습니다. 그래서 우리 기업들이 다른 나라에
팔렸습니다.

은영   (발표한 모둠을 향해) 과소비가 뭐예요?

태민   돈을 너무 많이 쓰는 거예요.

은영   우리 기업들은 왜 다른 나라로 팔려갔나요?

정효   우리나라 사람들이 과소비를 하면서 우리나라에는

	돈이 부족해지고 그래서 외국에서 돈을 빌려왔어요.
	그런데 다시 갚을 수가 없으니까 팔려나간 거예요.
수업자	교과서 72쪽을 볼까요? IMF라는 표현이 있는데요.
	과소비 때문에 IMF를 겪었다기보다는 기업들의
	무분별한 경영이 문제가 되었지요.
	그래서 다른 나라로부터 돈을 빌리게 되었어요.
	그런데 회사들이 돈을 갚지 못해 부도가 나고,
	사람들은 일자리를 많이 잃게 되었어요.
	자, 오늘은 경제 위기를 시대별로 나누어 알아보았습니다.
	오늘 배운 내용에 대해 느낀 점이 있나요?
	누구부터 말해 볼까요?
마리	음…….
수업자	생각할 시간을 줄게요.
마리	오늘 이렇게 50년대, 70년대, 90년대를 조사해 보니까
	옛날에는 참 많은 일들이 있었던 것을 알았고,
	친구들과 옛날에 대해 이야기해서 좋았어요.
수업자	구체적으로 어떤 걸 알게 됐어요?
창호	50년대 때 경제 위기가 일어나서 국민들이 어려웠어요.
수업자	어떤 위기인가요?
창호	어…….
수업자	오늘 창호가 인터넷 조사를 열심히 해 왔는데 소감도 듣고
	싶고, 발표할 때도 도움이 됐는지 궁금해요.

창호는 말을 잇지 못했다. 교사는 창호가 알고 있는 내용을 발표할 수 있도록 기다려주고, 자극도 해 주지만 창호는 좀처럼 발표를 하지 못하고 있다.

수업자	인터넷으로 과제를 해 왔는데 다시 살펴보니까 알겠어요, 모르겠어요?
학생들	잘 모르겠어요.
수업자	맞아요. 앞으로는 자신이 알게 된 내용만 잘 정리해서 가져오세요.

💬 수업자와의 대화

관찰자	오늘 수업에 대해서 간단히 말씀해 주세요.

수업자 그동안 경제성장의 좋은 점을 이야기했는데, 이번 시간부터는 경제 위기를 배워볼 차례입니다. 오늘은 위기의 원인과 그로 인해 나타난 현상이 무엇인지 알아보는 수업이었습니다.

사회 수업은 교사가 말을 많이 하는 경향이 있어요. 하지만 오늘은 제가 아는 상식들을 이야기하고 그것을 저 혼자 정리하는 수업을 탈피해야겠다는 생각을 했어요. 조금 더디더라도 아이들 스스로 조사하고 정리해서 이야기해 보고, 수업 정리도 학생들이 직접 해 보면 좋을 것 같았습니다. 그래서 부모님께도 여쭤보고, 인터넷으로 조사도 해 본 뒤 그것을 나누는 식으로 수업을 해 봤어요. 이런 방식으로 수업을 했던 적이 많지 않았기 때문에 학생들이 스스로 조사하고 질문하고 발표하는 것을 힘들어 합니다. 간혹 인터넷의 내용을 그대로 복사해 오는 친구도 있어요. 그래도 이런 수업이 학생들에게 남는 수업이 될 거라고 생각해요.

관찰자 교사 위주의 수업과 학생 중심의 수업에서 배움의 차이를 느끼시나요?

수업자 교사가 주도해서 수업을 하다 보면 말을 적절하게 끊을 수 없고, 아이들이 수업 내용을 정리하는 데 필요한 시간을 교사가 몽땅 차지하려는 욕심을 갖게 돼요. 교사 본인은 많은 말을 했지만 정작 아이들은 무엇을 배웠는지 모르는 수업이 되는 거죠. 하지만 학생 중심의 수업이 되면 본인이 수업에 자발적으로 참여하게 돼요. 학생들이 자신의 의견을 표현할 수 있고, 또한 자신이 맡은 부분에 대해서 책임감을 갖게 되지요. 만약 조선시대 학자 이황에 대해서 배웠는데 그가 어떤 사람인지 더 궁금해지면 관련된 책을 찾아 읽게 되는 것처럼, 자신이 맡은 부분을 책임지고 하다 보면 궁금한 점들이 생겨요. 그러면 수업을 떠나서 지속적으로 학습을 해 나갈 수 있지 않을까요?

관찰자 오늘은 학생들의 과제가 바로 수업에 활용되고, 또 그 과제에 대해 서로 토의한 내용을 발표하는 수업을 했는데요. 최근 유행처럼 번지고 있는 거꾸로 학습을 염두하고 시작한 것인가요?

이번 수업은 학생들이 미리 조사한 내용을 가지고 서로 대화할 수 있는 시간을 많이 줬어요. 그래서 거꾸로 수업과 비슷하게 보일 수는 있지만, 꼭 그런 방식을 염두하고 한 건 아니에요. 단지 학생들이 미리 과제를 해 오고 그걸 중심으로 토론하다 보면 교사가 아닌 학생의 참여가 중심이 되는 수업이 될 거라 생각했어요.

💡 수업 성찰

오늘 수업은 주제에 대해 학생들이 인터넷으로 조사한 내용을 서로 토의하고 발표하는 수업이다. 교사는 수업에서 최대한 말을 아끼기 위해 노력했고, 수업의 대부분은 학생들이 이끌어갔다. 이렇게 하니 다음 수업 내용을 연결시키는 데도 많은 도움이 되었다고 한다. 스스로 책임지고 수업을 준비했던 학생들은 그다음 수업에서도 전 시간에 배운 것들을 더 잘 기억해 낼 수 있었을 것이다. 교사가 아닌 학생 중심의 수업이 불러온 효과다.

수업을 관찰하며 최근 이슈가 된 거꾸로 학습법이 떠올랐다. 이 학습법이 유행을 타면서 거꾸로 학습법으로 수업을 했더니 잠자는 학생도 없어지고 성적도 향상되었다는 목소리가 여기저기서 나온다. 하지만 자세히 들여다보면 이러한 학습법은 그리 대단하고 새로운 게 아니다. 교사가 아닌 학생이 자발적으로 수업을 이끌어간다는 기본 원칙을 지키고 있을 뿐이다.

그렇다면 교사가 수업시간에 학생보다 더 많은 말을 하는 이유는 무엇일까? 학생 중심의 수업을 관찰해 보니 조금은 알 것 같았다. 학생을 온전히 믿지 못하면 교사는 말을 더욱 많이 하게 된다. '아이들이 이것을 할 수 있을까?' 교사가 이런 의심을 가지기 시작하면 수업의 시작부터 끝까지 학생들을 놓지 못한다. 자신이 원하는 방향에 따라 구체적인 방법을 꼼꼼히 설명해야 안심이 되기 때문이다. 그러다 자신이 의도한 대로 학생들이 따라와주지 않으면 그걸 쉽게 받아들이지 못하고 학생들을 통제하려 하기 쉽다.

교사가 말을 많이 하는 것은 또 학생을 배려하지 않아서이기도 하다. 교사는 수업의 주인공이 아니다. 학생의 배움을 위해 수업을 준비하고 방향을 제시하는 조력자의 역할만 다하면 된다.

정해진 틀에 익숙해지는 것도 경계해야 한다. 수업을 바라보는 관점이 교사의 가르침 중심에서 학생의 배움 중심으로 변화한 것은 최근 몇 년 사이에 일어난 현상이다. 이런 변화에 적응하지 못하는 선생님들은 예전 방식을 그대로 고집하려는 경향이 있다. 그래서 늘 하던 대로 자신이 가진 지식을 학생에게 전달해야 한다는 강박에 학생보다 더 많은 말을 하게 된다. 교사가 수업의 단계를 모두 이끌어나가야 한다는 습관이 몸에 밴 것이다. 하지만 이런 습관을 버려야 학생을 배움의 중심에 둘 수 있다.

그렇다면 교사의 역할은 무엇일까? 자칫 선생님이 필요 없는 존재로 인식될 수도 있지만 그렇지 않다. 과학관을 운영하는 데 과학 전문가가 없는 것, 역사박물관에 역사 전문가가 없는 것을 상상할 수 없듯이 교실에서도 선생님의 역할은 필수적이다. 교사는 어떻게 학생 중심의 수업을 만들어갈지, 어떻게 학생들이 자발적으로 수업에 참여할 수 있을지를 누구보다도 먼저 고민하는 사람이다. 학생이 주인공이 되는 수업은 그들의 고민으로부터 시작되고, 완성된다.

2

아이들이 좋아하는 것을
수업 속으로!

아이들은 무엇을 좋아하고 즐길까?

아무래도 노는 것을 가장 좋아하는 것 같다. 그것도 혼자 노는 것보다는 여럿이 함께 노는 걸 좋아한다. 우리 학교는 중간 놀이시간이 30분이다. 그래서 쉬는 시간만 되면 운동장은 야구글러브와 배트를 가지고 나가는 친구들, 술래잡기를 하는 친구들, 잔디밭에서 깔깔거리며 뒹구는 친구들로 넘쳐난다. 아이들의 표정을 하나하나 살펴보면 수업시간과는 비교할 수 없을 정도로 생기가 느껴져 나까지 행복해진다.

그리고 또 뭘 좋아할까? 만화를 좋아한다. 한번 유행을 타는 만화가 있으면 각종 캐릭터가 교실 곳곳에서 튀어나온다. 지우개, 공책, 책받침 할 것 없이 그 캐릭터로 도배가 된다. 그 만화의 주제가를 모르면 또래 친구들과 대화가 안 될 정도다. 한 명이 노래를 부르기 시작하면 몇

소절 지나지 않아 합창으로 바뀐다. 신이 난 아이들의 목소리는 어찌나 큰지 교실이 떠나갈 듯하다.

아이들은 또 먹는 걸 좋아한다. 교실에서 내가 가장 많이 받는 질문 중 하나는 "선생님 오늘 급식 뭐예요?"다. 그만 좀 물어보고 급식표를 확인하라고 해도 막무가내다. 소원을 말해 보라고 하면 과자 파티, 아이스크림 먹기, 교실에서 라면 끓여먹기, 떡볶이 만들기 중 하나는 꼭 나온다. 수업시간에 TV 화면에 음식이 나오면 아이들은 입에 침이 가득 고였는지 침을 꿀꺽 삼킨다.

아이들은 이름 불러주는 것도 좋아한다. "야! 너 이리 와봐"보다는 "똘망아, 잠깐 이리 와볼래?"라는 말에 더 호감을 느낀다. 이외에도 아이들이 좋아하는 것은 수두룩하다. 교사는 아이들의 표정만 봐도 좋아하는지 아닌지 쉽게 알 수 있다. 관심을 갖고 살피기만 하면 알 수 있는 것들이다.

이런 것들을 수업에 활용하면 어떻게 될까? 놀기, 만화, 음식, 이름 불러주기처럼 아이들이 좋아하는 것을 수업에 활용한다면 수업은 어떻게 바뀔까? 아이들은 노는 것처럼 즐겁게, 만화를 보듯이 몰입하여 수업에 임할 수 있을 것이다. 음식을 맛보듯이 감각이 살아나고, 이름을 불러주면 주인공이 된 것처럼 적극적으로 배움에 임할 것이다.

교사가 수업을 '학생이 좋아하는 것'으로 채우면, 학생에게 수업은 '좋은 것'이 된다. 그렇게 하나씩 하나씩 채워나가다 보면 언젠가 아이들도 내 수업을 그 자체로 좋아하게 되지 않을까?

🔍 수업 들여다보기

2014년 6월 10일 1교시   수학 : 두 자리 수 X 한 자리 수   수업자 : 김보미 선생님

오늘 수업에서는 교사가 어떤 방법으로 학생들의 집중을 이끌어내는지를 중점적으로 살펴볼 예정이다. 수업은 스토리텔링을 활용한 문제 제시 – 수모형을 활용하고 여러 가지 방법을 생각하여 문제 해결 – 형성 평가의 단계로 진행되었다.

수업자   우리가 무엇에 대해 공부하고 있죠?

학생들   곱셈이요.

수업자   오늘은 카카오 친구들과 함께 수학을 해 볼까요?

(TV 화면에 여러 가지 만화 캐릭터들이 나와서 별을 탈출할 방법을 찾고 있다. 수학 문제를 해결해야 탈출할 수 있다.)

2009 개정 교육과정 수학과에서는 스토리텔링을 교과서에 도입해 학생들이 이야기 속에서 문제 상황을 만나고 해결해 나갈 수 있도록 하고 있다. 스토리텔링은 학생들에게 동기를 부여해 보다 적극적인 참여를 불러일으키는 데 효과적이다.

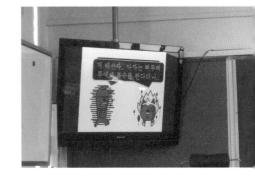

수업자	탈출을 위해 필요한 비행기의 수(32대의 비행기 4줄)를 곱셈식으로 바꾸면 어떻게 될까요?
학생들	32 곱하기 4요?
수업자	좋아요. 오늘은 32 곱하기 4를 어떻게 구할 수 있을지 공부해 보겠습니다. 함께 의논해서 모둠 칠판에 적어보세요.
학생들	(모둠활동을 시작한다.)
성민	(모둠판을 가리키며) 선생님 저희는 이렇게 하기로 했어요.
채연	34×4가 아닌데? 32×4로 써야지?
지효	(128이라고 답을 적는다.)
학생들	(완성한 모둠은 모둠판을 가지고 나와 칠판에 부착한다.)
수업자	(모둠판을 가리키며) 누가 설명해 볼까요? 성민이가 설명해 보세요.
성민	4와 2를 곱하면 8이 나오고, 4와 3을 곱하면 12가 나와요. 그래서 128이 돼요. (일의 자리와 일의 자리를 먼저 곱하고 십의 자리를 나중에 곱한 후 두 수를 합치는 방법이다.)
수업자	(지은이가 설명을 잘 듣지 않는 것을 발견하고) 지은이는 성민이가 말한 것이 이해되나요? 지은이가 설명해 볼까?
지은	(머뭇거리고 말을 못한다.)
수업자	지은이가 설명을 잘 안 들었구나.

지은이가 설명을 잘 안 들은 것은 사실이지만 교사가 "성민이네 모둠이

어떻게 문제를 풀었는지 모둠판을 보면서 이야기해 줄래?"라고 한 번 더
물어줬으면 하는 아쉬움이 든다.

학생들	(손을 들며) 저요, 저요.
수업자	이제 두 번째 모둠이 발표해 볼까요? 마리가 해 주세요.
마리	32를 4번 더해서 128이 나왔어요.
수업자	이제 세 번째 모둠이 발표해 볼까요? 제근이가 해 주세요.
제근	32를 두 번 더하면 64가 나오고 64를 두 번 더하면 128이 나와요.
수업자	두 모둠에서 발표한 내용에는 어떤 차이가 있을까요? 의견을 모아보세요.
학생들	(서로 다른 방법에 대해 논의한다.)
수업자	누가 발표해 볼까요?
현기	첫 번째는 곱셈으로 풀었고, 두 번째는 더하기로 풀었어요.
수업자	좋아요. 이번에는 여러분이 1학년에게 설명해 준다고 생각하고, 수 모형으로 나타내볼까요?
학생들	(수 모형 카드를 가위로 자른다.)
수업자	(윤지가 의욕 없이 엎드려 있는 모습을 보고, 수 모형을 모둠판에 붙여보라고 한 뒤) 다 된 모둠은 가지고 나오세요.
학생들	(풀이 과정 밑에 수 모형을 붙여서 모둠판을 활용한다.)
수업자	채연이가 이야기해 볼까요? 수 모형을 어떻게 배열한 거죠?

채연   (32×4는 십 모형 3개에 4를 곱하고, 낱개 모형 2개에 4를 곱한 값이다.) 십 모형 3개씩을 4묶음으로 나누었고, 낱개 모형 2개씩을 4묶음으로 나눴어요.

수업자   채연이의 설명을 1학년 학생들이 알아들을 수 있을까요? 선호가 한번 이야기해 볼까요?

선호   (십 모형) 한 개, 두 개, 세 개를 하나로 묶어서 이걸 네 개로 만들었어요. 아래는 (낱개 모형을) 2개씩 묶어 네 개로 했어요. 그래서 32 곱하기 4는 128이 나왔습니다.

수업자   1학년이 수를 센다면 어떻게 할까? 10, 20, 30 이렇게 하겠죠? 그런데 100이 넘네요. 백 모형을 이용하면 되겠네요. (백 모형 1개, 십 모형 2개, 낱개 모형 8개를 붙인다.) 그럼 128이 되겠죠? 오늘 여러분은 곱셈을 여러 가지 방법으로 나타내보았습니다. 수학책 131쪽을 볼까요?

마무리 문제를 함께 읽어봅시다.

학생들　(함께 읽고 문제를 푼다.)

수업자　선생님이 돌아봤더니 다 잘 풀었네요. 두 명만 해 볼까요? (주머니에 손을 넣고, 학생의 이름표를 고른다.) 이름을 섞어서 누가 나오는지 보겠습니다. 아무나 해도 되죠?

역시 젊은 선생님이라 그런지 학생들의 분위기를 이끄는 재미있는 방법들을 많이 알고 있다.

수업자　(지효의 발표가 끝난 후 주머니에서 학생들 이름을 무작위로 꺼낸다.) 이번엔 누가 될까요? 채연이?

채연　54를 50과 4로 나눠 두 번 더했어요. 그래서 108이 됐어요.

수업자　잘했어요. 오늘 숙제는 수학 익힘책 71, 72쪽입니다.

학생들　(숙제를 확인한다.)

수업자　오늘 공부한 내용과 느낀 점을 이야기해 볼까?

지은　음······.

수업자　지은이가 모르는 내용이 있었나요?

현기　오늘 곱셈을 배웠고, 재미가 있지도 않고 없지도 않았어요.

제근　음······ 수 모형이 재미있었어요.

마무리 단계에서 학생들이 수업을 정리하거나 느낀 점을 발표할 때 어떤 것을 말할지 안내해 줄 필요가 있겠다. 그렇지 않으면 아이들의 대답도 단순히 재미에 맞춰지기 쉽다.

오늘 수업은 학생 중심의 참여가 이루어졌고, 모둠원이 함께 협동하여 생각해 낸 과정이 돋보였다. 눈에 확 띄는 재미는 없더라도 공부 자체에 흥미를 느끼며 서로 협력하고 배우는 기회가 됐다. 이러한 공부가 학생들에게 진정한 재미를 부여할 수 있지 않을까?

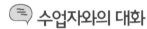 ## 수업자와의 대화

관찰자　오늘 수업은 어떤 수업이었나요?

수업자　십의 자리에서 받아 올림이 있는 곱셈을 공부했어요. 앞서 받아 올림이 없는 곱셈을 공부했기 때문에 학생들이 차근차근 배우도록 1학년 동생들에게 설명해 줄 수 있는 방법으로 해 보라고 했지요. 그랬더니 곱셈식으로만 하지 않고 덧셈을 여러 번 한다든지 하는 다양한 방법들이 나왔어요. 두 번째는 곱셈식을 수 모형으로 나타내보는 활동을 했습니다.

전반적으로 계산을 많이 하는 수업보다는 다양한 방법으로 사고해 보는 수업이 됐으면 했어요. 그래서 실제로 푼 문제는 두 문제밖에 없었죠. 모둠활동을 해 보았더니 학생들이 잘 이해하는 것 같았어요. 수학 익힘책 문제 풀이를 숙제로 내주었는데 대체로 틀린 문제도 적고 잘 해결한 것으로 보아 학습 목표에는 도달한 것 같습니다.

관찰자   지난 번에 국어과로 일상수업을 공개하고, 이번에는 수학과였는데 공개하기 전에 이번 수업에 임하는 각오가 있었나요?

수업자   우리 반은 6월부터 모둠활동에 무게를 두고 있어요. 혼자 하는 것보다는 함께 모여 생각하는 활동을 많이 해 보고 싶어요. 그래서 수업시간에 어떻게 하면 학생들이 모둠에서 말도 많이 하고, 더 적극적으로 참여하게 될지를 고민했습니다.

관찰자   수업 도입 부분에 카카오스토리 캐릭터로 스토리텔링을 활용한 이유가 있나요?

수업자   개정 교육과정에서는 스토리텔링을 강조하고 있습니다. 그래서 이번 단원에서는 인디스쿨에 있는 카카오스토리 만화를 활용해 봤어요. 확실히 수업 초반 몰입도가 높아지는 것 같아요.
사회과에서도 사용하고 있는데 사회와 수학에서의 몰입도가 달라요. 사회에서는 카카오스토리에 나오는 캐릭터들이 수업의 중심적인 역할을 합니다. 그래서 기억을 쉽게 하는데 수학시간에는 문제만 제시하고 끝나는 경우가 많아요. 수학에서 어떤 효과가 있는지는 잘 모르겠어요.

관찰자   스토리텔링 자체를 어떤 게임의 개념으로 보면 될 것 같아요. 한 단계를 해결하면 다음 단계로 넘어가고, 그렇게 모든 단계를 해결하다 보면 어느 순간 학습목표에 도달했음을 확인할 수 있지 않을까요?

수업자   그런 방법이 있겠네요. 사실 수학 교과서가 스토리텔링 방식으로 구성되어 있긴 하지만 학생들의 흥미를 끌기에는 여전히 많이 부족해요. 선생님 말씀처럼 게임을 하듯이 단계별로 문제를 해결하면서 학습목표에 도달할 수 있는 재료도 있었으면 좋겠네요.

관찰자　수업 마무리 단계에서 학생들이 서로 발표하려고 하니까, 주머니에서 학생 이름표를 무작위로 꺼내서 시켰는데, 참 신선하고 좋았어요. 마치 로또에 당첨된 학생이 발표를 하는 것 같기도 하고요. 이런 활동들은 어떻게 생각해 내셨나요?

수업자　초임 교사 때는 아이스크림 막대에 번호를 적어서 시작했어요. 그것도 아이들이 좋아했는데, 어떤 책에서 보니 그렇게 번호로 서열화하는 것은 좋지 않다고 하는 거예요. 한번은 옆 반에 가보았는데 그 반 선생님이 손가락만 한 크기로 아이들 이름을 칠판에 붙여놓고, 그것으로 칭찬 점수를 기록하는 것을 봤어요. 또 원격 연수를 듣다가 일본 초등학교에서 선생님이 칠판 맨 위에 아이들 이름을 적어놓고 발표에 활용하는 걸 본 적도 있고요. 둘 다 좋은 방법이라는 생각이 들어서 저도 아이들 이름을 하나씩 코팅해서 다양하게 활용합니다. 번호로 부르는 것보다 이름을 불러주니 아이들이 더 좋아해요.

💡 수업 성찰

　수업 초반 선생님은 카카오스토리에 나오는 캐릭터를 활용해 스토리텔링으로 문제를 제시했다. 카카오스토리 캐릭터는 학생들에게 매우 인기가 높아서, 나도 영어 수업시간에 유용하게 써먹곤 한다.

수업자는 또 수 모형을 가위로 잘라 모둠판에 붙이는 활동을 통해 학생들이 자리 수의 개념을 구체적으로 이해하도록 했다. 문제 해결 과정도 한눈에 파악할 수 있었다.

마지막으로 학생의 이름을 코팅하여 수업시간에 활용한 점도 눈에 띄었다. 발표를 원하는 학생들이 많으면, 선생님은 주머니에서 무작위로 학생의 이름표를 꺼내 그 학생에게 발표를 시켰다. 선생님은 또 학생의 이름표를 평소 칠판 옆에 붙여놓았다가 발표를 하면 그 학생의 이름표를 칠판 가운데로 옮겨준다고 했다. 이런 활동에 익숙해지면 학생들은 발표를 하며 스스로 자신의 이름을 자연스레 옮겨놓기도 한다고 한다.

함께 노는 것을 즐기고, 만화를 좋아하며, 먹을 것만 보면 군침을 삼키는 아이들, 수업의 주인공이 되고 싶어 하는 아이들에게 수업은 어떤 모습으로 다가가야 할까? 오늘 수업을 관찰하며 교사가 아이들이 좋아할 만한 다양한 방법들을 연구하여 수업에 활용하면 그만큼 학생들이 수업에 몰입할 수 있고, 즐겁게 배울 수 있다는 것을 다시 한 번 느꼈다. 선생님이 준비한 여러 가지 자료를 보면서 일상수업 공개가 수업자로 하여금 여러 자료들을 찾아보게 하고 그 효과를 생각하게 하는 장점을 갖고 있다는 사실도 확인할 수 있었다.

나도 아이들과 함께할 수 있는 놀이를 수업에 가져와야겠다. 팀 단위의 게임 활동, 함께 즐길 수 있는 전통놀이, 연극, 공연, 축제, 영화 제작, 학급장터, 보드게임, 장기자랑, 보물찾기, 벽화 그리기 등을 통해 함께 어울려 수업을 만들어가면 정말 신나겠다. 학급장터를 열어 경제의 원리를 알아가는 사회시간, 모두가 함께 참여하여 벽화를 완성해 가는 미술시간, 우리 학교 생태지도를 그림과 사진으로 완성해 보는 과학시간. 수업을 이렇게 꾸미면 수업 자체가 즐거울 뿐만 아니라 그 안에서 배움의 깊이를 더할 수도 있다.

만화를 좋아하는 아이들을 위해서는 어떤 수업이 좋을까? 학생들은 시각에 민감하다. 하지만 어려운 말로 쓰인 복잡한 문장은 질색한다. 수업시간에 나오는 다양한 개념들은 '비주얼 씽킹(Visual Thinking)'을 활용해 그림으로 표현할 수 있을 것이다. 머릿속에 떠오른 생각을 간단한 그림으로 표현하는 것이다. 여기에 좀 더 익숙해지면 길게 나열된 문장도 한 개의 그림으로 나타낼 수 있다.

다행히 학생들도 이런 아날로그식 수업을 싫어하지 않는 분위기다. 컴퓨터 화면 속 현란한 영상이나 자료를 쳐다보는 것보다 종이에 간단한 그림이나 만화로 자신의 생각을 직접 표현해 보면 수업은 더욱 재미있어진다.

먹을 것만 보면 군침을 삼키는 아이들과는 어떤 수업을 하면 좋을까? 라면을 끓이면서 물의 상태 변화를 알아보고 실험이 끝나면 라면을 함께 먹는 과학시간, 재래시장을 찾아가 각종 간식을 맛보고 상인들과 인터뷰를 가지는 사회시간, 학교 텃밭에서 수확한 감자를 샐러드로 만들어 먹는 실과시간, 과자봉지를 창의적으로 만들어보고 끝나면 과자 파티가 열리는 미술시간, 스틱과자를 이용해 도형을 만들어보는 수학시간. 이런 수업은 생각만 해도 군침이 흐른다.

또 각자가 수업의 주인공이 되는 방법에는 어떤 것들이 있을까? 오늘 수업처럼 각자의 이름카드를 만들어 불러주는 방법이 있다. 학생들은 번호로 불릴 때보다 이름으로 불리는 걸 더 좋아하고, 자신의 가치를 인정받는다고 느낀다.

이외에 다른 방법을 찾아볼까? 포털 검색어 1위에 자신의 이름을 올릴 수 있는(도덕적인) 방법 찾기, 내 이름으로 3행시 짓기, 켈리그라피로 내 이름 써보기, 이름 막대를 만들어 작품판에 붙여주기, 수업 전에 생일 축하해 주기, 이름 골든벨 대회를 열어 동학년이나 전교생(작은 학교의 경우) 이름 맞추기 등을 하면 어떨까? "거기 빨간 옷 입은 학생, 발표해 볼까?" "안경 낀 학생, 이리 와볼래?" 이런 말들은 더 이상 나오지 않을 것이다.

아침 등굣길에 학생들끼리도 서로의 이름을 불러주면 어떨까? "똘망아, 가방이 열렸네?" "호박아, 너희 반 오늘 과학 들었어?" 이렇게 서로가 서로의 이름을 불러준다면, 모두가 주인공처럼 학교생활을 할 수 있지 않을까? 누군가 내 이름을 불러주고, 어디에서도 소외받지 않는다면 공부할 기분도 더 날 것 같다. 그럼 수업에도 더 열심히 참여하지 않을까?

3

배움이
삶과 동떨어지지 않도록

내 학창 시절을 떠올려보면 사회시간은 항상 배운 것을 머릿속에 입력하고 암기하느라 바쁜 시간이었다. 시험에서 한 문제라도 더 맞추기 위해 형광펜으로 중요한 내용에 밑줄을 긋고, 맥락보다는 핵심만을 파악하려 했다. 참고서는 여러 가지 색과 크기의 포스트잇으로 도배되어 있었다. 그렇게 '겉으로 보기에' 열심히 공부해서 높은 점수가 나오면 나는 스스로 만족했고, 사회를 다 알게 된 것처럼 자신만만해졌다.

그런데 지금 돌이켜 생각해 보면 당시 나는 사회에 대해 제대로 아는 것이 하나도 없었다. 그래서 이 땅의 수많은 부당한 일들에 분노하지도, 가슴 아픈 일들에 함께 아파하지도 못했다. 노동자의 삶이 얼마나 고달픈지 이해하지 못했고, 얼마나 많은 사람들이 불합리한 이유로 차별받고 고통받는지도 알지 못했다. 아니, 그런 문제들에 관심조차 없었다. 사회 문제를 비판적으로 바라봐야 할 필요를 느끼지 못했고, 눈앞의 입시 전쟁을 두고는 오히려 이런 생각이 사치인 것처럼 여겨지기까지 했다.

사실 사회과는 우리 생활과 가장 밀접하게 맞닿은 과목 가운데 하나다. 법과 정치, 역사, 경제, 문화, 환경 등 어느 하나 우리의 삶과 동떨어진 것이 없다. 하지만 교육과정에서 이것을 체감하기란 여간 어려운 일이 아니다. 입시 교육의 폐해로 거의 모든 과목이 이런 문제를 안고 있지만 사회과는 그 가운데서도 심각한 축에 든다. 어느새 암기 과목으로 전락한 사회과는 학생들이 삶에서 맞닥뜨릴 문제보다는 시험지에서 마주할 문제를 해결하는 데만 활용되는 죽은 과목이 되어가고 있다.

수업시간에 배운 내용을 자신의 삶과 관련지어 생각하기 위해서는 어떤 수업이 필요할까? 그것은 아마 멀게만 느껴지는 사회과의 다양한 개념을 장황하게 설명하는 것보다, 우리 주변을 먼저 돌아보는 데서 시작되는 것일지 모른다.

🔍 수업 들여다보기

2014년 7월 10일 5교시 사회 : 환경친화적인 국토 개발의 방향 수업자 : 서은영 선생님

오늘 사회 수업의 주제는 '환경친화적인 국토 개발의 방향'이다. 주제부터가 벌써부터 어렵게 들린다. 아이들이 지역사회의 문제를 어떻게 해결해

나가는지 관심을 가지고 수업을 지켜보기로 했다. 수업은 지난 시간에 배운 내용 상기하기 – 한새봉 길 만들기 사업의 담당자 되어보기 – 길을 만들고 설명하기 – 정리하기의 단계로 진행되었다.

수업자	지난 시간에 국토 개발에 대해서 배웠는데 누가 다시 말해 볼까요?
마리	한정된 자원을 합리적으로 개발하는 것입니다.
수업자	국토 개발 사업에는 어떤 것들이 있었죠?
창호	(책을 보면서) 철도, 도로, 항만, 댐…….
수업자	국토 개발의 필요성도 알아봤고, 또 무엇을 공부했죠?
학생들	문제점이요.
수업자	토론도 했는데요. 주제가 무엇이었나요?
학생들	한새봉을 통과하는 도로는 꼭 필요한가?
수업자	도로를 건설하지 않았을 때 불편한 점은 무엇이었죠?
학생들	돌아서 가야 해요. 교통이 불편해요.
수업자	도로를 건설하면 어떻게 될까요?
마리	자연 생태계가 파괴돼요.
정효	산책로가 사라져요.
수업자	오늘은 환경친화적인 국토 개발에 대해서 이야기를 해 볼게요. 한새봉에 도로를 뚫는 공사를 어떻게 환경친화적으로 할 수 있을지 모둠에서 이야기해 봅시다. 책에서 환경친화적인 국토 개발이 무엇인지 찾아보세요.

창호 찾았어요?

창호   아직요.

수업자   교과서 116, 117쪽을 공부할 건데요.

           창호가 한번 말해 볼까요?

창호   음…….

수업자   선생님이 시간을 더 줄 테니 환경친화적인 국토 개발이

           무엇인지 말해 봅시다.

창호   (책을 보고) 환경친화적인 국토 개발은 사람과 자연이

           조화롭게 살 수 있도록 개발하는 것이다.

수업자   한새봉에 가본 사람?

은영   학교에서 가봤어요.

학생들   지산 산길 걷기에서 가봤어요.

수업자　한새봉 산길 가면서 뭘 봤어요?

학생들　나무, 개미, 밭, 묘지, 꽃, 밤, 산딸기, 돌, 흙, 배추, 다람쥐,
　　　　나비, 참새 등을 봤어요.

선생님은 학생들이 자신의 경험을 살려 수업에 참여하도록 했다. 작년에
다녀왔던 지산 산길 걷기가 체험 활동으로 끝나지 않고, 실제 수업과 연
결되어 보다 의미 있는 공부가 될 수 있었던 것이다. 학생들은 최대한 당
시의 경험을 기억해 내려 했고, 한새봉에 이렇게 많은 것들이 공존한다는
사실을 새삼 깨달았다.

수업자　우리는 이제 친환경적으로 국토를 개발해 볼 거예요.
　　　　그리고 여러분이 담당자예요. 이번에는 사람과 자연이
　　　　조화를 이룰 수 있는 방법으로 길을 뚫을 겁니다.
　　　　(TV를 켜고, 포털 사이트에서 제공하는 실물 지도를 보여준다.)
　　　　자, 이제 실제로 이곳을 개발하려면 어떻게 해야 할까요?

은영　　직접 가봐야 해요.

수업자　네. 직접 가서 산에 있는 생태계를 살펴봐야 되겠죠.
　　　　책 116쪽을 펴볼까요? 개발을 하면 생태계에
　　　　영향을 주게 되고, 환경이 오염될 수 있어요.
　　　　그리고 지속적으로 관리도 해 주어야 해요.
　　　　이런 부분을 생각하며 길을 만들어보세요.

학생들　(모둠 학습판에 길을 꾸민다.)

수업자	정효는 무엇을 해야 하는지 잘 모르는 것 같네요.
	116쪽 사진을 볼까요? 무슨 사진이죠?
정효	댐 건설로 자연이 파괴되었어요.
수업자	오른쪽 사진은 수미가 말해 볼까?
수미	고속도로 건설로 인해 나무가 사라졌어요.
수업자	이런 문제점들을 최소화하도록 길을 한번 만들어보세요.

이번 모둠활동에서는 태민이와 은영이를 집중적으로 관찰해 보려 한다.

태민	지하로 길을 내면
	나무가 괜찮을 것 같은데.
은영	(모둠판에 산과 땅을 그린다.)
	얼른 말 좀 해 봐.
	여긴 땅이고 여기는 산이야.
	여기 터널을 뚫으면 돼.
태민	(바라만 본다.)
은영	두 개를 지우고……. (다시 그린다.)
태민	(은영이의 그림을 바라본다.)
은영	나무를 여기에 그리고 여기엔 터널을 만들어.
	그럼 끝이야.
태민	어…… 별로 안 좋은데.
은영	원래 땅이 그래.

태민   (손짓을 써가며) 이렇게 땅이 있으면 이 밑으로 이렇게
       들어가면 어때?

은영   …….

태민   나도 생각이 하나 있는데 땅을 지하로 뚫어서……
       아, 그러면 시간이 걸리겠다.

은영   (길을 다 그린 후) 선생님 이렇게 만들었어요.

은영이는 자신의 마음에 안 들었는지 길을 그리는 데 태민이의 의견을 반
영하지 않았다. 태민이의 의견을 받아들여 두 가지 의견을 모두 제시하면
어땠을까.

수업자   지금 만든 것이 환경친화적인지 좀 더 연구해 봐요. 그리는
       것이 목적이 아니라 함께 이야기해 보는 게 중요해요.

은영   (그림을 계속 수정하며) 선생님! 꼭 터널이어야 돼요?

수업자   아니요. 방법은 서로 의논해서 결정해 보세요.

태민   (차가 움직이는 모습을 손동작으로 보여주며)
       산 위에 도로를 만들어서 가는 건데, 어때?
       그런데 그건 차가 산 위로 올라가야 하니까 힘들겠지?

태민이는 다른 방법으로 산 위에 도로를 만들자는 의견을 냈으나 은영이
의 반응을 살피다가 차가 산 위로 올라가야 하니까 힘들겠다며 자신의 의
견을 부정한다. 태민이가 의견을 좀 더 당당하게 표현했으면 좋겠다.

은영	(그림 옆에 설명하는 글을 작성한다.)
수업자	여러 가지 방법들에 대해 발표해 보겠습니다.
	반박하기보다 좋은 점을 찾아보세요.
	은영이 모둠부터 발표해 볼까요? 사람과 자연이
	조화롭게 공존하는 방법이 무엇인지 이야기해 보세요.
은영	산에 터널을 뚫은 다음, 차가 다니면서 생기는 매연이
	밖으로 나오지 않는 방법을 만들면 됩니다.
	또 다른 방법은 매연이 나오지 않는 자동차를
	탈 수도 있어요.

은영이와 태민이는 한 모둠이지만 은영이는 태민이의 의견은 반영하지
않고 자신의 생각만 발표하였다. 조금 더 태민이의 의견을 수용해 주고

태민이가 발표에도 참여해 줬으면 하는 아쉬움이 든다.

수미	좋은 생각이에요.
정효	또 있어요. 케이블카요. 자동차를 타고 와서 일단 차를
	놔두고 케이블카를 타고 가요. 그리고 학교는 걸어가요.
수업자	이번에는 가운데 조가 나와서 발표해 볼까?
	잘 듣고 더 좋은 아이디어를 만들어봐요.
창호	나무를 뽑아서 터널을 만들고,
	뽑은 나무를 다시 빈 곳에다 심어요.
은영	자르면 죽는 건데.
창호	자르는 게 아니고 뽑아서 다시 심어주는 거예요.
수미	뽑은 나무만 심는 것이 아니라
	나무의 씨를 구해서 더 많이 심어줘요.
수업자	(모둠판에 쓰인 문장을 보고) 동물 서식지는 뭐죠?
창호	동물의 서식지를 만들어줘요.
마리	동물을 안전하게 지켜주기 위해 서식지를 마련해 줘요.
수미	터널을 공사할 때 갑자기 동물들이 튀어나오면
	그 동물을 동물원에 보내줘요.
수업자	더 좋은 방법 있으면 말해 볼까요?
창호	차라리 동물을 잡아놓았다가 공사가 끝나면 풀어줘요.
수업자	좋습니다. 그럼 세 번째 모둠 발표해 볼까요?
정효	산에 터널을 뚫을 때 나무가 많이 없어지니까

다른 데서 나무를 구해 와서 심어주는 거예요.

다른 방법은 나무를 뽑아서 다른 데에 심고,

거기에 길을 만들어 차가 다니는 거예요.

여기에 콘크리트를 뿌려서 차가 다녀요.

수업자 다 좋은 방법인 것 같은데 그러면 자연은 어떻게 하죠?

정효 자연이요? 그러면 이건 아니고요…….

아, 다른 길을 만들면 좋겠어요.

수업자 한새봉에 길을 만들기 힘드니까 다른 곳에 만들자고요?

좋아요, 이번 시간에는 환경친화적으로 국토를 개발할

방법을 알아보았는데요. 이렇게 하려면 먼저

그곳의 생태계를 조사하고 공사가 시작되면 환경오염도

생각해야 해요. 30초 후에 여러분의 생각을 들어볼게요.

마리 저는요. 터널을 연결하지 않고 나무를 뽑고, 나무를 뽑은

자리에다가 콘크리트 작업을 한 뒤에 뽑힌 나무를

다른 데 심을 거예요.

은영 나무를 다 뽑아서 버려요.

그리고 동물이 잡히면 동물원에 보내줘요.

수업자 동물들이 동물원에 가면 잘 살 수 있을까요?

나무들이 다 죽게 되는 문제는요?

수미 다른 나무 씨를 심어요.

정효 나무하고 한새봉은 그대로 두고 충효마을 쪽으로

길을 만들었으면 좋겠어요.

선미	다른 쪽으로 길을 뚫어요.
은영	터널을 만들고 매연을 없애는 방법을 개발해요.
태민	저는 산을 그대로 두고 땅을 파서 지하로 다닐 수 있으면 좋겠어요.
수업자	이렇게 하나의 사업을 하기 위해 사업 담당자가 한두 가지를 고민하는 게 아니겠죠? 그리고 가장 중요한 것은 자기가 모르는 것에 대해서는 전문가에게 물어봐야 한다는 거예요. 여러분도 앞으로 공부하며 자신의 생각을 정리해 보세요.

💬 수업자와의 대화

관찰자　오늘 수업은 어떤 의도로 계획하셨나요?

수업자　보통 사회과에서 나오는 용어들이 어렵기 때문에 어떻게 하면 학생들에게 친숙한 방법으로 접근할 수 있을지 고민해요. 오늘은 환경 문제가 많이 나왔는데요. 되도록이면 이론적으로 끌고 가지 않고 학생들 생각을 정리해 보는 수업을 하고 싶었어요.

'생각하는 힘을 키운다는 것은 무엇일까?' 이런 고민을 하다가 비판적 사고력을 키워보고 싶었어요. 저 같은 경우도 어떤 문제에 그냥 "네!" 하고 대답하는 경우가 많았거든요. '왜 이걸 해야 하지?' 생각하기보다는 빨리 일을 처리해야 한다는 생각이 더 앞섰지요.

그래서 앞 수업에서 이론을 간단히 마치고, 질문을 던져보는 시간을 가졌습니다. 한새봉 터널을 뚫어야 할까, 그렇다면 어떻게 하는 게 좋은 방법일까 같은 문제를 놓고 토론을 했어요. 교과서식으로 말하자면 친환경적으로 국토를 개발할 방법은 없는지 생각해 본 시간이었지요.

관찰자 이 단원에서 한새봉을 수업 소재로 활용한 특별한 의도가 있나요?

수업자 한새봉은 학생들이 체험학습으로 이미 가본 곳이에요. 그래서 한새봉으로 하면 좋겠다고 생각했습니다.

관찰자 교육과정의 재구성이 있었나요?

수업자 큰 재구성은 없었고, 수업에서 이론적인 내용은 최소한으로만 다루고자 했어요. 대신에 실제 사례를 가지고 더 자세한 이야기를 해보는 수업을 하고 싶었어요.

관찰자 체험학습으로 다녀온 장소를 교육과정에 끌어들인 시도가 학생들의 배움에 굉장히 효과적이라는 생각을 했어요. 한새봉에 있었던 것을 이야기해 보라고 했는데 어떤 의도가 있었나요?

수업자 한새봉에서 우리가 실제로 눈으로 본 것들을 떠올려보고, 자연의 소중한 가치에 대해 알려주고 싶었어요. 또 학생들이 각자 가진 생각을 표현해 보는 시간도 갖고 싶었고요. 국토 개발이라는 소재로 한새봉 터널에 대한 논의를 단원 끝까지 이어지게 하고 싶어요.

관찰자　오늘 수업에서 태민이의 모습도 기억에 남는데요. 평소에 자신의 의견을 잘 말하지 못하던 태민이가 모둠 친구에게 자신의 의견을 설명할 때는 손동작을 써서 표현하더라고요. 태민이가 말은 서툴러도 손동작을 써가며 내용을 설명하니 저도 이해가 잘 됐어요.

수업자　그런가요? 제가 수업할 때는 관찰하지 못했는데 잘 보셨네요. 태민이는 언어 발달이 느려서 말이 서툴거든요. 그래서 손동작을 하는 것 같아요. 칭찬해 줘야겠네요.

관찰자　옆 친구나 혹은 선생님이 태민이의 손동작을 보고 설명을 더 잘 이해할 수 있었다는 것을 알려주면 좋을 것 같습니다.

수업자　앞으로 그렇게 해 봐야겠네요. 감사합니다.

 ## 수업 성찰

　수업자는 국토 개발이라는 굉장히 포괄적인 단어를 일상생활에서 접할 수 있는 문제로 끌어와 해결하고자 했고, 그렇게 등장한 소재가 한새봉 터널 사업이었다.

　한새봉은 우리 학교에서 차로 10분 정도 떨어진 곳이다. 그런데 최근 한새봉에 터널을 뚫어 떨어진 두 마을을 잇고 주변 상권을 활성화하는 사업이 진행되고 있다. 하지만 한새봉은 자연환경이 잘 보존되어 있어 경관이 뛰어난 소중한 자연 유산이다. 또 마을 사람들은 한새봉 두

레를 만들어 개구리가 숨쉴 수 있는 논을 함께 경작하고 있기도 하다.

우리 학교 학생들에게도 한새봉은 남다른 장소다. 전교생이 산길 걷기를 할 때 종종 이곳을 지나가기도 하니 말이다. 한새봉은 단지 체험학습 장소일 뿐 아니라 생태적 감수성을 길러줄 수 있는 소중한 장소인 것이다.

학생들은 자신이 터널 사업 담당자라고 생각하고 환경친화적으로 한새봉에 길을 낼 수 있는 방법을 구상해 보았다. 만약 이 수업에서 한새봉 이야기가 빠졌다면 어땠을까? 아마 학생들은 교과서에 나온 내용을 머릿속으로는 이해했을지라도, 그것을 우리 삶의 터전인 한새봉과 연관 지어 생각하거나, 국토 개발에 대한 비판적인 사고를 하기는 어려웠을 것이다.

학생들은 한새봉 터널 사업이 자연 환경에 끼치는 영향에 대해 함께 의논했고, 친환경적으로 터널을 뚫을 수 있는 다양한 방법을 생각해 보았다. 지하로 길을 내어 땅 위의 환경을 보존하는 방법, 한새봉을 뚫지 않고 우회 길을 내는 방법, 터널을 뚫더라도 친환경 자동차를 만들어 자동차 매연이 나지 않도록 하는 방법 등 학생들은 환경 파괴를 최소화하는 방법으로 의견을 모았다. 그러면서 조금씩 '환경친화적 국토 개발'이라는 어려운 주제를 자신의 생활과 관련짓고, 자신의 삶에 비춰 이해하기 시작했다.

한편, 태민이의 새로운 모습을 발견한 것도 오늘 수업 관찰의 큰 수확이다. 태민이는 사고력은 좋으나 말이 생각처럼 나와주지 않아 발표하는 것에 두려움을 느끼는 아이다. 하지만 오늘 태민이를 관찰해 보니 자신의 생각을 표현하기 위해 노력하는 모습을 발견할 수 있었다. 단지 그 방법이 다른 아이들과 달라서 눈에 띄지 않았을 뿐이었다.

태민이는 뭔가를 설명하려고 할 때 손동작을 많이 썼다. 그래서 겉으로 보기에는 표현이 서툰 것 같아도 사실은 비언어적 표현인 손동작으로 선생님과 이야기하고 있다. 태민이와 이야기를 나눌 때에는 이런 점들을 고려하여 좀 더 주의 깊게 태민이의 이야기를 들어주면 좋을 것 같다. 수업이 끝난 뒤 인터뷰 시간에 이런 생각을 담임선생님과 공유했다. 수업친구가 되어 수업자의 시야를 넓힐 수 있었던 시간이었다.

4

교실에서
살아 숨쉬는 캠페인

연수에서 들은 이야기다. 핀란드의 한 교사가 방학 동안 네팔 여행을 다녀왔다. 그런데 예기치 못한 대지진이 발생했고, 그곳에서 굶주림에 허덕이며 부족한 사랑에 상처받는 아이들을 목격했다. 방학이 끝나고 학교로 돌아온 그는 그때 느낀 감정을 잊지 않고 네팔의 상처가 담긴 사진들을 교실에 전시했다. 그 사진들은 학생들의 마음을 움직였고, 선생님은 학생들과 함께 네팔 어린이 돕기 캠페인을 벌여 성금을 모았다. 교사의 경험이 단지 교사 개인의 감상으로 끝나지 않고 의미 있는 운동으로 발전하고 결실을 보게 된 사례다.

학교폭력 예방, 친구 사랑, 생명 존중, 교통질서 지키기, 식사 예절, 자연 보호……. 우리나라에서도 학교마다, 교실마다 이런저런 캠페인을 한다. 하지만 이런 캠페인은 대부분 교육과정에 명시돼 있거나, 학교 차원에서 지시하는 경우가 많다. 공문으로 내려온 캠페인은 말 그대로 담당 교사의 '업무'일 뿐이다.

그 많은 캠페인 가운데 교사와 학생이 자발적으로 만들고 실천하는 캠페인은 많지 않다. 그래선지 일정에 맞춰 홍보도 하고 학생들을 동원하여 활동도 해 보지만, 결국에는 구색 맞추기로 끝나는 경우가 많다. 피켓을 만들어 구호를 외치고 사진 몇 장 찍으면 끝나는 식이다. 그나마 학교 차원에서 이루어지는 캠페인은 학교장이나 담당 부장교사의 뜻이 반영되어 교육청에서 공문으로 하달되는 캠페인보다는 나은 편이다. 하지만 이 역시 모든 교사가 함께 교육과정을 만들어나가는 일부 학교의 경우를 제외하면 자발적인 참여를 이끌어내기는 어렵다.

그렇지만 캠페인이란 무엇인가? 변화를 만들어내기 위해 벌이는 운동이다. 그래서 억지로 등 떠밀려 하는 게 아니라 자발적으로 참여할 때 살아 있는 캠페인이 된다. 교사나 학생이 스스로 만들고 이끌어갈 때 가장 의미 있는 캠페인이 된다는 의미다.

그러기 위해서는 먼저 학생자치활동이 보장되고, 학생들의 의견이 존중받는 환경이 조성되어야 한다. 물론 학생들의 요구라고 해서 무조건 들어줄 수는 없다. 관리자와 교사는 학생자치회에서 결정된 사항이 교육적으로 올바른 것인지, 학생의 안전을 고려한 것인지를 따져야 한다. 하지만 큰 문제가 없다면 되도록 학생들의 의견을 힘껏 지지해 주고 실천에 옮길 수 있도록 격려해 주는 게 좋다. 학생자치회에서 결정된 사항을 존중해 주지 않으면 학생들은 어차피 반영되지도 않을 학급회의나 전교어린이회의에 수동적으로 참여하게 되고, 학교에 대한 주인의식을 잃어버릴 수도 있다.

학생자치가 보장되었다면, 생활 속에서 그 캠페인을 실천해 보는 것
도 중요하다. 특히 수업에서 캠페인의 의미를 되새기고, 실천하는 방법
엔 무엇이 있을까?

 수업 들여다보기

2014년 9월 23일 1교시 | 체육 : 공 주고받기 | 수업자 : 김보미 선생님

노트북을 한 손에 들고 강당으로 올라갔다. 강당에 모여 있는 아이들의
모습은 행복 그 자체다. 체육을 한다는 것만으로도 아이들은 마치 세상을
다 얻은 것처럼 기뻐한다. 선생님과 아이들이 어떻게 수업 속에서 캠페인
을 실천할지 더욱 궁금해진다.

수업 전 선생님은 다리를 다친 선호를 따로 불러 다친 다리로는 체육시간
에 운동을 못하니 공 주고받기를 잘하는 친구를 찾아 칭찬해 줄 것을 당
부했다.

수업자   준비운동으로 강당을 한 바퀴 뛰겠습니다.

(운동장을 모두 돈 후) 키 순서대로 한 줄로 서겠습니다.

전체 차렷! 열중 쉬어! 앞으로 나란히!

지은이가 나와서 체조하고 모두 따라서 해 봅시다.

수업자 (지은이의 동작에 따라 체조를 시작한다. 이때 선생님도 함께

참여한다.) 제 자리에 앉아!

오늘은 공 피하고 던지는 활동을 할 건데요.

(실제로 공은 없지만) 선생님 손에 공이 있다고

생각하고 공 피하기 놀이를 해 보겠습니다.

학생들 (선생님이 공을 던지는 시늉을 하자 아이들은 이리저리 피한다.)

수업자 이제 누가 해 볼까요?

학생들 저요! 저요!

수업자 제근이가 던져볼까?

지목받은 학생이 나와서 공을 던지는 동작을 하자 학생들은 쓰러지고, 빙
그르 도는 등 갖은 동작을 다 취한다. 재미있다.

수업자 공을 잘 피하려면 우선 공을 잘 던지고 받을 수

있어야 되겠죠? 먼저 여학생 줄에서 시범을 보이겠습니다.

학생들 (공을 던지고 받는 시범을 보인다.)

공 주고받기 게임 1

● 한 명이 앞으로 나와 공을 들고, 나머지는 줄을 서 있다.
● 앞에 나온 친구가 맨 앞줄의 친구와 공을 주고받는다.
● 주고받기가 끝나면 앞에 나온 친구는 줄의 맨 뒤로 간다. 그리고 위의 순서를 반복한다.
● 모든 학생이 공을 주고받으면 게임이 끝난다.

현기는 재미가 없는지 계속 피구를 하자고 외친다. 윤지는 공에 얼굴을 맞고 울고 있다. 선생님은 윤지에게 한쪽에 앉아 있으라고 한다. 관찰해 보니 현기가 포함된 조는 현기를 제외하고 모두 여학생이다. 선생님은 낌새를 차렸는지 현기와 지효를 바꿔준다. 다리를 다쳐 공놀이를 할 수 없는 선호는 친구들이 게임하는 것을 부럽게 바라본다.

> 수업자 　 공을 주고받으면서 어떤 친구가 잘하는지 지켜보세요!
> 선호 　 네!

다른 친구들은 공을 주고받느라 정신이 없는데 선호만 대답한다. 선호는 어떤 친구가 잘하는지 지켜보기로 한 선생님과의 약속을 지키고 있었다. "내가 이렇게 던질게." "손을 위로 하지 말라고!" "다시!" "졌어, 우리." 학생들은 승부욕에 불타올라 게임에 열중이다.

> 수업자 　 누가 이기는지가 중요한 게 아니라, 공을 잘 주고받는
> 　 사람이 누구인지 생각해 보세요. 친구가 하는 거 봤죠?
> 　 (포스트잇을 나눠 주며) 한쪽에는 나를 칭찬해 주고,

나머지 한쪽에는 잘한 사람을 찾아 칭찬해 주세요.

선생님의 지시에 아이들은 바닥에 엎드리거나 옆으로 누워 자유롭게 칭찬 쪽지를 쓴다. 그리고 서로 작성한 내용을 보며 깔깔거리기 시작한다.

학생들	(비행기 노래를 하며 쪽지를 모은다.) "높이 높이 날아라~"
수업자	신영이는 누굴 칭찬할 건가요?
신영	동규요. 동규야! 넌 던지는 걸 잘해.
성민	현기가 공을 잘 던져요.

학생들은 친구들이 잘한 점을 찾아 서로 자연스럽게 칭찬해 준다.

수업자	이제 조금 다른 방식으로 경기를 하겠습니다. 앞으로 이 공의 이름은 감자입니다. 공 이름이 뭐라고요?
학생들	감자요.
수업자	그런데 얘는 그냥 감자가 아니고 뜨거운 감자예요.

뜨거운 감자는 계속 잡고 있을 수 없겠죠?

여기서 술래는 네모 안과 밖을 마음대로 돌아다니며

공을 빼앗을 수 있어요.

공을 뺏기면 그 사람이 술래가 되는 거죠.

공 주고받기 게임 2

● 학생 전원이 사각형 모양으로 둘러선다.

● 술래는 사각형 안의 비어 있는 공간에 서서 학생들이 공을 주고받을 때 공을 빼앗는다.

● 공을 빼앗긴 학생이 다음 술래가 된다.

학생들은 진짜 뜨거운 감자라고 생각하며 공을 오래 잡고 있지 않고, 빨리 상대방에게 넘겨준다. 선생님이 술래로 게임에 참여하자, 학생들이 더 적극적이다.

수업자   (게임이 끝나고) 오늘 자기 몸의 어디를 제일 많이

사용했을까요?

학생들   손이요!

수업자   그럼, 손을 풀겠습니다. 손 털기 시작!

손 털기가 끝난 후 학생들끼리 오늘의 MVP를 뽑고 수업을 마무리한다.

💬 수업자와의 대화

관찰자 오늘 수업에 대해 간단히 소감을 말씀해 주세요.

수업자 3학년 2학기 체육 3단원에 있는 공 피하기 단원입니다. 1학기 때 간이 피구 형식으로 공 피하기 놀이를 했었는데, 아직 던지고 받는 활동은 연습이 안 된 상태였어요. 특히 공을 자기편에게 던질 때에도 아이들은 있는 힘껏 던져야 한다고 생각하는 것 같아요. 그래서 이 단원에서는 공을 원하는 곳에 던지고 안전하게 받으며, 공을 피할 수 있는 몸동작을 익히도록 할 거예요. 이번 시간에는 공 주고받기를 게임 형식으로 진행했습니다.

관찰자 당연한 질문인데 아이들은 왜 체육시간을 좋아할까요?

수업자 몸으로 뛰기 때문에 좋아하지 않을까요? 제 생각에는 넘치는 에너지를 해소할 시간이 체육시간밖에 없어서 그런 것 같아요.

관찰자 교육과정을 재구성한 것 같은데요?

수업자 공을 던지고 받는 활동이었는데 학생들이 게임을 좋아해서 '뜨거운 감자' 게임을 시도해 보았지요. 간단히 공을 던지고 받는 활동을 해 보고, 이걸 응용해서 게임을 했더니 학생들이 공을 주고받는 데 훨씬 익숙해진 것 같아요.

관찰자 선호가 다리를 다쳐서 게임에 참여하진 못했지만, 선생님께서 임무를 주셨어요. 잘한 학생이 누군지 찾아보라고요.

선호가 다리를 다친 지 3주가 되어가고 있어요. 등교한 지는 일주일 정도 됐고요. 그래서 지난주에 스케터볼(공을 던지고 받는 게임의 일종)을 할 때도 선호가 어떻게 하면 수업에 참여할 수 있을지 고민했어요. 스케터볼을 할 때는 술래가 5초 안에 공을 던져야 하는 규칙이 있어요. 그때는 저랑 선호가 5초를 함께 세는 활동을 했어요.

그런데 오늘은 공을 가지고 움직여야 하는 활동이기 때문에 선호가 참여하기는 힘들 것 같았어요. 마침 우리 반에서 칭찬 캠페인을 하고 있어요. 그중 '내가 듣고 싶은 말'을 명찰로 만드는 특색 활동을 하고 있어서, 이걸 선호가 게임에 집중하는 데 활용하면 좋겠다는 생각을 했어요. 그래서 잘한 사람을 칭찬해 주라는 미션을 준 거예요.

칭찬 캠페인을 한다고 하셨는데, 앞으로도 계속 하실 건가요?

지금 계획으로는 계속 할 예정입니다. 1학기 때 아이들 언어 사용 문제가 심각하다고 생각했고, 학생들도 비슷하게 느끼고 있었어요. 그래서 2학기 때는 언어 사용을 바르게 하자는 캠페인을 생각했고, 명찰을 만들어 각자 듣고 싶은 말을 적어보게 했어요. 앞으로도 이렇게 쭉 진행해 볼 생각입니다.

저도 요즘 아이들이 거친 언어를 사용하고 있고, 그로 인해 선생님뿐만 아니라 아이들도 상처받고 있다고 느꼈어요. 이런 캠페인은 굉장히 좋은 것 같고 수업과 연계된다면 더욱 의미 있을 것 같아요.

수업자   저는 우리 아이들이 저와 함께 활동을 하면서 변화할 수 있을 거라고 믿어요. 2학기 들어서 아이들에게만 시킬 게 아니라 저도 같이 참여해야 되겠다는 생각을 했고요. 선생님도 함께 반성하면서 노력한다면 변화가 있을 거라고 기대합니다. 내년에 만나는 담임선생님으로부터 "아이들이 정말 바르게 말하네요. 자기들끼리 칭찬도 잘해 주는 모습이 보기 좋아요"라는 말이 제 귀에까지 들리기를 소망해 봅니다.

🔅 수업 성찰

여름방학 동안 선생님은 아이들의 언어 사용이 거칠다는 사실을 알았고, 그로 인해 서로 상처받을 것을 걱정하셨다고 한다. 그래서 새학기부터 캠페인을 진행했다. 선생님이 교실 캠페인으로 정한 것은 '칭찬하기'였다.

보통 칭찬은 수업의 마무리 단계에서 학생들의 발표 정도로 마무리된다. 하지만 오늘 관찰한 교실은 조금 달랐다. 선생님은 학생들에게 칭찬 쪽지를 나누어주고, 한 장에는 자신을 칭찬하고 나머지 한 장에는 잘한 친구를 찾아 칭찬할 수 있도록 했다.

담임선생님과 학생들은 가슴에 명찰을 하나씩 달고 다녔다. 김보미 선생님 명찰을 살펴보니 "최고예요!"라는 말이 쓰여 있었다. 그게 무슨 말이냐고 했더니 자신이 듣고 싶은 말을 명찰에 적어두면 다른 친구들이 그 말을 해 준다고 했다. 학생들을 둘러보니 모두 명찰에 자신이 들고 싶은 말을 적어두었다. "잘하네!" "룰루랄라!" "친하게 지내자!" "안녕!" "고마워!" 같은 다정한 말들이 보였다.

이 책을 읽는 선생님들도 캠페인에 관한 경험이 적어도 하나씩은 있을 것이다. 처음 캠페인을 시작했을 때는 잘한 친구들에게 보상을 해주기도 하고, 학생들도 선생님의 요구에 척척 따르며 모든 것이 순조롭게 돌아간다. 당시에는 우리 반이 금방 새롭게 바뀐 것처럼 보인다. 하지만 그동안의 경험을 곰곰이 돌아보자. 시간이 지나면 결국 다시 원점으로 돌아오곤 하지 않았는지.

그렇다면 어떻게 해야 캠페인이 공염불로 끝나지 않고 그 목적을 달성할 수 있을까? 바로 수업 속으로 캠페인을 가져오는 것이다. 칭찬을 주요 활동으로 끌어온 오늘 수업처럼 말이다.

아니면 캠페인을 실제 수업 내용과 관련지을 수도 있다. 지진으로 큰 피해를 입은 네팔 어린이 돕기 캠페인을 하고 있다면 과학, 사회, 도덕과를 재구성하여 수업에 활용할 수 있을 것이다. 과학과에서는 지진의 피해와 예방 사례를 살펴보고, 사회과에서는 네팔의 지리적 위치와 그들의 문화를 탐구해 볼 수 있으며, 도덕과에서는 네팔 어린이들을 돕는 구체적인 활동을 정해 실천에 옮길 수도 있다. 이렇게 캠페인이 구호에 그치지 않고 실제로 어떤 활동으로 이어질 때, 학생들은 그 구호를 생활 속에서 지속적으로 실천할 수 있다.

5

인권 감수성을
기르는 수업

　인권을 주제로 수업을 계획하고 있다는 수업친구의 연락을 받았다.
인권은 쉬운 것 같지만 학생들이 이해하기 어려워하는 개념 가운데 하
나다. 인권이 인간으로서 누릴 수 있는 권리라는 것은 모두가 알지만
그것을 생활 속에서 체감하고, 증진시켜나가기는 쉽지 않기 때문이다.

　당장 우리 주변의 학생들만 떠올려봐도 그렇다. 학생들은 학교에서
자신들의 권리를 보장받고 있는가? 최근 진보교육감의 시대가 도래하
면서 교육계에 새바람이 불었다. 그중 가장 이슈가 되었던 것이 학생인
권조례다.

　학생인권조례의 내용을 살펴보면 차별받지 않을 권리, 모든 물리적·
언어적 폭력으로부터 자유로울 권리, 정규교과 이외의 교육활동을 선
택할 자유, 직·간접적 체벌 금지, 복장 및 두발 규제 금지, 학생 소지품

검사의 최소화, 양심·종교의 자유 및 표현의 자유, 자치 및 참여의 권리, 복지에 관한 권리, 징계 등 절차에서의 권리, 권리 침해로부터 보호받을 권리, 소수 학생의 권리 보장 등을 명시하고 있다. 하지만 현실은 어떤가? 지금이야 많이 나아졌다고 하지만 여전히 우리는 학생의 인권보다 학교나 교사의 권위, 성적 같은 것들을 중요시하지 않는가?

나에게도 비슷한 경험이 있다. 15년 전, 초등교사로 첫 발령을 받아 담임을 맡게 된 나는 당시 막 군대에서 나온 혈기왕성한 20대 청년이었다. 새 학기가 시작되고 얼마 지나지 않은 3월의 어느 날, 우리 반은 교장선생님의 교실 환경 점검을 앞두고 있었다. 나와 우리 반 아이들은 학교에서 시키는 대로 칠판을 꾸미는 데 전력을 다했다. 다른 반도 만반의 대비를 한 건 마찬가지였다. 교장선생님의 매서운 눈초리에 잘못 들기라도 할까 학교는 그야말로 초긴장 상태였다.

드디어 D-day. 우린 안절부절 못하며 교실에 앉아 째깍째깍 움직이는 시계만 바라보고 있었다. 교장선생님은 교감선생님, 교무부장선생님, 학년부장선생님을 모두 대동하고 위풍당당한 모습으로 복도에 나타났다. 하지만 어쩐지 심기가 불편한 듯한 표정이었다(그때는 모두들 이런 식으로 교장선생님의 심기까지 살펴야 했다). 내 예상은 빗나가지 않았고, 마침내 우리 반에서 교장선생님의 분노는 절정에 달했다. 평소 당신이 그토록 강조했던 '이달의 행사'를 붙이지 않았던 것이다.

그 일로 나는 내 자신을 얼마나 자책했는지 모른다. 이후 나는 우리 반이 교장선생님 눈밖에 나지 않도록 부단히 노력했다. 그 노력의 여파는 고스란히 아이들에게로 향했다. 조회시간이면 우리 반 아이들은 바둑판에 놓인 바둑알처럼 나란히 줄을 맞춰 운동장에 집결했다. 장난을 치거나 말을 잘 듣지 않는 학생이 있으면 나는 발을 툭툭 차며 주의를 주었다. 훈화가 시작되면 모든 눈동자가 교장선생님을 향하도록 학생들에게 무언의 압력을 주었다.

그뿐만이 아니다. 평소에도 학생들이 급식실에서 떠들면 조용히 하라며 고래고래 소리를 질러댔으며, 숙제를 하지 않은 학생은 무릎을 꿇은 채 손을 들게 했다. 이 모든 일들이 그때는 자연스러웠다. 지금은 말할 수도 없이 끔찍한 일이지만.

물론 여전히 이런 강압적인 교육 방식을 옹호하는 사람들이 있다. 학생의 잘못된 점을 훈계할 때는 교사가 의도적으로 체벌을 할 수도 있다는 주장부터 학생의 복장이나 두발을 규제하지 않으면 교실은 통제 불능이 될 거라는 우려까지 그 범위도 다양하다. 하지만 단지 이런 이유로 학교가 비민주적인 1인 통치 체제를 유지한다면 학교에서는 교장선생님, 교실에서는 선생님의 불호령에 따라 모든 것이 결정될 것이다. 자연히 학생의 의견이 설 자리는 없어지고, 학생의 인권은 말살되고 만다.

다행히 나는 지금 행복한 학교에 다니고 있다. 우리 학교가 추구하는 가치는 민주성, 자발성, 공공성이다. 학교는 모든 교사들의 의견을 하나하나 존중해 주고, 자발적인 교육활동을 격려하며, 어느 누구도 소외받지 않는 교육을 위해 노력한다. 하지만 학생들이 느끼기에도 그럴까? 학교에서 학생들은 인권에 대해 어떻게 생각하고, 어떻게 인간의 권리를 누리고 살아가는지 궁금해졌다.

🔍 수업 들여다보기

수업자 1교시에 '빛고을 샘(광주광역시 인터넷 학습 페이지)'에서
인권에 대해 공부했지요. 소감을 한 명씩 이야기해 볼까요?

정효 그냥 다른 빛고을 샘하고 똑같아요.

학생들은 인권이라는 용어 자체를 생소해하고, 왜 인권에 대해 알아야 하
는지 그 필요성을 느끼지 못하는 표정이다.

수업자 오늘 공부할 것이 인권이잖아요. 그래서 인권의 의미에
대해 생각해 보자고 했는데요. 공책을 꺼내볼까요?
오늘 이 시간에는 인권의 의미를 이해……('이해'라는 말을
판서하다가 잠시 멈추곤) 여러분, 이해란 말이 구체적으로
어떤 뜻인지 궁금하네요. 국어사전에서 찾아볼까요?

수미 찾았어요. 말이나 글의 뜻을 깨달아 아는 것입니다.

수업자 그렇군요. 그럼 먼저 인권의 의미를 이해하고, 그다음에
인권을 침해하는 사례를 찾아봅시다.

학생들 (여학생과 남학생으로 나뉘어 모둠활동을 시작한다.)

은영 인권은 뭐라고 생각해?

수미 모든 사람이 지켜야 하는 것.

태민	말해 봐!
정효	인간으로서 당연히 가져야 할 기본 권리.
태민	창호야, 조사한 거 말해 봐.
창호	인간으로서 가져야 할 기본 권리.
정효	다 똑같아요. 선생님!

학생들은 서로 조사한 것을 모둠판에 적고, 그 내용을 정리해서 발표했다. 하지만 그 가치를 생활 속에서 실감하지 못해선지 인권을 자신들의 용어로 표현하는 데 어려움을 느끼는 것 같았다.

수업자	모둠별로 나와서 발표해 볼까요?
태민	인간으로서 당연히 가져야 할 기본 권리입니다.
수업자	권리라는 말은 무슨 뜻일까요? 다른 학생들이 빨리 사전에서 찾아서 뜻을 말해 주세요. 은영이, 권리가 무엇이죠?

학생들	(분주히 사전을 찾는다.)
은영	어떤 일을 할 수 있는 올바른 자격?
수업자	기본적인 권리에는 어떤 것이 있을까요?
태민	자유권, 평등권 등이 있어요.
수업자	인간으로서 당연히 가져야 하는 것은 무엇인가요?

태민	기본 권리요.
수업자	당연히 가져야 한다는 것은 무슨 뜻일까요?
	여학생 모둠이 나와서 발표해 보세요.
선미	(정리하여 발표한다.)
정효	기본적 권리가 뭐죠?
선미	참정권, 행복추구권 등 여섯 가지가 있습니다.
수업자	그런데 권리를 꼭 보장해야 하나요?
은영	권리를 갖고 태어났으니까 지키기도 해야죠.
선미	다른 사람의 인권도 지켜주어야 해요.
수업자	이렇게 인권에 대해 정의를 내려봤는데
	이번에는 여러분이 정의한 인권을 말해 볼까요?
태민	인권은 마땅히 받아야 하는 권리입니다.
정효	인권은 당연히 가지는 겁니다.
창호	사람의 기본적 권리입니다.
수업자	그럼 인권이란 말이 왜 나왔을까요?
	선미가 책 39쪽을 읽어보세요.
선미	(수많은 사람이 희생된 사건들을 계기로 인권을 인간으로서
	당연히 지니는 기본 권리로 천명하고 보호하게 되었다는
	내용의 글을 읽는다.)
수업자	전쟁과 인권은 어떤 관련이 있나요?
수미	사람들이 차별받거나 그러기 때문에…….
수업자	전쟁에서 왜 차별을 받죠?

수미	서로 명령하고…….
정효	다 죽여야 해요.
수업자	그래요. 그러면 여기에서 왜 인권이 나왔을까요?
	전쟁이 일어나면 인권이 보장될 수 있을까요?
	전쟁이 일어나면 사람들은 존중받지 못하죠.
	책을 보고 '세계 인권 선언'을 읽어볼까요?
학생들	(책에 있는 세계 인권 선언을 각자 마음속으로 읽는다.)
수업자	이걸 보니까 어떤 생각이 들었어요?
정효	이런 걸 인권이라고 한다는 것을 알았어요.
선미	인권에 여러 가지가 있다는 것을 알았어요.
은영	인권도 이렇게 많다는 것을 알았어요.

학생들은 저마다 의견을 내기는 하지만 사전적 정의를 벗어나지 못하고 있다. 이런 상태로 인권에 대해 깊게 생각하는 데는 한계가 있어 보인다.

수업자	책 내용을 한번 읽어볼까요?
은영	(인권의 역사에 관한 내용을 읽는다.)
수업자	옛날에 신분제도가 있을 때는 모든 결정을 누가 했나요?
학생들	왕이나 귀족이요.
수업자	그래서 나중에 시민들이 신분제도를 바꿨는데요. 하지만
	또 문제가 생겼죠? 빈부 격차가 생기게 되었습니다.
	여러분은 이러한 빈부 격차를 느끼나요?

학생들	…….
수업자	의사에 비해 편의점에서 아르바이트 하는 사람은 한 시간에 얼마나 받을까요?
학생들	오천 원?
수업자	그것보다 적게 받기도 하죠. 그래서 최저임금을 보장해 주는 법이 생겼고요. 이렇게 인권이 침해된 사례가 또 있을까요? 찾아보세요.
학생들	(모둠활동을 시작한다.)
수미	나보다 나이 적은 사람이 함부로 하는 것은요?
수업자	그런 것도 포함될 수 있겠죠. 창호는 침해받은 적 없나요?
창호	없는 것 같아요.
수업자	여러분의 일기 쓰기도 문제가 된답니다.
정효	왜요?

수업자 일기는 남들이 모르는 자신만의 이야기를 담는 것인데,
       이걸 누군가에게 보여줘야 한다면 인권을 침해받는다고
       생각할 수 있겠죠. 그밖에 여러분이 직접 겪은 일이
       아니더라도 장애나 인종, 나이 때문에 받게 되는 차별도
       생각해 보세요. 한번 이야기해 볼까요?

태민   시각 장애인은 책을 못 읽습니다.

수업자 네. 책이 점자책으로 만들어지지 않으면
       책을 읽기 어렵겠죠?

은영   5학년 후배 하나가 우리들을 함부로 대합니다.

수업자 그것이 왜 침해 사례인가요?

수미   그냥 우리끼리 이야기하고 있는데 괜히 욕을 해요.

수업자 그것도 인권 침해 사례가 되겠네요.

은영   사람 이름이 있는데 남자 아이들이 별명을 부릅니다.

수업자 별명을 부르는 게 왜 인권 침해인가요?

수미   엄연히 엄마가 지어준 소중한 이름이 있는데
       바꿔서 부르면 기분이 나빠요.

정효   제가 다 잘못했습니다.

은영   우리 이야기를 다른 데 하고 다녀요.

태민   죄송합니다.

자신이 경험한 교실 속 인권 침해 사례를 발표할 때는 학생들의 눈빛이
살아 있고, 모두 적극적으로 수업에 참여한다. 교실이라는 공간에서 벌어

지는 일들을 이야기하며 아이들은 조금씩 인권이 우리 생활과 밀접하게 관련되었음을 알아가고 있다.

수업자	다음 시간에는 이렇게 인권을 침해당했을 때 이렇게 대처해야 하는지 공부해 보겠습니다. 오늘 공부한 소감을 20초 동안 생각해 봅시다.
태민	다른 사람의 인권을 침해하면 안 된다는 것을 알았습니다.
정효	인권은 존중받아야 한다는 것을 알았습니다.
선미	인권 침해 사례가 많다는 것을 알았습니다.
은영	인권 문제를 내가 해결해야 한다는 것을 알았습니다.
수미	인권을 침해하면 안 된다는 것을 알았고, 실제로 침해된 내용을 말할 수 있어서 좋았어요.

💬 수업자와의 대화

관찰자	오늘 수업에 대해 간단히 말씀해 주시겠어요?
수업자	수업을 하면서 제가 생각하는 인권과 학생이 생각하는 인권의 체감 온도가 다르다는 것을 느꼈어요. 오늘은 인권의 의미와 발달 과정, 그 과정에서 어떤 희생이 있었는지를 알아보고 또 아이들이 접해봤을 만한 인권 침해 사례를 찾아보는 시간을 가졌어요. 이번 수업을 계기로 내가 먼저 상대의 인권을 존중해 주고, 가정에서도 인권을 존중

하는 분위기가 형성되었으면 하는 기대를 가져봅니다.

관찰자   학생들이 인권이라는 용어를 생소해하고, 조금 어려워하는 부분도 있었지만 단원 전체로 보면 인권 교육이 되지 않을까요?
수업자   한 차시 수업으로 인권 교육이 완성된다고 보지 않습니다. 또 다음 수업으로 이어져야겠죠. 단순히 문제 제기만 하고 끝나는 것이 아니라, 다시 그 상황에 대해 생각해 보고 대안을 제시해 보면서 문제해결력이 길러지는 것 같아요.

 수업 성찰

우리가 사는 현실은 인권 존중과 한참 동떨어져 있다. 극심한 빈부 격차가 새로운 신분 계층을 만들어내고 빈곤 때문에 기본권을 누리지 못하는 사람들이 많다. 또 국가가 개인의 SNS를 검열하고 감시하는 현실도 우리를 불편하게 한다. 나 역시 이런 현실에 문제의식을 갖고 있었기에 오늘 수업은 더욱 관심을 갖고 지켜봤다. '우리는 과연 행복한 대한민국에 살고 있을까?'라는 의문과 함께 수업을 관찰했다.

인권은 학생들이 일상적으로 접하는 주제이고, 꼭 알아야 하지만 그 개념만큼은 평소 자주 접하지 못해서 어려워하는 용어다. 학생들은 이미 전 시간에 배운 내용인데도, 인권의 의미를 물으면 국어사전에 나온 뜻풀이만 반복할 뿐 새롭게 자신들의 용어로 정의하지 못했다. 인권이라는 용어가 삶과 연결되지 않아서다.

하지만 그 무대를 교실로 옮겨 인권 침해 사례를 찾는 활동에서는 아이들 모두가 굉장히 적극적으로 참여했다. 6학년 여학생들은 그동안 받아왔던 설움(?)을 이번 시간을 통해 하소연했다.

"5학년 남학생이 우리에게 함부로 해요."

"남학생들이 이름을 부르지 않고 별명을 부르는 게 싫어요."

아이들은 인권의 개념을 정의할 때는 시큰둥하다가, 배경을 학교로 옮기고 그것이 자신의 문제와 연결되자 적극적으로 수업에 임했다.

학교는 사회에 나가기 전 학생들이 경험할 수 있는 작은 사회다. 학생들은 하루의 3분의 1 이상을 학교에서 보낸다. 아이들에게 학교는 공부를 위해 잠시 들르는 공간이 아니라 삶이 펼쳐지는 장소인 것이다.

가족만 함께 사는 집에서와 달리 학교에는 친구들이 있다. 학교에서 생활하다 보면 또래 친구들과 서로 시기하고 다툴 때도 있으며, 함께 선생님 험담을 늘어놓기도 한다. 어떨 때는 친구의 고민을 들어주기도 하고 정의의 투사처럼 친구의 일에 앞장서기도 한다.

또 학교에는 이런 수평적인 관계뿐만 아니라 수직적인 관계도 존재한다. 저학년과 고학년의 관계, 교사와 학생의 관계가 그렇다. 고학년이 되면 아이들은 어린 동생들에게 우쭐거리기도 하고, 자상하게 다가가 귀엽다며 볼을 꼬집어주기도 한다.

학생들은 좋은 선생님과 그렇지 않은 선생님을 구분할 줄도 안다. 평소에도 선생님이 자신을 진심으로 대하는지 유심히 지켜본다. 좋은 선생님에게는 먼저 다가가지만 그렇지 않은 선생님에게는 결코 쉽게 마음을 보여주지 않는다.

이렇게 비록 인권의 개념을 정확히 알지는 못하더라도 학생들은 또래 친구들, 교사와의 관계에서 자신의 경험을 통해 그것을 어렴풋이 인지하고 있다. 그렇기 때문에 자신들의 문제를 하소연하면서 인권의 개념을 자연스럽게 습득할 수 있었던 것이다.

수업을 통해 습득한 인권 개념은 앞으로 아이들이 자신과 직접 관련이 없는 타인의 고통에 함께 분노하고 공감할 줄 아는 '인권 감수성'을 키우는 씨앗이 될 것이다. 그리고 세월호에서 안타깝게 희생당한 승객들과 유가족, 회사가 잘 되면 우리도 잘 될 줄 알았다던 영화 〈카트〉의 비정규직 노동자들, 동남아시아 이곳저곳에서 먼 나라 대한민국으로 시집와 살아가는 이주민들, 체벌과 학교폭력에 오늘도 시름하는 학생들의 현실을 함께 안타까워하고 공감할 수 있는 민주시민으로 성장할 것이다.

그러기 위해서는 무엇보다 교사가 예민한 인권 감수성으로 우리 사회를 바라볼 줄 알아야 한다. 우리가 사는 사회의 다양한 인권 침해 사례에 관심을 갖고 수업에 접근해야 한다. 그런 교사의 수업은 인권을 말로만 알고 있는 교사의 수업과는 깊이가 다르다. 이렇게 교사들이 학생들과 함께 인권 감수성을 키워나간다면 미래의 대한민국도 조금은 다른 모습이 되지 않을까?

학생을 수업의
주인공으로

서은영 선생님의
수업 관찰기

─────── 경기도에 있는 남한산초등학교는 조금 특별한 학교다. "학교 쉬는 날이 좋아요"라는 말이 자연스럽게 들리는 우리 교육 환경에서 아이들이 학교 가는 것을 행복해하는 학교라니, 처음엔 솔직히 믿기지 않았다. 이 조그마한 학교를 다니기 위해 학생들이 몰려오고, 집값이 뛰고, 심지어 주의력결핍 및 과잉행동장애(ADHD) 증상이 호전된 아이들도 있다고 했다.

언뜻 이해되지 않는 이야기들이었다. 교사로서 매 순간 최선을 다해 열심히 가르쳤지만, 아이들이 쉬는 날을 싫어하고 학교에 오지 말라고 할까봐 걱정한다는 얘기는 여전히 나에게 생소하게 들렸다.

혁신학교에서 근무하기를 꿈꿨던 나는 관련 자료를 찾다가 남한산초등학교의 이야기를 처음 접했다. 그리고 도대체 그런 학교는 이제껏 내가 몸담은 학교와 어떻게 다른지 직접 경험해 보고 싶었다.

그렇게 새로운 교육의 가능성을 먼발치에서 부러워하기만 하던 차에 어느 날 나에게도 좋은 기회가 찾아왔다. 전북 완주의 삼우초등학교를 방문하게 된 것이다.

그동안 나는 학교를 '짓는' 것은 교사와는 무관하다고 여겼다. 교육청에서 학교를 지어주면 교사는 열심히 근무만 하면 된다고 생각했다. 하지만 삼우초는 그런 생각과는 조금 거리가 있는 곳이었다. 교사들이 직접 자신의 교육철학과 아이디어를 모아 학교를 설계한 곳이기 때문이다. 학교를 새로 짓기 위해 열정적으로 참여한 삼우초 선생님들의 이야기를 듣고 나는 망치로 머리를 한 대 맞은 기분이었다.

나는 광주로 돌아오자마자 혁신학교와 관련된 책들을 탐독하고, 연수도 닥치는 대로 받았다. 그러다가 운 좋게도 다른 혁신학교 교사들과 북유럽 연수를 다녀오게 되었다. 북유럽의 학교를 방문해서 나는 다시 한 번 삼우초 때와 비슷한 충격을 받았다.

그곳의 학교에선 모든 시스템이 아이들을 위해 존재했으며, 우리가 너무나도 당연하다는 듯이 강조해 왔던 효율성은 그리 중요한 고려 대상이 아니었다. 한 명의 학생도 배움에서 소외되지 않도록 예산을 아끼지 않는 교육 문화가 잘 정착되어 있었기 때문이다.

효율성, 성취도에만 익숙했던 나로서는 장애 학생 한 명당 한 명의 보조 교사를 배치하고, 그 많은 예산을 형평성을 위해 투자해도 되는 건지 의문이 들었다. 하지만 이곳에서는 인재를 키우기 전에 훌륭한 시민을 길러낸다는 사회적 합의를 바탕으로 이 모든 것이 당연하게 받아

들여졌다.

북유럽 학교들은 성적이 부진한 학생을 바라보는 관점도 우리와 사뭇 달랐다. 우리는 학생이 공부를 게을리하거나, 학습 성취 결과가 떨어지면 학생 자신에게 문제가 있다고 생각한다. 하지만 북유럽에서는 개인이 아닌 사회에 그 책임이 있다고 보고, 사회와 학교가 그 책임을 분담한다. 북유럽 학교들은 부진 학생이 발생하는 경우에 대비한 법적 제도도 갖추고 있는데 여기에 따르지 않으면 학교뿐만 아니라 학부모에게도 제재가 가해진다고 한다.

우리도 바뀔 수 있다

연수를 마치고 학교에 돌아온 나는 다른 교사들과 함께 각자 꿈꾸는 학교의 모습에 대해 이야기를 나눴다. 학교란 어떤 곳인지, 아이들 중심의 학교를 만들기 위해서는 어떤 교실 문화를 키워나가야 하는지 얘기했다. 그러다가 벽에 부딪치면 자료도 찾아보고 책도 읽어보며 의견을 함께 나누었고, 그렇게 문제가 생길 때마다 하나씩 해결하기를 되풀이했다.

수업친구를 맺고 다시 일상수업 공개도 시작했다. 수업친구에게 보여주는 일상수업은 여러 사람에게 보여 주기 위한 수업이 아니고 날마다 이루어지는, 있는 그대로의 수업이다. 그래서 관찰을 하다 보면 꾸미지 않은 자연스러운 선생님과 아이들의 모습을 볼 수 있다. 그동안 보지 못했던 학생들의 면면을 관찰할 수 있는 기회이기도 해서 학생을 좀 더 깊게 이해하는 데 많은 도움이 된다. 수업 관찰이 끝나면 오후에 수업친구와 만나 수업에 대해 깊이 이야기를 나누었다. 이런 과정들은 나에게도 많은 변화를 가져다주었다.

먼저 나 자신이 교사로서 성장했음을 느낀다. 그동안 나에게 수업에 있어 가장 중요한 것은 수업 목표에 도달하는 것이었다. 그것에 집중하다 보니 당연히 각기 다른 환경에 있는 학생들을 하나하나 살피기는 어려웠다. 또 차시별로 주어지는 과제를 수업시간에 해결해야 한다는 부담을 갖고 학생들을 만났기 때문에 내 마음부터가 조급했다. 학생 중심의 다양한 활동과 열띤 토론도 쉽게 이뤄지지 않았다. 또 학생 개개인의 이야기를 들어주고 기다려주기보다는 교사인 내가 주도하여 수업을 이끌어가려는 경향이 컸다.

하지만 수업친구의 교실에서 학생들을 관찰해 보니 교사의 눈에 띄지는 않더라도 제 나름대로 수업에 참여하고 있음을 알 수 있었다. 모두가 각자의 방식대로 잘 배우고 있다는 믿음도 생겼다. 그렇게 한 명, 한 명의 학생들을 관찰하고 알아가며 내가 학생들에게 해 줄 수 있는 역할을 먼저 생각하게 되었다. 자연스럽게 지금은 학생을 탓하기보다 학생이 처한 상황을 먼저 살피고 마음을 읽으려고 노력한다.

아이들을 바라보는 시선도 많이 바뀌었다. 학생들을 한 명 한 명 바라보지 않고 집단, 즉 통으로 봤을 때는 수업시간에 한두 명의 학생이라도 내 의도대로 따라오지 않으면 수업 분위기를 망친다는 생각에 지적을 했다. 그런데 수업을 관찰해 보니 학생들은 각자 자신의 역할을 해내며 제 나름대로 수업에 참여하고 있었다. 학생 하나하나에 관심을 기울이려 노력하면서부터는 수업시간에 이뤄지는 잡담과 건설적인 대화도 구분할 수 있게 되었다.

학생과의 관계도 과거에 비해 편안해졌다. 예전의 나는 몇 번 타일러도 학생이 변화하지 않을 경우 분노하고 힘들어했다. 하지만 이제는 학생의 '행동'을 학생 자체와 구분할 수 있게 되었다. 학생이 잘못된 행동을 한다고 해서 그 학생을 부정하거나 미워하지 않는다. 학생은 존중받아야 할 소중한 존재라는 당연한 전제하에, 학생이 약속과 어긋나는 행동을 하면 그 행동만 가지고 이야기한다.

교육과정에 대한 생각도 달라졌다. 지금의 교육과정을 학생의 배움 중심으로 재구성해야 한다는 믿음이 더욱 강해졌다. 교사가 욕심껏 많은 양을 가르쳐야겠다는 생각에서 벗어나야 학생들이 신나게 배울 수 있기 때문이다. 더불어 단순히 단위 차시의 목표에 도달하는 수업이 아니라 전체적인 흐름 속에서 재구성하여 아이들과 함께 배우고, 배운 것을 실제 삶에서 실천할 수 있는 시민성을 기르는 것이 내 새로운 목표가 되었다.

물론 이런 노력이 수업에 그대로 반영되어 모두 행동으로 옮겨지는 것은 아니다. 바뀐 생각과 몸에 배인 습관 사이의 차이가 크기 때문에 '생각 따로 행동 따로'가 되는 경우가 많다. 그동안 일회성 수업 공개에 길들여져 있었던 탓인지 나를 포함한 교사들의 생각과 행동은 그리 쉽게 변하지 않았다.

'필요할 때, 형식에 구애받지 않고 공부할 문제를 제시해 주자.' '하나의 정답을 찾기보다 여러 가지 생각에 귀를 열고 아이들이 사고를 확장할 수 있도록 하자.' 수업에 들어가기 전에는 늘 이런 다짐을 한다. 그러나 실제로 수업에 들어가면 다시 기존의 틀을 답습하는 경우가 많았다. 때로는 정해진 답을 향해 수업을 진행했고, 교사가 마지막 정리까지 명쾌하게 하고 싶은 욕구를 억누르기 힘들었다. 하지만 그렇게 좌절감을 느낄 때에는 수업친구의 격려가 큰 도움이 된다.

수업친구는 예전으로 돌아가지 않고 뚜벅뚜벅 앞으로 나아갈 에너지를 주는 든든한 동료이자 멘토다. 수업에 대해 깊이 있게 이야기 나눌 수 있는 친구가 있다는 것만으로도 왠지 모를 든든함과 자신감이 생긴다. 교직 생활, 수업, 학생과의 관계 등 교사라면 누구나 갖고 있는 고민에 대해 서로 공감하고 이해받을 수 있는 친구가 있으면 교사로서의 자긍심을 잃지 않고 학교에서 일하는 데 굉장한 도움이 된다.

일상수업 공개는 교사로서의 자존감을 높이고, 수업친구와 깊이 있는 고민을 나누며 기쁨을 맛볼 수 있는 최고의 활동이다. 물론 구체적인 방법은 계속해서 조금씩 바꿔가겠지만 앞으로도 수업친구와의 수업 나눔은 계속해서 이어갈 생각이다.

1

다름을 인정하고
서로 격려하기

학생들은 무엇을 하며 가장 많은 시간을 보낼까? 바로 수업(공부)이다. 학교생활에서 수업은 그만큼 중요한 부분을 차지한다. 수업은 단지 교사가 학생들에게 지식을 설파하는 자리가 아니다. 수업시간은 나와 학생의 삶의 일부이고 그 속에서 우리는 서로를 이해하고 문제를 해결하는 방법을 몸으로 배운다. 교실은 하나의 작은 세상이며 가정환경, 성격, 좋아하는 것과 싫어하는 것도 모두 다른 사람들이 함께 모여 생활하는 곳이다.

사실 이전까지 나는 수업을 통해 생활 교육이 이루어진다는 말에 잘 공감이 가지 않았다. 그리고 다름을 인정할 때 비로소 건강한 관계가 형성된다는 사실을 잘 알고 있다고 자부했다. 하지만 수업 관찰을 하며 그동안 내가 그것을 머리로만 알고 있었다는 걸 깨닫게 됐다. 나는 '내가 인정하는 범위에서만' 다름을 인정하고 있었던 것이다.

어떤 학생은 그동안의 학습량이나 학습 소양의 차이로 수업 내용을 이해하지 못할 수도 있고, 어떤 학생은 친구들과 의견이 다를 때 어떻게 해결해야 할지 몰라 말다툼을 할 수도 있다. 그런데 교사인 나는 학생의 입장보다 어서 진도를 빼는 게 더 중요했는지, 문제 상황을 빨리 마무리 짓고 다음 수업 내용을 이어가려고만 했다. 내가 디자인한 수업이 계획대로 진행되지 않으면 억지로 참아가며 불편한 시간을 보내거나, 심지어 화를 낼 때도 있었다.

교사와 학생 모두가 수업시간을 편안하게 느끼려면 서로 어떻게 배려해야 할까? 다른 선생님은 어떤 마음으로 수업에 임하는 걸까? 그리고 그 안에서 어떻게 서로의 차이를 받아들이고 존중할까? 이런저런 궁금증을 안고 수업친구의 교실 문을 열었다.

🔍 수업 들여다보기

2014년 4월 25일 3교시   과학 : 계절의 변화   수업자 : 지경준 선생님

수업자   우리나라는 사계절이 뚜렷한 나라입니다. 여러분은
특히 어떤 계절을 좋아하나요? 어떤 계절을 좋아하고
왜 좋아하는지 생각해 보세요.

학생들   (모두 생각한다.)

교사는 질문을 던진 뒤 학생들에게 생각해 볼 수 있는 시간을 준다. 또 누군가 말을 할 때는 다 같이 잘 듣고 반응하도록 유도한다.

수업자	선생님은 겨울을 좋아해요. 아름다운 눈을 좋아해서요.
	친구들끼리 어떤 계절을 좋아하는지 이야기해 보세요.
학생들	(모둠별로 이야기한다.)
수업자	여러분도 좋아하는 계절과 이유를 말해 볼까요?

모둠별 활동에서 전체 활동으로 넘어갈 때 학생들의 주의를 모으는 시간이 길어진다. 계속 이야기하고 싶어 하는 학생들을 전체 활동으로 빠르게 이끌 수 있는 방법은 없을까? 효과적인 주의 집중 방법은 무엇일까?

수업자	(창호를 지목했는데 답을 하지 못한다. 40초를 기다린 후)
	다른 사람?
태민	저는 여름을 좋아하는데 제 생일이 있고,
	수박을 먹을 수 있어서요.
정효	저도 여름이요. 여름방학이 있어서요.
선미	봄이요. 개나리랑 진달래 같은 꽃을 볼 수 있어서요.
창호	(친구들의 이야기를 듣고 손을 든다.) 여름이요.
	여름에는 낚시를 할 수 있어서요.
수업자	다른 계절에는 안 하나요? 겨울에는 힘들긴 하겠죠.
	여름에는 방학 때 물에 가서 낚시하기 좋겠네요.

창호는 다른 학생들보다 반응이 늦은 편이다. 관찰해 보니 생각하고 답하는 시간이 길다는 것을 알 수 있었다. 그래서 교사나 학급 동료들은 창호가 자신의 생각을 표현하기도 전에 답을 듣기를 포기해 버리거나, 자문자답히는 경우도 있다. 반응이 늦은 창호를 어떻게 대해야 할까? 교과 지식과 관련된 내용을 일상생활과 연결하여 질문하고, 다른 학생들이 발표한 후에 답변할 기회를 주면 좋을 것 같다. 그러면 다른 사람의 물음에도 좀 더 빠르고 자연스럽게 답할 수 있지 않을까?

수업자	오늘은 계절에 따라 무엇이 달라지는지 알아볼 거예요. 판서하는 동안 92쪽 그림을 살펴보세요. (판서가 끝나고) 가, 나, 다, 라 그림에는 나무, 시계, 온도계가 있어요. 각 그림이 어느 계절을 나타내는지 모둠 칠판에 적습니다. 어느 계절인지 맞춰보는 거예요.
학생들	(계절 이름을 칠판에 쓴다.)
수업자	다 됐어요? 태민이가 가지고 나와서 붙이세요. 자, 이제 한 명이 나와서 발표해 주세요. (보드마카를 만지작거리며 머뭇거리는 학생들, 서로 발표를 하지 않겠다고 하자) 둘 다 나오세요.

과학실은 늘 생활하는 교실과 달리 아이들에게 덜 친숙한 공간이다. 발표에 부담을 갖지 않도록 교사가 편안한 분위기를 만들어주면 좋겠다.

수업자	계절과 그 이유를 말해 보세요.
수아	'가'는 여름, 온도가 높아요.
수업자	온도가 나왔는데 또 무엇이 나오면 좋겠어요?
선미	그림자의 길이까지 포함해 주면 더 좋을 것 같아요.
수아	여름에는 태양의 위치가 높고 그림자의 길이는 짧아요.
수업자	그렇다면 겨울에는 온도가 어떨까요?
학생들	낮아요.
수업자	그림자의 길이는?
학생들	길어요.
수업자	태양의 위치는?
학생들	낮아요.

교사가 앞부분을 말하면, 학생들은 뒷부분을 받으며 수업 내용을 다시 점검하는 시간을 갖는다.

수업자	게임을 해 볼게요. 실험 관찰 103~109쪽에 있는 카드를 자르세요.
학생들	(카드를 자른다.)
수업자	이제 계절 맞추기 게임을 할 거예요. 카드를 섞고, 모둠에서 누가 먼저 할지 순서를 정하세요.

게임을 진행할 때 순서 정하기는 중요한 것 같지 않은데, 아이들은 서로

미뤄가며 민감하게 반응한다. 학생들이 스스로 해결할 수 있도록 순서 정하기에 대해 잠깐 이야기 나누는 시간을 갖거나, 모둠 번호를 정해 주고 공평하게 이번에는 1번부터. 다음에는 2번부터 등 돌아가며 발표를 시키는 깃도 방법이라는 생각이 든다.

수업자	자기 책상 위에 카드를 뒤집어서 놓아두세요.
	(교사가 종을 모둠에 놓는다.)
학생들	할리갈리!
수업자	자기 카드를 뒤집어서 앞에 둡니다. 한 손은 귀를 잡고 카드를 1번부터 순서대로 한 장씩 펼쳐요.
	세 장이 모두 같은 계절이면 "봄!" 하고 종을 칩니다.
	그리고 종을 친 사람이 모두 가져가요. 만약 계절이 맞지 않으면 카드를 한 장씩 다른 사람에게 줍니다. 마지막에 카드를 가장 많이 가지고 있는 사람이 이깁니다.
	준비, 시작!

선생님은 모둠을 다니면서 게임이 잘 진행되는지 체크하고 도움이 필요한 학생들에게는 도움을 준다. 한 모둠에서 한 사람이 카드를 다 가져가서 게임이 끝나면 다시 시작하도록 한다. 아이들이 몰입할 수 있도록 계속해서 살펴보고 적절한 지시를 내려주니, 학생들도 집중하며 재미있어한다. 이럴 때 카드를 갖고 어떤 게임을 해 볼까 이야기해서 아이들 스스로 게임을 만들어도 좋겠다.

한편 창호는 모둠활동 시간에 화이트보드 지우개를 만지고 있었다. 선생님이 모둠을 살피며 주변을 돌아다니자 고개를 왔다갔다 돌리며 선생님을 쳐다보았다. 눈치를 살피던 창호는 장난기가 돌았는지 "내가 지워줄까?"라며 다른 친구가 써놓은 칠판 글씨를 지우는 시늉을 했다. 아이들은 하지 말라며 창호를 말렸다.

수업자	자, 이제 선생님을 봅니다. 카드를 이용해서 계절 맞추기 게임을 했는데, 계절을 맞출 때 어떻게 해서 맞췄어요?
선미	온도와 태양의 위치, 그림자의 길이, 나뭇잎의 상태 등을 살펴봤어요.
수업자	다음 시간부터는 계절에 따라 왜 온도가 달라지는지 알아볼 거예요.
정효	지구가 자전하면서 태양의 주위를 도니까

온도가 달라져요.

수업자 태양과 관련이 있긴 한데 정확히 알아야 하잖아요.

그림자의 길이는 왜 달라져요?

선미 태양의 위치가 달라지니까요.

수업자 태양의 위치는 왜 달라져요?

마리 …….

수업자 다음 시간에는 책 94쪽 태양의 고도와 그림자의 길이에

대해 공부할 건데, 밖에서 태양 고도 측정기를

만들 거예요. 오늘 공부한 것에 대해 새롭게 알게 된 점이나

느낀 점을 말해 볼까요?

선미 봄, 여름을 어떻게 구분하는지와 그림자의 길이, 온도,

태양의 위치, 나뭇잎으로 구분할 수 있다는 것을 알았어요.

수업자 지금은 어느 계절이죠?

학생들 봄이요.

수업자 다음 계절은 여름?

태민 네. 여름이면 온도가 높고, 그림자의 길이가 짧고,

태양의 위치가 높아요.

수업자 계절이 변하면 많은 것들이 달라지죠. 앞으로 이러한

현상이 왜 나타나는지 구체적으로 알아보도록 해요.

이상으로 오늘 수업을 마치겠습니다.

한 차시의 수업이지만 생활과 연결되는 부분을 찾아 접목하려는 교사의

노력을 볼 수 있었다. 교사는 항상 마음속으로 수업을 아이들의 생활과 어떻게 연결시킬지 고민해야 한다. 수업시간에 벌어지는 상황을 학생들은 그대로 받아들이고 배우기 때문이다.

💬 수업자와의 대화

관찰자   오늘 수업에 대해 간단히 말씀해 주세요.

수업자   계절의 변화 첫 차시입니다. 그림을 보고 계절을 맞추는 과정에서 계절 변화에 호기심과 흥미를 갖게 하고, 다음 시간부터 본격적으로 계절 변화의 현상과 원인에 대해 공부할 거예요.

관찰자   오늘은 단원 첫 차시 수업인데, 특별히 신경 쓰신 부분이 있다면요?

수업자   단원의 처음이니까 단원에서 알고 싶은 것을 찾아가는 것이 중요해요. 그래서 KWL(62쪽 참고)에서 학생들이 스스로 '알고 싶은 것'을 찾아보는 시간으로 구성했습니다. 물론 앞으로 배울 것이 무엇인지 생각해 보도록 하는 시간이기도 하지요.

관찰자   교담선생님의 수업은 담임선생님의 수업과 무엇이 다르다고 느끼시나요?

수업자   교담 수업에선 학생들이 풀어지는 경향이 있어요. 교실과 다른 장소에서 수업을 듣는 탓인지 자유롭게 활동하려는 욕구도 강하고요. 저도 딱딱한 수업이 아니라 삼촌이나 아빠가 공부를 가르쳐준다는 인상을 받게 수업을 진행하고 싶고, 그런 편안한 분위기에서 학생들이 집중했으면 좋겠어요. 어떻게 하면 좋을까요?

관찰자　집중한다는 것은 잘 듣는 것을 의미해요. 그런데 요즈음 교사도 학부모도 학생들도 자기 말만 하고 다른 사람 말은 들으려 하지 않죠. 그래서 듣는 훈련이 필요하고, 교사인 우리가 먼저 잘 들어주는 분위기를 만들면 좋겠어요. 저는 학생들이 경청을 몸으로 배울 수 있도록 말하는 사람을 바라보고 듣는 연습을 의도적으로 시키고 있어요. 수업시간에는 학생들이 지키려고 하는데 아직은 연습이 부족해서인지 일상생활에서는 잘 지켜지지 않는 것 같아요.

수업자　네. 저도 요사이 듣기의 중요성에 대해 깊이 생각하고 있어요. 잘 듣기 위해서는 교실에서 구성원 한 명 한 명을 존중하는 문화가 우선 형성되어야 할 것 같아요. 존중하는 마음이 있어야 관심이 생기고 그래야 들을 수 있으니까요. 그런데 아이러니하게도 학생들은 수업시간에 떠드는 소리가 들리면 "선생님도 화 좀 내세요. 그래야 말을 들어요"라고 말하기도 합니다. 저는 큰소리 내지 않고 조용히 수업하고 싶은데 말이죠.

관찰자　학생들도 강압에 의해 평정되는 교실 분위기에 익숙해진 탓이겠죠. 교사가 먼저 수업시간의 돌발 상황을 자연스럽게 받아들이고, 해결 방안도 학생들과 함께 고민하면 좋겠어요. 아이들에게 화를 내서 말을 잘 듣는다는 것이 어떤 의미인지 생각해 보게 한 후, 선생님의 마음도 이야기해 보면 어떨까요?

수업자   저도 엄마 아빠에게 이야기하는 것처럼 궁금한 것을 자연스럽게 물어보고 답하는 형식으로 수업을 진행하고 싶어요. 수업도 놀이 중심으로 해서 최대한 자유로운 분위기를 만들어주고 싶기도 하고요. 하지만 현실적으로 그렇게 하면 학생들의 행동이 제각각 다르고 수업이 정리되지 않아 수업 목표에 도달하기 어렵기도 해요. 그럴 때 당연히 고민이 되지요. 가는 길은 옳은데 이런 장애물이 생기는 게 문제인지, 아니면 내가 가는 길 자체가 잘못된 것인지 딜레마에 빠질 때도 있어요. 하지만 어려움이 있을 때는 다시 기본을 잊지 않기 위해 노력해요. 탐구하는 방법을 알고 즐거움을 느끼는 것이 공부가 아닐까 하는 생각을 해 보기도 합니다. 100점을 맞는 것보다는 과학을 사랑하는 마음을 갖는 것이 훨씬 더 중요하니까요.

💡 수업 성찰

나는 학생들 한 명 한 명이 즐겁게 수업에 참여할 때 수업에서 즐거움을 느낀다. 주제에 대해 골똘히 생각하고, 이야기도 열심히 하면서 얼굴에 진지함과 환한 미소가 묻어날 때 덩달아 나도 행복해진다.

그러나 이런 수업은 흔하지 않다. 수업 분위기나 흐름을 깨는 요소가 많기 때문이다. 나는 그동안 수업시간에 큰소리로 자기 이야기만 하는 학생, 모둠활동에서 싸움으로 문제를 해결하려는 학생, 수업에 참여하지 않는 학생을 보면 교사의 권위를 내세워 그 학생들을 통제하려 했다. 수업이 끝나고 학생과의 면담 시간에도 학생의 입장을 온전히 이해하기 위해 질문하기보다, 원하는 답을 만들어놓고 그 답을 유도하며 묻기도 했다. 그런데 어느 순간 나의 그런 모습을 보고 배워 학생들도 친구를 이해하려 노력하기보다는 함께 화를 내거나 배척하는 분위기를 형성한다는 걸 알게 되었다.

사실 학생과 마주 앉아 수업에 대해 이야기 나누면서 왜 그랬는지 물으면 학생들의 대답은 의외로 간단하다. 별생각 없이 그렇게 보였기 때문에 그렇게 대답했다는 것이다. 홍시 맛이 나서 홍시라고 대답한 장금이처럼 말이다. 학생은 단순히 눈에 보이는 대로 말한 것인데, 나는 장난을 치기 위해 의도적으로 수업을 방해했다고 단정 지었고, 그런 작은 오해가 나를 힘들게 했던 것이다. 수업 주제를 다시 환기하며 생각해볼 수 있는 시간을 주면 될 일인데, 왜 그리 쉽게 흥분하고 화를 냈는지 돌이켜 생각해 보면 웃음이 나기도 한다.

아이들이 떠들고 싸우는 교실도 그 자체로 우리 삶의 한 장면이다. 그러니 상황을 있는 그대로 받아들이면 될 일이다. 교사가 일방적으로 나서서 언뜻 명쾌하게 보이는 해결 방안을 제시한다고 해서 상황이 근본적으로 나아지는 것은 아니다. 그러면 오히려 학생들이 민주적인 방식으로 문제를 해결할 기회를 박탈하게 되고, 생각할 틈도 없어진다. 또 문제 학생, 문제 행동이라는 낙인을 찍다 보면 문제를 해결하기 위해 기본적으로 고려해야 할 요소들을 보지 못하는 경우가 많다.

오늘 수업에서 관찰한 창호는 발표하는 것 자체가 긴장되고 부끄러운 학생이다. 그런데도 그것을 극복하고 발표했다. 그렇다면 교사는 여기서 어떻게 학생에게 도움을 줄 수 있을까? 그것은 용기를 내어 발표한 창호를 격려하는 것부터 시작되지 않을까? 모든 학생들에게 똑같은 잣대를 들이대서 목표에 도달하지 못했다고 결론 내리는 것이 아니라 학생 개개인의 출발선을 존중해 주고 거기서부터 시작할 수 있는 용기를 갖게 하는 것이 중요하다.

우리는 당장 내일조차 어떻게 될지 모르는 불확실한 세상에 살고 있다. 그래서 더욱 미래가 두렵다. 어쩔 수 없이 현재의 기쁨을 유예한 채 오늘 불행하더라도 그것을 감수하고 살아간다. 하지만 내가 어려울 때 언제나 주위에서 나를 도와줄 것이라는 믿음이 있다면 어떨까? 미래도 조금은 덜 두려운 것이 되고, 현재의 어려움도 조금은 즐길 수 있게 되지 않을까?

2

학생 스스로
생각하는 수업

월요일 1교시 도덕 교담 시간이다. 즐겁고 편안한 주말을 보낸 뒤 언제 그랬냐는 듯 딱딱한 의자에 앉아 공부를 해야 하는 학생들, 그런 학생들을 다시 공부할 수 있게끔 다독여야 하는 교사 모두가 힘겨운 아침이다.

이런 분위기를 극복하려면 수업시간을 즐겁고 의미 있는 시간으로 만들어야 할 텐데, 어떤 방법이 있을까? 나는 그 답을 학생들의 자발성에서 찾고 싶다. 교사의 잣대와 기준으로 정답만을 강요하는 수업이 아니라 학생 스스로 생각하고, 자신의 생각을 정리할 수 있도록 디자인된 수업이란 어떤 것일까?

🔍 수업 들여다보기

2014년 6월 2일 1교시 | 도덕 : 서로 배려하고 봉사하며 | 수업자 : 지경준 선생님

수업자 (화면에 그림을 제시하며) 그림에서 학생들은 무엇을
       하고 있나요?

창호   한 친구를 도와주고 있어요.

선미   목발을 짚고 있는 학생의 가방을 들어주려고 합니다.

수업자 이런 모습을 두 글자로 무엇이라고 할까요?

선미   배려입니다.

수업자 책 66쪽을 함께 읽어보겠습니다.

학생들 (책을 모두 함께 읽는다.)

수업자 오늘은 배려의 의미와 중요성에 대해 공부하겠습니다.
       선생님이 판서하는 동안 배려 하면 떠오르는 단어를
       생각해 보세요.

학생들 네.

수업자 (포스트잇을 나누어준 후) 배려 하면 떠오르는 단어를
       포스트잇 한 장에 한 단어씩 크게 적어보세요.

교사는 학생에게 생각할 시간을 주고, 학생들의 활동 상황을 지켜보면서
관찰한 내용을 메모장에 기록한다. 이렇게 교사가 학생 활동 시간에 관찰
과 기록을 동시에 한다면 학생들을 최대한 기다려줄 수 있고, 이후 관찰

한 내용을 바탕으로 자신의 수업을 성찰해 볼 수도 있겠다.

수업자	(펜을 들고 고민하고 있는 창호에게) 그냥 머릿속에 떠오르는 단어를 적어보세요.
창호	네.
수업자	(학생들을 관찰하며 기록판에 내용을 기록한다.) 다 적은 친구들은 앞 칠판에 붙이세요.
학생들	(스스로 나와서 자신이 원하는 곳에 포스트잇을 붙인다.)
태민	난 위에다 붙여야지.
수업자	(열네 장의 포스트잇을 비슷한 것끼리 분류한다. 도움, 친구, 봉사, 실천을 분류하여 붙인 후) 양보는 어디다 붙일까요?
학생들	도와주는 것에 붙여요.
수업자	감사는 어디다 붙일까요?
학생들	따로 붙여요.
수업자	선행은 도와주는 것과 봉사에 다 섞이니까 가운데에 붙일게요. 그러면 배려란 무엇일까요?
학생들	도와주는 것이요.
수업자	어떤 마음으로?
선미	착한 마음이요.
재은	감사하는 마음이요.
수업자	어떻게 해야 하는 거죠?
학생들	도와줘요.

수업자	누구를 도와주나요?

선미	친구, 부모님이요.
수업자	그렇다면 배려의 의미는 뭘까요?
정효	착한 마음으로 도와주는 것입니다.

수업자	배려의 의미를 적어 볼게요. ('착한

마음으로 누군가를 도와주는 실천'이라고 적는다.) 그런데 도와

주는 마음만 있으면 배려인가요?

태민	아니요. 실천이 있어야 해요.
수업자	여러분이 생각하는 배려와 인터넷 백과사전에 나온

뜻을 찾아볼까요? (네이버 사전에서 바로 찾는다. "도와주거나

보살펴주려고 마음을 씀"이라고 적는다.) 자, 그럼 배려의

의미를 알아봤으니까 다음에는 무엇을 공부할까요?

학생들	중요성이요.
수업자	이야기를 읽어볼 건데요. 69쪽을 보겠습니다.

'같은 걸음으로 급식실 가기'를 정효부터 읽어보겠습니다.

학생들은 다리를 다쳐 움직임이 불편한 친구와 함께 급식실에 가는 내용

의 글을 읽는다. 그런데 책을 읽는 모습이 각양각색이다. 선미는 다리를

계속 떨고 있고, 태민이는 손으로 머리를 만지고 있다. 정효는 몸이 무거운지 허리를 구부리고 앉아 있다. 이런 모습이 내 눈에 자꾸 들어오는 이유는 뭘까? 수업시간에 학생들은 바른 자세로 앉아 있어야 한다고 생각하기 때문이다. 하지만 다른 사람을 방해하지 않는 선에서 조금은 자유로운 모습으로 책을 읽어도 되지 않을까?

수업자　나오는 사람은 누구인가요?

재은　영호와 철수와 영길이요.

수업자　이 글에 나오는 '나'는 누구인가요?

태민　선생님! 헷갈려요.

수업자　여기에 나온 '나'의 이름을 뭐라고 해 볼까요?

정효　땡칠이요.

수업자　다른 사람이 줄서는 데 피해를 주지 않기 위해 뒤로 갔어요. 그것이 무엇인가요?

창호　배려요.

수업자　철수는 배려를 어떻게 실천했어요?

마리　영호를 도와줬어요.

수업자　영길이는 어떻게 했어요?

선미　무관심하고 거침없이 함부로 말하고 다친 친구를 배려하지 못했어요.

수업자　영호나 철수처럼 배려를 실천한 친구들을 찾아서 어떻게 배려를 실천했는지 그 친구의 이야기를 포스트잇에

적어봅니다. '누가 언제 이런 배려를 했다.' 이렇게요.

마리   한 장에 한 명씩이죠?

수업자   네.

수아   꼭 6학년 때가 아니어도 돼요?

수업자   네. 친구 이야기가 떠오르지 않으면 가족이나 선생님
이야기를 적어도 됩니다. (태민이에게) 2학년 때가
생각났어?

태민   네. 2학년 때요.

창호   (생각이 나지 않는지 바로 쓰지 못한다.)

수업자   (학생들이 적은 포스트잇을 걷어 읽어준다.) '연필을 빌려줬다.'
배려인가요? 아닌가요?

학생들   배려 맞아요.

수업자   '선미가 6학년 때 우리 반 청소를 도와줬다.'

학생들   배려 맞아요.

수업자   '선미, 재은, 마리, 태민, 창호가 연필을 빌려줬다.'
여기 안 나온 사람은 정효밖에 없는 것으로 보아 정효가
썼나 봐요. 2학년 때 다리를 다쳤는데, 정효가 도와줬다는

메모도 있네요.

태민   2학년 때 발바닥에 가시가 박혔는데 정효가 도와줬어요.

수업자 가시에 박혔을 때 정효가 도와줘서 어떤 마음이 들었나요?

태민   고맙다고 생각했어요.

수업자 누군가 자기 자신을 배려해 주면 어떤 마음이 들까요?

학생들 고마워요.

수업자 '내가 모르는 문제가 있을 때 태민이가 알려줬다.'
      이것은요?

학생들 배려예요.

수업자 '내가 전학 왔을 때 학교에 대해 우리 반 여자애들이
      알려줬어요.' 그때 마음이 어땠어요?

재은   고마웠어요.

수업자 당연한 것처럼 보이지만 연필 하나 빌려주고 모르는 것을
      알려주는 것도 배려일까요, 아닐까요?

학생들 배려 맞아요.

수업자 동영상을 보면서 어떤 배려가 담겨 있는지 찾아보세요.
      (동영상 '작은 배려'를 보여준다.)

학생들은 모두 화면을 본다. 동영상은 메이저리그 역사상 첫 흑인 선수인 재키 로빈슨의 실화를 그리고 있다. 로빈슨은 경기 중 다른 선수들의 괴롭힘, 관중들의 야유, 팀 동료들의 조롱으로 지쳐가고 있었다. 그런데 그때 팀의 주장이 다가와 잠시 그의 어깨를 감싸주었다. 그 순간 힘이 솟는

것을 느끼며 타석으로 나선 로빈슨은 큰 홈런을 친다.

수업자	로빈슨이라는 야구 선수를 배려해 준 사람은 누구인가요?
학생들	주장이요.
수업자	어떻게 해 줬지요?
학생들	어깨를 잡아줬어요.
수업자	로빈슨이 얻은 것은?
상빈	용기, 자신감이요.
재은	나도 팀의 일원이라는 소속감이요.
수업자	배려가 왜 중요한지 친구들이랑 이야기해 보세요.
선미	용기가 생겨요.
정효	자신감도 생겨요.
마리	자존감이 생겨요.

💬 수업자와의 대화

관찰자	오늘 수업은 어떤 수업이었나요?
수업자	배려와 봉사에 대해 배워보는 첫 시간입니다. 도덕과 1차시는

도덕적 용어에 대한 의미와 중요성을 알아보는 시간으로 진행합니다. 지난 번 교사 연수에서 '평가' 하면 떠오르는 단어를 적고 어떤 것을 평가할지에 대해 고민하는 시간을 가졌어요. 연수를 받으며 좋았던 기법

을 수업에 적용하고 싶어서 활용했어요.

관찰자 구체적으로 말씀해 주시겠어요?

수업자 이번 시간에는 '배려'를 정의할 때 명시적 정의(백과사전적 정의)와 암묵적 정의(말로써 하는 정의) 중 암묵적 정의를 사용했어요. 배려를 우리들의 언어로 정의하고, 배려를 실천했거나 받았던 경험을 포스트잇에 적어보며 그때 느낌이 어땠는지 떠올려보는 시간을 가졌어요. 학생들의 생각을 묶어서 우리들의 언어로 다시 정의를 내려보니 사전에 나온 정의와 많이 다르지 않고 훨씬 좋다는 생각이 듭니다.

관찰자 월요일 1교시 수업인데 언제 수업을 구상하셨나요? 구상할 시간이 없었을 것 같은데요?

수업자 토요일에 학교에서 근무했거든요. 일상수업 공개가 저에게 적절한 긴장감을 줍니다. 수업 공개를 할 때 교과서에 의존하면 후회할 때가 있고, 저의 질적 성장에 도움이 되지 않는다고 생각했어요. 그래서 일상수업 공개 때 수업에 맞는 스토리와 저의 수업 철학을 담아 수업을 공개하자고 생각했어요.

관찰자 선생님이 담고자 하는 스토리와 철학이 궁금합니다. 어떤 것에 중점을 두었나요?

수업자 수업 연구를 하다보면 교과서에 재구성해야 할 내용이 더러 있어요. 그래서 필요하다고 생각한 배려와 그 중요성을 학생의 삶에서 찾아보자고 생각했어요. 그 내용을 바탕으로 A4용지 한 페이지에 수업 흐름을 적어놓았는데 많은 도움이 됐어요.

관찰자 　수업을 디자인할 때 중점을 두는 부분은 무엇인가요?

수업자 　그동안 수업 공개를 계속 진행해 왔는데, 뭘 했는지 그리고 다른 수업과의 차이점이 무엇인지 정확히 구분이 되지 않았어요. 학생 중심 수업이라면 그런 것을 담아내기 위한 뭔가가 있어야 하는데, 그게 뭔지 고민했어요. 그래서 이 수업을 구상할 때는 학생 중심과 배움의 연결 고리 찾기에 중점을 두었어요.

관찰자 　교사가 학생들의 상황을 파악하며 관찰한 내용을 메모장에 기록했는데 어떤 내용이었나요?

수업자 　학생들의 모습을 하나하나 기록하려 했는데 아직은 훈련이 좀 더 필요해요. 시간 체크도 어렵고 습관이 되지 않아서 수업시간 안에 관찰과 의미 있는 기록을 한꺼번에 한다는 게 쉽지가 않더라고요. 오늘은 학생의 말을 담아서 수업시간에 이야기하는 것으로 대신했지만 관찰과 기록은 계속 시도해 보려고 해요.

💡 수업 성찰

오늘 수업에서 학생들은 배려가 무엇인지 알아보기 위해 '배려' 하면 생각나는 단어를 적고, 그 단어를 중심으로 배려는 어떤 마음으로 어떻게 하는 것인지를 떠올려보았다. 그렇게 해서 자신의 언어로 배려를 정의했다. 이렇게 용어에 대해 생각해 보고 스스로 정의를 내리는 과정을 반복하면 체계적으로 개념을 정리할 수 있다.

학생은 배움을 통해 지식의 영역을 넓혀나가고 행동으로 실천한다. 수업시간에는 모두가 같은 내용을 공부하더라도, 결국은 자신이 받아들일 수 있는 만큼씩 배우고 꼭 그만큼씩 성장하는 것이다.

이때 이미 알고 있던 것과 새로 배운 것을 연결시키기 위해서는 스스로 생각해 보는 시간을 갖는 것이 아주 중요하다. 그래서 수업도 학생들이 생각할 시간을 가질 수 있도록 디자인해야 한다. 교과서를 그대로 따라가는 수업에서 벗어나 학생들이 실제로 자신의 삶 속에서 배움을 체득할 수 있는 수업을 구상하는 것이다.

오늘 수업의 핵심 활동은 실제로 우리 주변에서 배려를 실천한 친구들을 찾아 포스트잇에 적는 것이었다. 아이들이 일상생활에서 배려가 필요한 상황에 대해 자연스럽게 생각하고 그것을 실천할 수 있도록 수업을 계획한 것이다.

우리 반도 앞으로는 단원에 들어가기 전에 수업 계획을 학생들과 함께 짜봐야겠다. 학생들도 수업이 어떻게 흘러가는지 파악한 상태에서 해결해야 할 과제(평가)를 만난다면 더 적극적으로 수업에 참여할 수 있을 것이다. 목적과 방향을 정확히 알고, 그것을 생활 속에서 깊이 고민하며, 배움을 통해 조금씩 해결해 간다면 수업은 교사들에게도, 아이들에게도 더 이상 부담스럽고 멀게만 느껴지는 시간이 아닐 것이다.

3

자신의 생각을
정확하게 표현하기

    학교와 교실엔 매일 아이들의 소리가 끊이지 않는다. 쉬는 시간이나 놀이 활동 때는 그 소리가 더욱 커진다. 친구들과 함께 어울리다 보면 웃고 떠드는 소리에 친구들의 목소리도, 자신의 목소리도 잘 들리지 않는다. 그러다 보면 아이들은 사소한 이야기도 목청을 높여 하게 된다.

    그런데 수업시간에 발표할 때는 정반대다. 조용한 교실에서 혼자 말할 때는 자신의 목소리가 크게 들려서인지, 친구들의 이목이 모두 한곳에 집중돼선지 학생들은 낮고 약한 소리를 낸다. 목소리가 기어들어가다 보면 발음도 뭉개져서 귀를 기울여도 알아듣기 어려울 때가 많다. 날이 더운 여름에는 창문을 열고 선풍기를 틀기 때문에 바깥에서, 교실 안에서도 소음이 발생한다. 발표하는 학생의 목소리는 거기에 파묻혀 더욱 듣기 어려워진다.

    꼭 목소리만의 문제는 아니다. 크고 또렷하게 말하더라도 소통이 어려운 경우가 있다. 다른 사람에게 상처를 주거나, 오해를 불러일으키는 말을 할 때가 그렇다. 가령 학생들은 교실에서 무슨 일이 벌어지면 자신의 감정을 표현하기보다는 다른 학생의 잘못을 지적하거나 판단하려 할 때가 있다. '내 생각, 내 감정'이 아닌 '네 잘못, 네 탓'을 말하다 보니, 서로 상처를 받고 감정도 격해져 싸움이 일어나기도 한다.

우리는 자신의 생각을 다른 사람에게 표현하는 방법을 어려서부터 배운다. 하지만 그것은 배운다고 해서 그대로 몸에 익는 게 아니다. 알고는 있지만 뜻대로 되지 않을 때도 있다. 그래서 평소에 꾸준한 연습이 필요하고, 수업시간도 더욱 일상 가까이 다가가야 한다. 배운 내용을 매일 아주 사소한 것에서부터 실천할 수 있도록 말이다.

🔍 수업 들여다보기

2014년 7월 9일 4교시 │ 국어 : 상황에 어울리게 말하기 │ 수업자 : 김보미 선생님

교실 문을 열었을 땐 수업이 시작된 지 3분이 지난 뒤였다. 선생님은 조용한 목소리로 전화를 받고 계셨다.

수업자	(수화기 너머로 수업 중임을 공손하게 이야기하고 끊는다.)
지은	(전화 통화가 끝난 후) 선생님은 두 사람 같아요.
수업자	왜요?

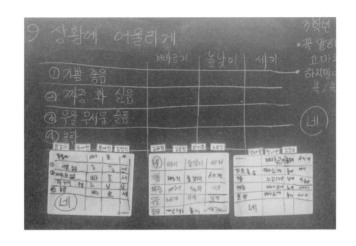

지은   우리한테 말할 때는 크게 말하는데 전화를 받을 때는 목소리가 작고 높임말을 계속 써요.

수업자   왜 그렇게 다르게 말할까요?

지은   우리는 사람이 많고, 전화는 한 사람하고만 말하니까요.

성민   우리는 나이가 적고, 전화한 사람은 나이가 많으니까요.

선호   선생님이 우리 학교 선생님들 중에 제일 어리니까요.

제근   칭찬을 받으려고요.

수업자   선생님이 여러분에게 말할 때와 전화 받을 때 무엇이 달라졌을까요?

수아   빠르기요.

성민   목소리요.

지효   높낮이요.

현기   어조가 달라요.

수업자   같이 읽어볼까요?

학생들	(칠판에 써진 공부할 문제를 함께 읽는다.) 말의 빠르기, 높낮이, 세기를 살려 말하면 좋은 점을 알아봅시다.
수업자	주변에 말이 너무 빠르거나 느린 친구가 있나요? 친구의 말을 들을 때 어떤지 말해 볼까요?
지은	성민이는 '어'가 들어가고, 빨리 말하려다 보니 틀리게 말해요.
선호	현기는 크고 빠르게 말하는데 상대방의 귀가 너무 아프게 말해요.
현기	저는 빠르게 말하지 않는데요.
수업자	상대방은 빠르기, 높낮이, 세기를 나와 다르게 느낄 수 있어요. 우리 반 친구 중에 목소리가 높거나 낮은 친구가 있나요? 그때 나의 느낌은 어떤가요?
유천	현기는 화가 나면 목소리가 높아요. 안 그럴 때는 괜찮아요.
신영	너무 높게 말하면 듣는 사람 귀가 아플 것 같아요.
두리	어…… 사람들이 목소리를 높게 올리면 시끄럽게 들리고 화가 나요.
수업자	두리에게 박수를 쳐줄까요? 다른 사람이 들을 수 있도록 또박또박 말했어요. 두리처럼 발표해 볼 사람?
재근	목소리가 낮으면 대화하기 어렵고, 높으면 고막이 터질 수 있어요.

수업자	(작은 목소리로 힘 있게) 성민이는 자리에 바르게 앉으세요.
	(학생들을 보며) 선생님은 지금 성민이에게 어떻게
	말했나요?
선호	빠르기, 높낮이, 세기가 좀 전과는 달라졌어요.
수업자	어떤 마음을 표현한 것 같아요?
제근	화난 마음이요.
진희	맘에 안 든다는 거요.
수업자	네. 오늘은 이렇게 말의 빠르기, 높낮이, 세기를 살려서
	말하면 좋은 점을 알아보겠습니다.
	234쪽 네 가지 그림을 볼까요?
수업자	첫 번째 아이의 마음은 어떨까요?
제근	기뻐요. 좋은 느낌이에요.
신영	자기가 좋은 일을 맡아서 좋은 마음입니다.
수업자	이번엔 두 번째로 가볼까요?
신영	짝꿍 때문에 짜증나고, 화나고, 하기 싫은 느낌입니다.
수업자	세 번째 학생의 마음은 어떨까요?
유진	엄마한테 혼났어요. 회초리로 맞았을 때입니다.
수업자	어떤 마음일까?
유진	우울해요.
지효	소름끼쳐요.
수업자	(지효를 보며) 무슨 뜻이죠?
학생들	닭살 돋는 느낌입니다.

신영　슬퍼요.

수업자　다음 발표해 볼까요?

근영　놀란 마음입니다.

근영이는 평소 발표를 잘 하지 않고
조용히 수업에 참여하는 학생인데,
조심스럽게 손을 들자 교사가 바로
근영이에게 기회를 주었다.

수업자　지금부터 말의 빠르기,

높낮이, 세기를 결정할 거예요. 기쁠 때 빠르기는요?

제근　중간요.

수업자　높낮이는요?

유진　높아요.

수업자　모둠에서 상황별로 빠르기, 높낮이, 세기를 적어봅시다.

모둠 칠판에 쓰도록 해요. 펜 가지고 오세요.

하균　(모둠 칠판에 '1 기쁨'이라고 쓴다.)

유진　(2번을 쓴다.)

지효　(2번을 지우고 3번을 쓴다.)

유진　(2번을 다시 쓴다.)

하균　(4번 성민이가 쓸 차례인데, 하균이가 쓴다.)

수업자　(모둠활동이 잘 이루어지지 않자 다가가서 줄을 그려준다.)

아이들은 형식적인 것에 관심이 많다. 글씨체나 줄을 맞추느라 쓰고 지우고를 반복한다. 지효는 글씨를 손가락으로 지우고 다시 쓴다. 번호도 줄 맞춰 다시 쓴다. 이렇게 줄을 긋고 글씨를 쓰고 지우느라 활동 주제에 대해 이야기할 시간은 점점 줄어든다.

수업자	모둠활동 과정에서 모둠원이 쓴 글씨를 지웠다고 친구들이 성민이 탓을 하니까, 성민이가 '왜그래?'라고 큰소리로 말했어요. 성민이의 마음은 어땠을까요?
유진	짜증이 났어요.
수업자	성민이의 목소리는 빨랐을까? 느렸을까?
성민	빨랐어요.
수업자	여러분은 언제 기분이 좋은지 생각해 볼까요? (잠시 시간이 지난 후) 내일 하루 종일 놀까요?
학생들	네~!
수업자	여러분의 말이 빨라지고, 높아지고, 세졌군요. 그럼 이번엔, 내일 체육이 아니고 하루 종일 강당에 앉아서 강의를 듣도록 하겠습니다.
학생들	안 돼요.
수업자	여러분은 어떻게 대답했지요?
학생들	늦고, 낮고, 약해요.
수업자	235쪽을 보도록 할게요. 주인공의 이름은 뭐죠?
제근	동이요.

수업자	어떤 점을 주의하며 들을까?
학생들	말의 빠르기, 높낮이, 세기요.
수업자	듣기 준비 됐나요? 준비된 사람은 어디를 볼까요? 화면이나 책을 보면 됩니다.
수업자	(학생들은 준비된 내용을 가만히 듣는다.)
수업자	동이의 하루를 잘 들었나요? 첫 번째 장면에서 동이의 말투를 설명해 볼까요?
신영	동이는 말을 느리게 했어요.
수업자	왜 느리게 했을까요?
성민	피곤해서요.
현기	잠을 계속 자고 싶은데 일어나라고 해서요.
수업자	(다른 장면을 보여준 뒤) 두 번째는 무슨 상황이었어요? 동이의 목소리는 어떤 마음을 표현했을까요?
유진	놀란 목소리요.
두리	말이 빨랐어요.
신영	높았어요.
수업자	세 번째 장면 볼까요?
신영	신호등 조심해서 건너라고 할 때, 어떤 '네'일까요?
유진	큰 길에 택시나 오토바이 등이 있으니까 조심하라고

말하는 '네'입니다.

수업자   목소리의 특징은요?

수아   별로 걱정이 없는 것 같아요.

수업자   동이의 '네'는 어떤 마음을 표현하고 있을까요?

예은   우울한 마음이요.

수업자   어떻게 표현했을까요?

수아   느리고 낮고 약하게 표현했어요.

수업자   여러분도 우울할 때 그렇게 표현하나요?

학생들   네.

수업자   마지막 것 볼게요. (학생들에게 마지막 장면을 보여준다.)

선호   기쁜 마음이요.

수업자   기쁜 마음을 동이는 어떻게 표현했나요?

선호   '네'를 평소와 다르게 말했어요.

수업자   다르게 말하면 무엇이 좋을까요?

신영   듣는 사람이 그 사람의 감정을 알 수 있어요.

수업자   또 다른 좋은 점은 무엇이 있을까요?

제근   기분이 좋아요.

수업자   말하는 사람은 무엇이 좋을까요?

선호   상대방이 불편하지 않게 표현할 수 있어요.

신영   말하는 사람의 마음을 전달할 수 있어요.

수아   다른 친구의 마음을 이해할 수 있을 거라 생각해요.

💬 수업자와의 대화

관찰자   오늘 수업에 대해서 간단히 말씀해 주세요.

수업자   상황에 따라 말의 빠르기와 높낮이, 세기가 다름을 알고 어떻게 표현해야 할지 생각해 보는 수업입니다. 말하는 사람은 상황에 따라 표현하는 방법을 알고, 듣는 사람은 표현을 보고 마음을 아는 것이 중요해요.

오늘 수업에서는 똑같은 '네'라도 어떻게 표현하느냐에 따라 다른 감정을 나타낼 수 있음을 알려주고 싶었는데, 계획대로 되지 않아 당황스러웠어요. 학생들과 함께 이야기하면서 계획에 없는 모둠활동을 갑자기 넣느라, 빨리 끝낼 수 있었던 부분이 길게 늘어진 것 같아 아쉬움이 남아요. 또 동기 유발로 드라마 속에서 말투가 한 음으로 계속 이어지는 장면을 보여주려 했는데, 갑작스레 전화가 와서 못하게 됐어요. 그런데 아이들이 마침 통화하던 제 말투를 언급해서 자연스럽게 이야기하며 진행했어요. 준비한 걸 할 수 없었기 때문에 말의 빠르기, 높낮이, 세기를 비교하는 데 어려움이 있었어요.

관찰자   저는 도입 부분을 자연스럽게 봤어요. 말의 빠르기, 높낮이, 세기가 상황에 따라 달라진다는 것을 학생들이 자연스럽게 배울 수 있는 기회였고, 왜 다른지에 대해서도 생각해 볼 수 있는 시간이었습니다. 오늘 수업에서 특히 강조하고 싶었던 부분이 있나요?

수업자   똑같이 '네'라는 대답이지만 말의 빠르기와 높낮이, 세기에 따라 더 수월하게 대화할 수 있다는 것을 알려주고 싶었어요. 그림 자료의 상황과 그 사람의 마음을 알아보는 활동을 강조했어요.

관찰자 수업시간에 학생들은 자신의 생각을 잘 표현하는 편인가요?

수업자 국어 수업에서는 자신의 마음이나 생각을 말과 글 등으로 표현하는 게 중요해요. 사실 일상생활에서도 자신의 의사 표현을 정확히 하지 않아 문제가 생길 때가 많아요. 교실도 하나의 사회인데, 자기는 생각을 표현하지도 않으면서 상대방이 알아서 뭔가를 해 주기를 바라고, 자신의 생각대로 되지 않을 때는 역정을 낼 때도 있지요. 우리 어른들도 정확한 표현을 하지 않아 오해가 생기는 경우가 많은 것처럼요. 그래서 속상하다, 힘들다, 언짢다, 고맙다 등 자신의 감정을 상황에 맞게 많이 표현했으면 좋겠어요.

관찰자 표현은 않고 상대가 내 마음을 알아주기만 바라다 보면 섭섭하기도 하고 화가 날 때도 있지요. 어려서부터 자신의 생각을 정확하게 표현하는 습관을 갖는다면 주위 사람들과 조금 더 편안한 관계를 유지할 수 있을 것 같네요. 선생님은 어떤 방법으로 소통을 하시나요?

수업자 먼저 저부터 말하는 사람에게 귀를 기울이려고 합니다. 그리고 저 또한 제 생각을 명확하게 표현하려고 노력해요. 학생들에게도 자신의 생각을 정리할 시간을 주고 돌아가면서 그것을 표현하도록 하고 있어요. 물론 말을 하지 않으려고 하는 학생도 있지만요. 하지만 방법이 없는 건 아니랍니다. 그런 아이들은 글로 표현하는 것을 좋아하는 경우가 많아요. 그래서 생각을 먼저 글로 표현하도록 하지요.

💡 수업 성찰

우리는 수업시간뿐만 아니라 일상생활 속에서도 자신의 생각을 정확하게 표현하지 않으면서 상대방이 나의 마음을 잘 알아주기만을 바랄 때가 많다. 그러다 보니 오해도 생기고, 상대방의 감정에 대해 생각하지 않기 때문에 서로 상처를 입히기도 한다. 그렇기에 국어시간뿐 아니라 다른 수업시간이나 일상생활에서도 자신의 생각을 정확하게 표현하는 연습이 필요하다. 이때 교사의 말과 행동은 학생들이 자연스럽게 배울 수 있는 또 다른 교재가 된다.

나는 몇 해 전부터 '비폭력 대화' 연수를 받고, 몇몇 선생님들과 정기적으로 모여 말하기 연습을 하고 있다. 주로 상대방을 평가하기보다 자신의 느낌과 욕구를 있는 그대로 말하기, 그리고 시키는 말투보다 되도록 부탁하는 형식으로 말하기를 연습한다. 이렇게 해야 한다고 이해하는 것은 쉬워 보이지만 실천하는 것은 무척 어렵다.

그래서 생각해 낸 것이 자투리 시간을 이용한 '느낌 나누기 시간'이다. 나는 종이에 느낌말 목록을 적어두고 틈날 때마다 그것을 보며 학생들과 서로의 기분을 이야기하는 시간을 갖는다. 한 명이 자신의 느낌을 이야기하면 다른 친구들은 말하는 친구를 바라보며 그의 이야기에 귀를 기울인다. 듣기와 말하기, 느낌 나누기까지 할 수 있는 활동이므로 요즘처럼 다른 사람의 말을 듣기보다 자신의 말을 하기 바쁜 시대에 꼭 필요한 활동이라 생각한다.

아이들과의 소통을 위해서라도 교사인 나부터 올바른 언어 표현에 관심을 가져야겠다. 관찰과 판단을 구별하고, 아이들을 섣불리 판단하지 않도록 주의할 필요가 있다. 또 상대를 지적하기보다 나의 느낌을 중심으로 말하면 듣는 사람이 공격이나 비난을 받는 느낌을 덜 받게 될 것이다.

4

스스로 질문하고
답을 찾는 수업

교사들은 저마다 주어진 조건 속에서 교육과정을 재구성하며 '의미 있는 수업 만들기'에 힘을 쏟고 있다. 나 역시 어떻게 하면 수업을 일상생활과 연결할 수 있을지 매 순간 고민한다. 하지만 과연 교사의 교육과정 재구성이 곧장 학생들의 배움을 의미할까? 바로 그렇다고 대답하기는 힘들 것 같다.

교사가 볼 때는 교육과정을 재구성해 뭔가 의미 있는 것을 만들 수 있을 것 같지만 국가가 만들었든, 교사가 만들었든 학생의 입장에서는 주어진 교육과정을 따라간다는 사실에 변함이 없다. 그래서 교사가 시간을 갖고 고민하고 연구하는 만큼, 학생들에게도 탐색하며 성장하는 시간이 필요하다. 이때 가장 좋은 방법 중 하나는 학생 스스로 질문을 갖게 하는 것이다.

궁금한 것이 생기면 학생들은 정보를 찾고 스스로 공부하며, 거기에 대해 이해하려는 마음이 커진다. 질문을 만들면서 생각하고, 질문에 답을 하기 위해 또 생각하며 사고력은 향상된다. 그러면서 우리가 흔히 말하는 자기 주도 학습의 동력도 얻을 수 있다.

이때 교사가 질문에 직접 답을 하기보다는 친구들과 자연스럽게 묻고 답하는 시간을 갖도록 해 주는 게 좋다. 당장 해결하기 어려운 문제는 앞으로 공부할 과제로 남겨도 좋다. 학생은 계속해서 그 질문을 붙들고 스스로 학습하는 방법을 터득해 갈 것이다.

🔍 수업 들여다보기

2014년 7월 14일 5교시 │ 과학 : 자석 주위에서 일어나는 현상   수업자 : 지경준 선생님

수업자	지난 시간까지 무엇에 대해 배웠나요?
정효	정수기를 만들었어요.
태민	환경에 대해 배웠어요.
수업자	과학에서 생태계와 환경을 공부했는데, 사회시간에 환경친화적 국토 개발을 공부했지요?
정효	과학시간에 공부한 내용을 사회시간에도 배웠어요.
수업자	오늘은 생태계를 마치고 자기장에 대해 공부할 거예요. (끝에 클립을 매단 실을 칠판에 붙여놓았다.)

(자기장을 이용해 클립을 움직이며) 클립을 움직여볼게요.

학생들   우와!

수업자   클립하고 자석이 떨어졌는데,

어떻게 클립이 뜰 수 있을까요?

태민   자석의 끌어당기는 힘 때문에요.

선미   지구처럼 자석이 무거우니까요.

수업자   클립이 자석과 직접 닿지 않았는데도 자석 주위에 뭔가

일이 일어나고 있죠? 자석 주위에서 왜 이런 일이

일어났는지 알아볼게요. 자, 이제 실험을 해 볼 건데요.

자석 주위에 어떤 일이 일어나는지 생각하면서

실험을 하면 됩니다. 바구니를 나누어줄게요. 바구니

안에는 아크릴 판이 있어요. 아크릴 판 밑에 막대자석을

놓고, 위에는 철가루를 뿌릴 거예요. 철가루가 자석에서

	어떻게 놓이는지 실험해 봅시다.
	철가루를 뿌릴 때 주의할 점은 무엇일까요?
태민	후추나 소금을 뿌리듯이 살살 뿌립니다.
수업자	네. 살살 뿌리고, 모양이나 형태가 나오면 실험 관찰책 78쪽에 그려보세요.
재은	다 했다. (자석을 움직이며) 완전 신기하다.
수업자	뭐가 신기해요?
재은	움직이는 것이 신기해요.
수업자	다 했으면 막대자석을 한 개 더 들고 두 개로 해 봐요. 그리고 또 철가루를 살살 뿌린 후 그려보세요. 선미가 나와서 그려볼까요?
선미	(컴퓨터로 가서 그림판을 이용하여 관찰한 내용을 그린다.)
수업자	(막대자석 주위에 철가루가 놓인 그림을 보고) 창호에게 물어볼게요. 양쪽 극에 철가루가 많이 그려졌네요. 왜 양쪽 극에 철가루가 많이 몰렸을까요?
창호	(한참 동안 골똘히 생각한 뒤) 자석의 힘이 강해서요.
수업자	자석 주위에서 일어나는 일이라고 했죠? 자석과 철가루가 붙었나요?
재은	아니요.
수업자	왜 안 붙었죠?
정효	아크릴 판 때문에요.
수업자	자석의 힘이 무엇을 뚫고 갔나요?

정효   아크릴 판을 뚫고 전달됐어요.

수업자   이번엔 두 번째 실험을 할 건데, 먼저 나침반을

        확인할게요. 여러분 앞에 나침반이 있나요?

선미   네.

수업자   나침반을 앞에 놓아봐요. 막대자석은 가운데 놓고요.

        앞의 그림과 똑같이 놓을 수 있을까요?

학생들   네. (나침반을 놓는다.)

은영   방향이 달라.

정효   우리가 마주 보고 있으니까 다르지.

은영   우리 쪽이 두 명이니까 우리 쪽에서 보고 이렇게 놓을게.

        (선미와 함께 나침반을 순서대로 놓는다.)

수업자   나침반의 빨간색은 뭘 가리켜요?

정효   북쪽을 가리켜요. (자기 쪽 방향이 아니어선지 활동을 멈췄다.)

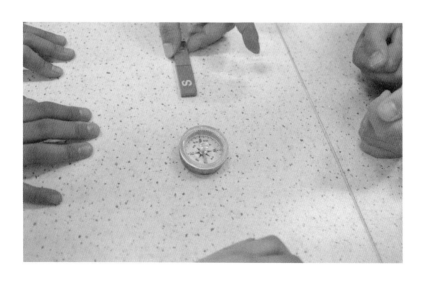

수업자	정효는 방향이 다르니까 불편하죠? 반대쪽으로 이동해서 그려보세요.
정효	(이동해서 그리기 시작한다.)
태민	(다른 모둠에서 큰소리로) 아! 여기가 N인데 같이 안 붙으니까 S쪽으로 가고, S는 S끼리 안 붙으니까, N으로 가요.
수업자	나침반의 빨간 바늘을 빨간색으로 그리세요.
선미	(철가루로 실험을 계속한다.)
수업자	다 그렸어요?
학생들	네.
수업자	수아가 앞에 나와서 그려봅니다.
수아	(그림판에 빨간색을 칠한다.)
수업자	관찰 결과를 볼까요? 나침반의 빨간색이 무슨 극이에요?
학생들	N극이요.
수업자	파란색은요?
학생들	S극이요.
수업자	상빈이가 설명해 볼까요?
상빈	일단 여기에 N극과 S극이 있습니다. N극은 S극을 끌어당기니까 N극에는 S극이 옵니다.
수업자	N극과 S극은 서로 끌어당기죠? 자석과 나침반이 서로 만났나요?
은영	조금 떨어져 있어요.

수업자	만나지 않았는데
	끌어당기는 힘을
	무엇이라고 할까요?
창호	중력이요.
선미	자기상이요.
수업자	그래요. 자기장을 확인하기
	위한 실험이었고요. 단원
	이름도 자기장이에요. (단원 이름을 '자기장'이라고 쓴다.)
	비커에 물이 담겨 있어요. 나침반은 한 개만 이용하고요.
	물을 채운 비커를 가운데 두고 막대자석과 나침반의
	거리를 달리해 보겠습니다. 이 실험으로 무엇을
	알 수 있을까요?
태민	자기장이 미치는 거리를 알 수 있어요.
수업자	거리가 몇 cm인지 알아볼까요? 자기장이 미치는
	거리인데, 물을 통과했을 때와 그렇지 않을 때 자기장이
	미치는 거리를 알아보세요. (아이들이 활동을 끝낸 후)
	물이나 사람 손이 있으면 자기장이 미치는 거리가
	줄어들 거예요. 여기까지 공부했는데, 오늘 수업에서
	궁금했던 점을 질문 공책에 한 가지만 적어보세요.
학생들	(공책에 질문을 적는다.)
수업자	질문을 읽어볼까요?
창호	철은 어떻게 만들어졌어요?

수업자 철은 지구가 만들어질 때 함께 만들어졌어요. 철이 자석에
      가까워지면 철 자체가 자석에 가깝게 만들어져요.
      이것을 '자화'라고 해요.

정효 자석은 무엇으로 만드나요?

수업자 자철석이라는 암석으로 만들 수 있어요.
      그런데 자석 말고 자기장을 만들 수 있는 것이 또 있어요.

창호 건전지요.

수업자 어떻게 알았죠? 네, 전류가 흐르는 곳에 자기장이 생겨요.
      자석도 없는데 자기장이 생기는 것이죠. 다음 시간에는
      전류 주변에 만들어지는 자기장에 대해 공부할 거예요.

💬 수업자와의 대화

관찰자 오늘 수업은 어떤 수업이었나요?

수업자 자기장 단원인데 학생들은 3학년 때 자석에 대해 공부했고, 6
학년 때는 전류에 의해 발생하는 자기장에 대해 다룹니다. 전류가 흐를
때 나타나는 자기장과 자석의 자기장이 같다는 걸 알게 되지요. 또 이
러한 성질을 이용하여 센 자기장을 만드는 데 무엇이 필요한지 찾는 탐
구 활동을 합니다. 자석 주위에서 일어나는 현상이 무엇 때문인지 관찰
하고, 그것이 자기장이라는 걸 이해하게 됩니다.

수업을 시작할 때 자석이 클립 가까이 가면 클립을 끌어당기는 모습을

보여주며 학생들의 흥미를 유발했어요. 실험은 막대자석 위에 투명 아크릴 판을 놓고 철가루를 뿌린 다음 철가루가 자석 주위에서 놓이는 형태를 관찰하고, 이것이 무엇 때문인지 생각하는 과정으로 이뤄졌습니다. 또 나침반의 바늘과 자석이 직접 닿지 않아도 근처에 가면 영향을 받는다는 것을 관찰했어요. 이것이 자기장 때문이라는 걸 아이들 스스로 유추하도록 했습니다. 도전 과제에서는 자기장이 어떤 물체에 가로막혀 있다고 해서 사라지지 않는 다는 것을 살펴봤어요.

관찰자　도전 과제는 어떤 의도로 어떻게 운영하고 있나요?

수업자　학생들이 실험을 빨리 끝낼 경우, 남은 시간에 교사가 한 단계 높은 수준의 문제를 내는 경우가 종종 있어요. 창의 과제를 활용하거나 다른 자료를 참고해서, 단순 관찰 실험이 빨리 끝날 것 같으면 사전에 도전 과제를 기획해요.

관찰자　오늘 수업은 여백을 찾을 수 있어서 특히 좋았어요. 저는 수업 시간에 학생들에게 생각할 시간을 자주 주는 편인데, 그때 침묵의 시간이 오면 가끔 어색하기도 해요. 선생님은 어떤가요?

수업자　저도 교사가 학생들에게 생각할 시간을 보장해 줘야 한다고 생각해요. 학생들은 교사의 수업을 참관하는 사람이 아니라, 스스로 수업을 만들어가는 주인공들이죠. 그래서 시간이 좀 걸리더라도 고민하고 문제를 해결할 시간을 주기 위해 노력하고 있어요.

관찰자　질문 공책을 활용할 때 아이들의 질문 수준이 높고 살아 있는 느낌이었어요. 질문 공책은 수업시간마다 적나요?

수업자　과학교과 특성상 학생들의 호기심이 질문으로 이어지도록 하고 있어요. 시간이 남으면 답을 생각하는 시간을 가질 때도 있고요.

관찰자　질문 공책 활용의 좋은 점은 무엇인가요?

수업자　형식적인 질문도 있지만, 때로는 질문을 통해 아이들의 이해 수준이 높아지는 것을 느껴요. 세련된 질문이 나오기도 하고, 특정 문제에 대해 생각해 보고 마무리할 수 있어 도움이 돼요. 과제로 남기는 것보다 생각해 보는 시간을 가지면 사고력을 기르는 데 좋아요. 스스로 과제를 찾아 적극적으로 해결하는 계기가 되기도 하고요.

교사가 모든 아이들에게 주는 일방적 과제가 아니라 학생 개개인에 맞는 맞춤형 과제이기 때문에 학기말인데도 아이들이 열심히 해요. 또 학생들이 주위 사물이나 현상을 그냥 넘기지 않고 왜 그런지 생각하는 습관을 들이다 보니까, 수업에서 그 의문이 해결되면 더욱 좋아하는 것 같아요.

관찰자　과학 수업에 대한 선생님만의 철학은 무엇인가요?

수업자　실험은 쉽고 재미있어야 해요. 아이들이 해 볼 만해야 해요. 쉬운 실험을 가지고 많이 생각하고 이야기하게 해야 합니다. 호기심을 일으키는 쉬운 과제로 배움이 즐거운 일이란 걸 경험하면 좋겠어요. 배움이 즐겁다는 걸 알면 스스로 공부할 수 있는 힘이 생겨요. 하지만 교육과정 내용을 보면 실험 자체가 단계가 많아 복잡하기도 하고, 심지어 중학교 과정과 연계되는 부분도 있어요. 그래서 실험을 빼거나 재구성하기도 어려울 때가 많아요.

관찰자　지금 상황에서는 어떤 대안이 있을까요?

수업자　지금처럼 차시별로 단절된 수업으로는 어려울 것 같아요. 제 경우는 미션을 완성하면서 성취감을 느낄 수 있는 수업으로 재구성해 보려고 해요. 생태 지도 전문가 되기, 전자석 전문가 되기 등으로 프로젝트 수업을 진행하는 것이 학생들에게 더 의미가 있지 않을까요?

🔅 수업 성찰

흔히 '19세기 교실에서 20세기 교사가 21세기 아이들을 가르친다'는 이야기를 한다. 시대는 변하는데 학교 시스템과 교사의 사고 방식은 아직도 기존 틀을 벗어나지 못하고 있음을 꼬집는 말이다.

교사가 생각하는 학생상은 예전과 별로 달라진 점이 없다. 하지만 사회가 변하면서 아이들도 이미 변하고 있다. 그것도 아주 많이. 이런 변화를 그냥 지나치지 말고, 이제는 교사도 변할 때가 됐다. 학교는 왜 존재하는지, 수업은 어떤 의미가 있는지, 교육 주체 간의 관계는 어떻게 형성되어야 하는지 등을 동료 교사와 함께 이야기하고 연구하며, 교사의 역할을 찾을 필요가 있다.

오늘 수업자는 학생들 스스로 생각하도록 하기 위해 도전 과제와 질문 공책을 활용했다. 덕분에 학생들은 단순히 알고 끝나는 지식이 아니라, 그로 인해 자신이 어떤 생각을 갖게 되었는지 확인해 볼 수 있었다.

이제까지의 수업은 교사가 가장 많이 공부하고, 가장 많이 질문하고, 가장 많이 고민하면서 디자인되어왔다. 하지만 이제는 학생이 질문을 하고 해결 방안을 찾는 학생 중심 수업으로의 전환이 필요하다. 또 교사는 학생들의 다양한 시도를 받아주고, 관용적인 분위기를 만들려고 노력해야 한다. 학생들이 무엇을 말하든 자신의 생각을 거리낌 없이 말할 수 있도록 들어주어야 한다.

5

한 명의 학생도
소외되지 않도록

　교실은 다양한 학생들이 함께 모여 생활하는 곳이다. 당연히 수업시간 학습 태도도 각양각색이고 이해하는 속도도 천차만별이다. 아이들은 가족과 함께 사는 모습도 제각각 다르고 살면서 경험한 것도 서로 다르다. 그러니 이렇게 다양한 아이들을 모두 데리고 수업 목표를 달성한다는 것이 교사의 노력만으로는 힘들 때가 많다. 모든 아이들의 기초가 탄탄하고 모두가 교실에서 정한 규칙이나 약속을 잘 지킨다면 모르겠지만, 그러기는 좀처럼 쉽지 않다.

　학생들 가운데는 건강이 좋지 않아 뭔가를 배우기 전에 학교에 다닌다는 자체만으로도 대견한 학생이 있고, 학습량에 부담을 느껴 수업시간에 앉아 있는 것만으로 고통스러워하는 학생도 있다. 그런가 하면 가정환경이나 교우 관계가 좋지 않아 심리적으로 불안을 느끼고, 학습할 준비가 전혀 되어 있지 않은 학생도 있다.

그래서 한 명의 학생도 배움에서 소외되지 않는 수업을 진행한다는 것은 생각보다 쉽지가 않다. 그렇다면 수업에서 소외되는 아이들을 다시 배움으로 끌어오려면 어떻게 해야 할까? 오늘 수업에서는 이 점을 중점적으로 관찰해 보려 한다.

수업 들여다보기

2014년 10월 31일 4교시 | 수학 : 분수로 나타내기 | 수업자 : 김보미 선생님

우리 학교에서는 대학생 멘토링을 활용하여 수업시간에 이해가 늦은 학생들을 돕고 있다. 덕분에 우리 반도 수학시간에 대학생 멘토에게 많은 도움을 받는다. 오늘 관찰 수업은 대학생 멘토가 함께해서 특별히 기대가 된다. 교실에 두 명의 교사가 있어선지 어떤 상황에도 잘 대처할 수 있을 것 같아 든든하다.

수업자	(분수 실물을 칠판에 제시하며) 어떤 수죠?
학생들	분수요.
수업자	분수를 언제 배웠나요?
학생들	1학기 때 배웠어요.
현기	분수는 분모 분의 분자입니다.

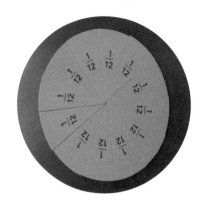

수업자 부분과 전체로 나타내면
　　　　어떻게 될까요?

학생들 전체 분의 부분입니다.

수업자 12분의 1은 12개 중에
　　　　몇 개인가요?

학생들 1개입니다.

수업자 12분의 3은 12개 중에

몇 개 인가요?

학생들 3개입니다.

수업자 12분의 12는 12개 중에 12개, 그래서 한 판이 되었어요.

오늘은 짱구 이야기로 시작하겠습니다.

짱구와 친구들이 간식을 먹으려 하고 있어요.

간식으로는 맛있는 포도를 먹을 거예요.

그런데 포도가 7개밖에 없어요.

포도를 12개 올려놓는데 7개 밖에 남지 않았네요.

누군가 5개를 먹었어요. 누가 먹었죠?

현기 짱구가 먹었어요.

수업자 짱구가 먹은 포도는 전체 중에 얼마일까? 1학기 때 배운

내용을 복습해 볼까요? 1학기와 무엇이 다른가요?

학생들 그림이 달라요.

수업자 포도는 한 개, 한 개인데 1학기 때는 하나를 몇 개로

나눴나를 배웠어요. 오늘은 하나하나 떨어져 있네요.

	1은 7의 몇 분의 몇이죠?
학생들	7분의 1입니다.
수업자	9는 7의 몇 분의 몇이죠?
학생들	7분의 9입니다.
수업자	네모는 7의 몇 분의 몇인가요?
학생들	7분의 네모입니다.
수업자	우리 반 전체는 12명입니다. 분수로 표현해 볼까요?
유진	남자는 12분의 8입니다.
지효	여자는 12분의 4입니다.
성민	안경 낀 사람은 12분의 4입니다.
수업자	자, 그럼 이제 수학 익힘책 61~62쪽을 해결해 봅시다.
학생들	(개별적으로 문제를 푼 후, 정답지를 보고 스스로 채점한다.)

대학생 멘토는 교사가 요청했는지, 한 학생의 옆에 앉아서 문제 푸는 것을 돕고 있다. 그러다 도움을 청하는 학생이 있으면 그 학생 곁에 가서 문제 푸는 것을 도와준다.

수업자 오늘 배운 내용을 수학 공책에 한 문장으로 정리해서 적어보겠습니다. 분수로 나타내기를 배웠으니까, 새롭게 알게 된 점을 중심으로 적으면 좋겠네요. 다 적었으면 발표해 볼까요?

지은 짱구로 분수가 뭔지 배워서 재미있었어요.

선호 전체를 똑같이 12로 나눈 것 중의 5는 12분의 5라는 것을 알았어요.

성민 분수를 배웠어요. 짱구 덕분에 분수를 더 잘 알게 됐어요.

💬 수업자와의 대화

관찰자 오늘 수업에 대해 말씀해 주실래요?

수업자 분수의 첫 차시로 두 자연수 사이의 관계를 분수로 나타내보는 수업입니다. 그런데 이 단원 자체가 3학년이 이해하기에는 어려운 편이에요. 그래서 학생들이 쉽게 이해할 수 있도록 캐릭터 짱구를 끌어와서 스토리텔링을 활용했어요. 그 덕분인지 학생들의 수업 몰입도가 높은 편이었어요. 하지만 구체적인 활동을 짜지 못해 교과서 위주로 진행한 것이 아쉬워요.

관찰자　참 어려운 부분인데 학생들이 대답을 잘하는 것이 신기했어요. 수학 교과서 활용은 어떻게 하고 계신가요?

수업자　대답을 잘하긴 했지만 주어진 형식에 따라 약간은 기계적으로 대답한 면도 있다고 생각해요. 그래도 학생들이 흥미를 느끼며 참여했고, 다음 차시부터는 구체물을 가지고 조작 활동을 하며 문제를 해결할 계획이어서 좀 더 쉽게 이해할 수 있지 않을까 해요. 평소 수학 교과서는 학습 활동을 충분히 한 후 마무리할 때 문제 풀이용으로 활용해요. 교과서만 따라가다 보면 스스로 사고하는 과정 없이 주어진 순서에 따라 수동적으로 학습하기 때문에 지양하는 편이에요.

관찰자　수학 수업을 하면서 답답하거나 힘들 때는 언제인가요?

수업자　수학에 대한 학생들의 흥미도가 많이 다릅니다. 수학을 좋아하는 학생이 있는가 하면 수학에 두려움을 갖고 있는 학생도 있어요. 그런 학생들은 1~2학년 때 배웠던 내용을 충분히 이해하지 못한 상태여서 수업시간에도 저에게 도움의 눈빛을 보내는데, 교사는 1명이고 도움이 필요한 학생은 많아 안타까울 때가 있어요.

관찰자　그래서 우리 학교에서는 대학생 멘토링 제도를 도입했는데 선생님은 어떻게 활용하고 있나요?

수업자　저 같은 경우엔 수업을 따라오는 데 어려움을 겪는 학생들을 대학생 멘토가 중점적으로 돕도록 하고 있어요. 우리 반은 특히 수학 학력 편차가 큰 편이어서 많은 도움이 돼요. 반 학생 중에 학습 도움실로 가서 수업을 해야 하는 학생이 있는데, 아이가 교실에서 수업 받기를 희망해서 대학생 멘토와 함께 수업을 받도록 했어요. 자리도 아예 그 학생 곁으로 지정해 주었지요. 아직 곱셈, 나눗셈을 이해하지 못하는 단계여서 덧셈과 뺄셈 자료를 별도로 만들어 전담하고 있어요. 이외에도 컴퍼스를 사용할 때처럼 기능적으로 교사의 도움이 필요할 때 2명이서 움직이니 많은 도움이 돼요.

관찰자　많은 교사들이 학습에 곤란을 겪는 아이들을 가르치는 것을 힘들어합니다. 선생님은 어떤 방법을 활용하나요?

수업자　우선 학습 클리닉, 멘토링 등 학교 차원에서 지원을 받을 수 있는 부분이 있으면 그걸 적극적으로 활용해요. 또 학습량을 최대한 줄여주기 위해 수업시간 한 시간 동안 한 문제만이라도 제대로 풀도록 합니다. 학생 수준에서 흥미와 자신감을 갖는 것이 중요하니까요. 하지만 때로는 이런 노력들을 해도 눈에 확 보이는 효과가 있는 게 아니어서 안타까운 생각이 들기도 해요.

관찰자　이런 학생이 나오지 않도록 우리 학교에서는 기초 학습 능력을 강화하고, 수학 편차를 줄이기 위해 디딤돌 학습을 운영하고 있지요. 저희 6학년에서는 문제지를 만들어 매주 두 번 아침에 학교에 오면 문제를 풀고 스스로 채점을 하도록 합니다. 어려운 문제는 교사가 알려 주고, 학생이 설명을 이해했는지 문제 풀이 과정을 살펴보기도 하지요. 이렇게 이해한 문제를 반복해서 풀기 때문에 기본적인 연산 문제는 대부분의 학생들이 자신감을 갖고 풉니다. 선생님이 계신 3학년은 어떤가요?

수업자 3학년에서도 문제지를 활용하여 학생 수준에 따라 해결하게 하고 있어요. 1~2학년 과정의 문제지를 해결하는 학생도 있고, 3학년도 단계에 따라 난이도를 달리 해서 운영합니다. 자신의 수준에 맞는 문제를 푸니까 학생들이 조금은 수학에 자신감을 갖게 된 것 같아요. 또 지속적으로 운영하니까 문제해결력을 키우는 데도 도움이 되고요.

💡 수업 성찰

누구도 배움에서 소외되지 않았으면 하는 것은 교사인 우리 모두의 바람이다. 하지만 이런 바람은 교사 혼자만의 노력으로는 이뤄지기 어려울 때가 많다.

수업을 하다 보면 어떤 교과에 대해 마음의 문을 닫고 나오려 하지 않는 학생도 있고, 이해가 느려 수업시간에 배운 내용을 그 자리에서 완전히 소화하지 못하고 부진이 누적되는 학생도 있다. 그런 학생들은 고학년으로 올라갈수록 학습에 더욱 어려움을 겪는다. 게다가 교육과정은 정해져 있고, 거기에 맞추려다 보니 학습할 양은 많으며, 학급에 교사는 한 명이다. 그래서 도움이 필요한 학생을 그때그때 돌봐줄 보조 교사가 더욱 필요하다.

그래도 최근에는 초등학교에서 사범계열 대학 3~4학년의 멘토링제 운영이 확대되어 필요한 학생이 도움을 받을 수 있는 시스템은 갖춰졌다. 하지만 여전히 한시적으로만 운영되고 있어 제도를 손볼 필요가 있다.

아울러 학습에서 뒤처지는 학생들을 위한 체계적인 교육 시스템이 갖춰져야 한다. 부진 요인을 가질 수밖에 없는 심리적·환경적 요인을 알아내고, 그 부분을 먼저 보살펴야 자연스럽게 공부에 관심을 갖게 되기 때문이다. 학생이 편안한 마음으로 학습에 집중할 수 있는 여건이 우선 조성되어야 한다.

교사의 역할도 중요하다. 물론 모든 학생이 수업에 열정적으로 참여하면 더 바랄 것이 없겠지만 현실적으로 그러기는 어렵다. 수업시간 직전에 싸움을 하고 분노에 휩싸여 씩씩거리는 학생도 있고 수업시간에 자리에 앉아 있는 것 자체가 곤욕인 학생도 있다. 하지만 교사가 이런 학생들의 행동에만 너무 집중하면 도움이 되기보다 오히려 갈등만 커질 수 있다. 학생이 '선생님은 항상 나를 도와준다'고 믿을 수 있도록 평소에 관계를 잘 형성하는 것이 중요하다. "못해도 괜찮아! 함께 가자!" 이렇게 마음을 느긋하게 먹고 대화를 통해 자연스럽게 서로를 이해하려는 노력이 필요하다.

수업친구에게서
관계를 배우다

박형종 선생님의
수업 관찰기

──────── 수업친구와의 인연은 뜻하지 않게 찾아왔다.

나는 다른 교사들에 비해 이곳저곳을 많이 옮겨 다닌 편이다. 나고 자란 곳은 광주지만 부산에서 교대를 나와 울산에서 교사 생활을 시작했다. 그러다 시간이 흘러 고향으로 돌아가고 싶다는 생각에 이곳 광주로 오게 되었다.

고향으로 돌아가면 마냥 익숙하고 편할 것 같았지만 그렇지 않았다. 처음 교직 생활을 시작했던 울산과 광주는 환경이 많이 달랐고 나에겐 모든 것이 낯설고 어색하기만 했다. 바뀐 환경에 적응해야 한다는 생각에 나는 있는 듯 없는 듯 조용한 교사로 지내며 한 해 두 해 다른 듯 똑같은 일상을 보내고 있었다.

그때까지만 해도 교실은 우리 반만의 비밀스런 공간이었다. 특별히 학부모 공개나 동료 장학이 있는 날이 아니면 교실은 나와 아이들만의 무대였다. 수업을 하더라도 누군가 와서 볼 일이 없으니 그냥 그동안 하던 방식 그대로 수업을 하면 그만이었다.

'익숙함'이 '편안함'이라는 말로 포장되는 경우가 많은데 나는 이 포장된 익숙함에 빠져 한동안 정체되어 있었던 것 같다. 그러다 보니 매일매일이 새롭게 펼쳐지는 나날들임에도 불구하고 나에겐 그렇게 느껴지지 않았다. 나는 하루하루를 그저 다른 날들과 똑같은 날인 것처럼 느끼며 흘려보냈다. 물론 교육과 학급경영에 관한 책들도 찾아 읽고 실제 수업에 적용도 해 보며 나름대로 노력을 하지 않은 것은 아니지만, 그러다가도 이내 혼자서 방법을 찾겠다고 고민하는 데 지쳐 교육에 대한 열정까지 희미해지곤 했다.

바로 그 즈음 나에게 말을 건네는 선배를 만나게 되었다. 나름 조용히 지내는 것에 익숙해져가고 있을 무렵 선배는 나에게 대뜸 물었다.

"넌 어떤 교사가 되고 싶냐? 교사로서 네가 하고 싶은 게 뭐야?"

나는 선배의 질문에 당황했고, 그 질문이 조금은 불편하기까지 했다. 그동안 교사로서 특별히 뭔가가 되어야겠다고 생각한 적이 없었기 때문이다. 아마 그때 나는 교사로서의 내 모습이 부끄럽지는 않지만, 그렇다고 자랑스러운 것도 아니었기에 그런 감정을 느꼈던 것 같다. 하지만 선배가 던진 질문은 불편하다고 해서 모른 체하고 지나갈 수 있는 것들이 아니었다.

나는 그 일을 계기로 하루하루를 그냥 지나가는 날들로 소모해 버리기보다 '내가 생각하는 교사'가 되는 길로 향하는 걸음이라 여기고 매일 조금씩 성장하고 싶다는 생각을 갖게 되었다.

그러던 어느 날, 선배는 나에게 서로의 수업을 관찰해 보면 어떻겠냐는 제안을 해 왔다. 그러면서 보여주고 평가받기 위한 게 아니라 있는 그대로의 일상수업을 공개하고 진심어린 피드백을 주고받으며 서로에게서 배우기 위한 것이라는 설명도 함께 덧붙였다.

교사로서 나의 삶에 좋은 영향을 줄 기회가 될 것이라는 생각에 나는 선뜻 좋다고 대답했다. 그리고 얼마 지나지 않아 뜻을 함께하는 다른 학교 선생님들과도 만나게 되었다. 앞으로의 진행 방향과 교직에 대한 이런저런 생각을 나누면서 나는 어느덧 자신도 모르게 '수업친구' 모임의 일원이 되어가고 있었다. 예기치 않게 시작된 모임이지만 일상수업 관찰이 내가 교사로서 성장하는 데 많은 양분이 돼줄 것 같은 기분 좋은 예감이 들었다.

변화를 위한
첫걸음 ─────

수업친구를 맺고 일상수업 공개를 시작했을 때 나는 6학년 담임을 맡고 있었다. 사춘기인 아이들과 부대끼며 지내다 보니 훈계라는 미명 아래 덩치 큰 아이들과 보이지 않는 감정 싸움을 하는 일이 잦았다. 문제를 일으킨 학생을 반 전체가 보는 앞에서 꾸짖은 적도 더러 있었다. 물론 나는 아이가 잘 됐으면 하는 바람이었지만, 어쩐지 그러면 그럴수록 아이의 마음에서 내가 점점 멀어져가는 것을 느꼈다.

그렇게 고민에 빠져 있을 즈음, 수업 공개를 통해 나이는 많으시지만 아이들과 편안하고 따뜻한 관계를 유지하는 옆 반 선생님의 수업을 우연히 관찰하게 되었다. 수업 후 선생님과 이야기하며 그동안 알고는 있었지만 실천하지 못했던 나의 행동들을 되돌아보게 되었다. 그리고 스스로 바뀌겠노라 다짐했다.

내 첫 번째 다짐은 '아이들이 어떤 잘못을 했을 때 그 잘못을 친구들 앞에서 꾸중하지 말자!'였다. 그런 방법은 그 학생과의 관계에 좋지 않을 뿐 아니라 반 전체의 분위기에도 좋지 않기 때문이다. 그리고 또 하나의 다짐은 '수업시간에 교탁 근처에만 머물지 말고, 아이들 속으로 들어가자!'다. 아이들 한 명 한 명을 좀 더 가까이서 바라보고, 내가 어떤 부분에서 어떤 도움을 줄 수 있는지 파악하기 위함이다.

하지만 사람이 바뀌는 것은 시간과 정성이 필요한 일이기에 그것을 실천하기란 마음먹은 것처럼 쉽지 않았다. 내가 변하고자 한다고 해서 주변 상황이 그 타이밍에 맞춰 돌아가주는 것도 아니고, 내가 원하는 방식대로 주어지지도 않는다. 그래서 뜻하지 않게 아이들로 인해 마음이 얼룩질 때도 있고, 쉽게 지쳐 포기하는 경우도 많다.

처음엔 학생들도 평상시와 다른 내 모습을 자연스럽게 받아들이지 못했고, 나 역시도 평상시와 다른 모습으로 다가가려니 조금은 어색했다. 그때마다 내가 했던 다짐을 떠올리며 마음을 다잡았다. 포기하지 말고 좀 더 여유를 갖고 노력해 보자는 마음으로 나는 어제보다 오늘 더 가까이, 조금씩 조금씩 아이들에게 다가가기 위해 노력했다. 그리고 그렇게 가까이서 이야기를 듣다 보니 학생 한 명 한 명이 좀 더 자세히 보이기 시작했다.

이런 내 다짐들이 학생을 진정으로 사랑하고 그 사랑을 행동으로 실천하는 선생님들에게는 대단한 것이 아닐 수도 있다. 하지만 나는 가르치는 데 정답이 있다고 말하거나 '참된 교사' 같은 거창한 이야기를 하려는 게 아니다. 더 나은 교사가 되기 위해서는 위대한 목표보다는 스스로 변하고자 하는 마음가짐, 그리고 그것을 실천하려는 의지가 더욱 중요하다.

수업친구를 맺은 지 1년이 지난 지금 나는 새로운 학년, 새로운 아이들의 담임이 되어 있다. 내가 말할 수 있는 것은 비록 최고의 교사는 아니라 할지라도 일상수업 공개를 통해 전보다 더 나은 교사가 되었다는 것이고, 그 경험을 양분 삼아 변화의 노력을 계속해서 이어가고 있다는 것이다.

소중하고 좋은 것은 나누라고 했다. 해서, 나와 비슷한 고민을 하는 선생님이 있다면 교실 문을 열고 수업친구의 교실에 들어가보라고 권하고 싶다. 저마다의 특별하고 소중한 경험이 여러분을 기다리고 있을 것이다. 이 책을 읽는 많은 선생님들이 그 경험을 통해 변화의 기회를 만날 수 있기를 바란다.

수업을 기록하다

우리는 왜 아이들에게 일기를 써보라고 권하는 것일까? 아마 생각을 글로 정리하다 보면 자기 자신을 좀 더 세밀하게 들여다볼 수 있기 때문일 것이다. 글로 생각을 정리하는 일은 어른인 교사들에게도 마찬가지로 굉장히 중요하다. 그리고 이 사실을 모르는 사람들도 거의 없을 것이다.

하지만 많은 선생님들이 이를 실천에 옮기지는 못한다. 학교에는 뜻하지 않게 갑자기 처리해야 할 일이 많기 때문이다. 그렇게 이 일 저 일에 치이다 보면 뭔가를 깊이 관찰하고 기록하겠다던 다짐은 어느새 다른 많은 일거리 중의 하나로 느껴지곤 한다.

나 역시 수업친구 활동을 처음 시작했을 때는 수업을 관찰하고 이를 열심히 기록하겠다고 계획을 세웠다. 하지만 관찰 횟수가 늘어나고 기록해야 할 것도 많아지다 보니 다시 익숙한 유혹이 나를 찾아왔다. '기록은 하지 않고 그냥 좋은 취지만 살려 활동하면 안 될까' 하는 얄팍한 마음이 일어난 것이다. 그렇지만 그때마다 우리가 처음 시작할 때의 다짐을 기억해 냈다. 언젠가 어떤 방식으로든 이 기록이 다른 교사들에게 도움이 될 수 있으니 힘들어도 조금만 참고 사진과 글로 남겨두자는 처음의 취지를 떠올렸다. 그렇게 활동을 기록하고 정리하다 보니, 나 자신부터가 막연히 마음속으로 느꼈던 것보다 더 크고 분명하게 변화를 체감할 수 있었다.

먼저 내 감정을 앞세워 주관적으로 생각하기보다 객관적으로 우리 반 교실을 바라보게 되었다. 학생 하나하나를 관심 있게 관찰하다 보니, 학생을 향한 내 마음이 나도 모르게 점점 커져가고 있었다. 그러면서 나 자신을 더 깊게 반성하게 되었고, 학생의 입장에서 학생을 좀 더 이해해 보려는 노력을 기울이게 되었다. 이 모든 게 수업을 기록하지 않았다면 얻을 수 없었을 경험들이다.

　앞으로 수업친구 활동을 하고자 하는 선생님이 있다면 나는 꼭 기록을 해 보라고 권하고 싶다. 물론 기록을 하지 않아도 수업친구는 많은 것을 느끼고 생각해 볼 수 있는 좋은 활동임에 틀림없다. 하지만 직접 기록을 해 보면 나 자신에 대해 조금 더 생각해 보게 되고, 더 나아가 아이들에 대한 마음과 시선의 변화를 보다 확실히 느낄 수 있다. 시간이 지나 마음의 여유가 생겼을 때 기록해 둔 것을 다시 읽어보고 당시 상황을 떠올려보면 그때와 비교할 수 없을 만큼 변화하고 성장한 자신을 발견할 수 있을 것이다.

　과거와 미래는 현재의 또 다른 모습이라는 말이 있다. 나는 현재로부터 내 과거와 미래를 그려보고는 그 말을 다시 한 번 떠올렸다. 그리고 지나간 과거를 후회하는 데 시간을 낭비하기보다 현재의 나를 바꾸기 위해 노력해야겠다는 작은 용기를 갖게 되었다. 기록은 그 용기를 행동으로 옮기는 첫 단추가 되어주었다.

1

관찰자가 되면
학생들의 세계가 보인다

　다른 선생님의 수업을 '관찰자'의 입장에서 들여다보면 내가 수업할 때는 보지 못했던 아이들의 다양한 모습이 보인다. 옆 친구를 바라보며 웃는 모습, 연필을 만지작거리는 모습, 발을 떠는 모습, 선생님을 뚫어져라 쳐다보며 수업에 집중하는 모습……. 그 모습을 자세히 관찰하다 보면 수업이 진행되는 동안에도 아이들 사이에서는 다양한 일들이 일어나고 있음을 알 수 있다.

　아이들은 수업 중에 선생님에게는 보이지 않게 자기들끼리 많은 이야기를 한다. 이때 눈치 없이 큰 소리로 말하는 학생도 있지만 대부분은 작은 목소리로 친구와 속삭인다. 그런가 하면 친구와 눈을 마주치며 웃고 이리저리 몸을 움직이기도 하며, 꼭 말을 하지 않더라도 또래들끼리 다양한 의사소통을 주고받는다.

그 모습은 제각기 다르지만 한 가지 공통점은 모든 아이들이 비록 선생님의 의도에 딱 들어맞지는 않더라도 자기 나름의 방식으로 수업에 참여하고 있다는 것이다. 선생님을 잘 쳐다보고 있다고 학생이 반드시 선생님과 한마음이 되어 수업을 하고 있는 것은 아니라는 말이다.

수업을 하는 선생님은 모든 아이들을 골고루 보느라 오히려 한 명 한 명을 세심하게 살피기는 힘들다. 교사는 주로 열심히 호응해 주는 학생이나 반대로 수업을 방해하는 학생에게 좀 더 관심을 쏟게 된다. 그렇지 않은 대다수의 아이들은 선생님의 시야에 크게 들어오지 않는다는 얘기다. 나 또한 처음부터 그러려고 했던 것은 아닌데 어느 순간 자신도 모르게 아이들을 향해 눈과 귀를 닫아두고 있었다. '관찰자'로서 수업을 경험해 보는 것은 그래서 더욱 중요하다.

제3자의 입장에서 교실을 바라보면서 나는 내가 그동안 아이들의 소리를 잘 듣지 못하고 있었다는 사실을 깨닫게 되었다. 물론 처음엔 나도 아이들이 어떤 생각을 주고받는지 호기심을 느꼈다. 하지만 그것도 잠시, 이내 그런 이야기는 별로 중요한 것 같지도 않고 듣고 있자니 귀찮은 일로 여겨져 무관심해지곤 했다. 그러다 아이들 사이에 어떤 문제가 발생하면 그제서야 관심을 가졌다. 단지 문제를 해결하기 위해 학생에게 말을 거는 것이 아니라, 진정한 소통을 위한 대화가 필요했는데 말이다.

아이들은 자신들의 언어를 자신들의 눈높이에서 들어주지 않는 선생님에게 쉽게 고민을 털어놓지 않는다. 관심도 없어 보이던 선생님이 갑자기 다가가면 아이들도 어색해하고 속마음을 드러내지 않는다. 당연히 깊이 있는 대화도 잘 이루어지지 않는다.

수업 관찰이 끝나고 학생과 일대일로 면담을 하며 나는 그동안 내가 학생들을 어떻게 대해 왔는지 되돌아보았다. '나는 과연 우리 반 아이들을 얼마나 제대로 알고 있을까?' 스스로에게 물으며 고민하고 반성했다. 그리고 무엇보다 아이들에게 관심을 갖고 대화를 시도하려는 노력을 평소에 꾸준히 기울이는 것이 중요하다는 사실을 새삼 깨달았다.

🔍 수업 들여다보기

2014년 6월 11일 3교시   국어 : 뉴스의 짜임새 알아보기   수업자 : 이효인 선생님

국어 수업이 시작되었다. 오늘은 뉴스의 짜임새에 대하여 공부하는 날이다. 담임선생님은 평상시처럼 뱃속에서부터 우러나오는 특유의 '허허허' 웃음소리로 수업의 시작을 알렸다.

선생님은 차분하고 따뜻한 목소리로 국어시간을 이끌어나갔다. 교실에는 생기가 넘친다. 선생님이 던진 질문에 아이들은 서로 이야기를 하려고 손을 들고 발표하기 바쁘다. 발표를 하지 못한 학생은 옆 친구가 자신의 이야기를 들어주길 바라면서 이런저런 얘기를 늘어놓는다. 아이들은 선생님이 보여주는 동영상과 수업 활동에 집중하는 모습이다. 모두 자신의 모둠 친구들과 서로 의견을 나누면서 즐겁게 수업에 참여한다.

그런데 준서의 수업은 조금 다른 것 같다. 준서는 교과서를 펴고 선생님을 바라보았다. 선생님은 오늘 함께 볼 뉴스와 관련하여 목이나 허리가 아픈 경험을 이야기했다.

친구들이 자신의 경험을 이야기하는 동안 준서는 바른 자세로 앉아 그 이야기를 가만히 듣고만 있었다. 선생님이 공부할 문제를 제시하고 오늘 할 활동에 대해 안내할 때에도 변함없이 바른 자세로 선생님을 묵묵히 바라보았다. 준서는 말없이 선생님을 바라보면서 무슨 생각을 하고 있을까?

이어진 모둠활동에서도 준서는 자신의 의견을 말하기보다는 그저 조용히 친구들의 의견을 듣고 교과서에 그 내용을 정리했다. 선생님과 함께 오늘 배운 내용을 정리할 때도 준서는 친구들이 발표하는 것을 그저 보고만 있지 손을 들어 자신의 의견을 말하는 법이 없다. 준서의 표정과 행동은 선생님이 수업을 마무리 지을 때까지도 변함이 없었다.

학생과의 대화

준서는 자신이 공부에 소질이 없다고 생각한다. 그러다 보니 공부에 자신도 없고, 그래서 더욱 공부를 멀리하게 된다. 선생님이 콕 집어 발표를 시키지 않으면 좀처럼 대답을 하지 않는 내향적인 성격의 준서는 교실 안에서도 조용히 지내는 편이다.

하지만 준서는 자기 나름대로의 속 깊은 생각을 갖고 있으며 의외로 게임과 음악을 좋아하는 학생이다. 자신감 없는 모습을 스스로도 잘 알기에 변화를 위해 노력을 기울일 줄도 안다. 조용한 성격이라 가끔씩 보이는 웃음이 더 돋보이는 준서가 수업시간을 어떻게 생각하는지 궁금하다. 수업이 끝나고 준서에게 다가가 조용히 말을 걸어보았다.

"준서는 잘 웃는구나?"

"네." 준서는 머쓱한 표정으로 대답했다.

"수업시간에는 무슨 생각을 했니?"

"아무 생각 안 했어요."

"바른 자세로 수업을 듣는 모습이 보기 좋더구나. 그런데 수업시간에 질문도 안 하고 대답도 안 하던데, 평상시에 발표는 잘하는 편이니?"

"네."

"그런데 왜 이번 수업시간에는 아무 말도 안 했을까?"

"몰라서요……."

준서는 자신감이 많이 떨어져 보였다. 좀 더 깊은 얘기를 나눠보고 싶어 내가 먼저 운을 뗐다.

"선생님은 네가 대단하게 느껴지던데."

준서는 뜻밖이라는 듯 나를 갸우뚱하게 쳐다봤다. 나는 얼른 덧붙였다.

"왜 대단한 줄 아니? 잘 모르는 내용이라 집중하기가 쉽지 않았을 텐데 선생님 말씀을 가만히 앉아서 듣고 있는 게 쉬운 일은 아니거든. 준서는 어떻게 생각해?"

"쉬운데요."

준서는 짧게 대답했다. 준서가 오늘 어떤 걸 알게 됐는지 이야기를 조금 더 들어보고 싶었다.

"오늘 뉴스의 짜임새를 배웠는데 기억에 남는 내용이 있니?"

"음…… 기억나는 게 없어요." 준서는 약간 부끄러운 듯한 표정이다.

"그럼 40분 동안 뭘 배웠던 것 같아?"

"잘 모르겠어요."

자꾸 공부에 대해 이것저것 물어서 준서를 불편하게 하는 게 아닌가 싶어 질문을 바꿔봤다.

"담임선생님이 수업 중에 여러 가지 이야기를 해 주셨는데 이해가 되니?"

"어떤 것은 이해가 되고 어떤 부분은 이해가 안 가요."

"이해가 안 되는 부분을 선생님에게 질문해 본 적은 있니?"

"아니요. 그냥 수업 끝나고 친구들한테 물어보는 게 편해요."

준서는 수업 중에 잘 모르는 부분을 선생님에게 물어보면 다른 친구들의 시선이 자신에게 집중되는 것이 부담스러웠는지도 모른다. 그래서 질문을 할 때는 조심스러운 마음이 앞서고 그러다 보니 수업이 끝난 뒤로 질문을 미뤄온 것은 아닐까?

"선생님이 들려줬던 이야기나 수업 활동 중에 기억나는 건 없어?"

"기자의 마무리 말이요." 준서가 밝은 표정을 짓는다.

"어떤 기자의 마무리 말? 기억이 안 나니?"

준서는 대답은 않고 피식 웃기만 했다. 나는 화제를 조금 바꿔보았다.

"준서야, 너는 수업시간에 어떤 걸 해 보고 싶어?"

"뭔가를 자르고 만들고, 그런 게 하고 싶어요."

"왜?"

준서는 잠시 망설이더니 부끄러워하며 대답했다.

"쉬우니까요."

"아, 그럼 공부만 하는 수업시간은 어렵게 느껴지는구나. 그럴 수 있지……. 준서야, 너는 학교에 오면 언제가 제일 행복하니?"

"점심시간이요."

점심시간이 제일 행복하다니, 아이들의 입장에서는 어쩌면 당연한 대답이다. 그래도 최근에 했던 수업 중에 준서의 마음을 행복하게 했던 수업이 뭘까 궁금했다.

"최근에 한 수업 중에는 뭐가 재미있었어?"

"음악이요."

"왜?"

"노래 듣는 게 좋아서요."

준서는 특별히 음악을 잘해서가 아니라 다른 공부보다 편하고 좋아서 음악을 좋아하는 것은 아닐까? 배움은 '잘할 때'가 아니라 '좋아할 때' 더욱 활발히 일어난다. 앞으로도 준서가 선생님과 함께 공부하면서 자신감도 키우고 실력도 많이 향상되었으면 하는 바람이 생겼다. 준서는 선생님이 관심을 갖고 지켜보며 응원해 주면 충분히 그럴 수 있는 학생이기 때문이다.

💬 수업자와의 대화

관찰자 오늘 수업은 어떤 수업이었나요?

수업자 뉴스의 짜임새에 대해 알아보는 수업이었습니다. 학생들 입장에서 그리 쉬운 내용은 아니지요. 그래서 모둠별로 서로 힘을 합쳐 교과서에 나온 문제를 해결하도록 했습니다. 전체적으로 뉴스 동영상과 모둠 토의를 통해 잘 이해한 것 같습니다.

관찰자 저는 오늘 선생님의 수업을 관찰하며 특별히 준서를 유심히 살폈는데요. 준서는 어떤 학생인가요?

수업자   준서는 자신감이 부족한 아이입니다. 본인은 공부에 소질이 없어서 못한다고 생각하지만 제가 봤을 때는 노력이 부족한 것 같고, 그래서 공부에 대한 자신감도 낮은 듯 보입니다.

관찰자   준서가 수업을 어려워하는 것은 노력이 부족한 탓이 큰가요?
수업자   네. 준서는 머리가 나쁘거나 기초가 아주 많이 부족해서 공부를 못하는 것이 아니거든요. 자신이 생각한 것보다 결과가 좋지 않아서 자아효능감이 떨어지고 그러다 보니 공부에 대한 흥미를 잃어서 수업을 쉽게 따라오지 못하고 있어요.

관찰자   요즘 교실에서 준서는 어떤 모습인가요?
수업자   요즘에 다시 공부를 해 봐야겠다는 의지를 보입니다. 본인이 소질이 없어 공부를 못한다고 생각했는데 요즘에는 생각을 바꿔 조금 더 노력을 해 봐야겠다는 태도를 보이고 있어요.

관찰자   준서가 그렇게 생각하게 된 계기가 있을까요?
수업자   글쎄요. 선생님과 면담하고 나서 저하고도 공부에 대해 얘기를 나누었는데 그게 자극이 되었나 봐요. 자기 자신에 대한 생각이 많은 아이거든요.

💡 수업 성찰

　수업시간에 뭘 배웠냐는 질문에 선뜻 대답을 못 하는 학생, 선생님이 질문하기 전까지는 절대 먼저 손들고 답하지 않는 학생, 하지만 수업 중 바른 자세를 시종일관 유지하는 학생이었던 준서. 겉모습만 보고 직접 대화를 해 보기 전까지 나는 준서가 왜 그러는지 이해할 수 없었다.

　멀리서 관찰했을 때 준서는 별 문제가 없는 아이였다. 그런데 수업시간에 유심히 관찰하고 대화를 통해 마음을 들여다보니 준서는 학습에 어려움을 겪고 있었다. 자신이 없었던 것이다. 오늘 수업 관찰은 겉으로 보이는 모습만으로 학생을 판단하고, 그를 이해하려는 노력을 게을리한 자신을 되돌아볼 수 있어서 나에게도 소중한 시간이었다.

　사실 우리 반에도 남의 말은 듣지 않고 자신이 하고 싶은 것만 하는 학생이 있었다. 그 학생은 수업시간에도 학습에는 전혀 관심이 없고 자신이 좋아하는 놀이 도구를 만드는 것에만 정신을 쏟았다. 선생님이 보든 안 보든 자신이 하고 싶은 것에 몰두했다. 준서와 대화를 해 보기 전까지 그는 나에게 그저 골칫덩어리 문제 학생이었다. 하지만 준서와 대화하는 과정에서 학생의 입장으로 생각해 보고 학생의 문제에 관심을 갖다보니, 그의 내면을 조금이나마 이해할 수 있었다.

　시간이 지나 학생은 중학교에 올라갔다. 여느 때처럼 정신없는 하루하루를 보내고 있는데 어느 날 휴대전화가 요란스럽게 울렸다. 받아보니 학생의 부모님이었다. 아이가 중학교에 가더니 정말 많이 변했다고,

선생님 덕분이라고 부모님은 상기된 목소리로 이야기했다. 특별히 뭔가 잘해 준 것도 없었기에 나는 괜시리 쑥스러워 어쩔 줄을 몰랐다. 전화를 끊고 부모님이 보내준 사진 속 환하게 웃는 학생의 모습은 전보다 눈에 띄게 밝아보였다. 그저 학생의 입장에서 생각해 보려 노력했을 뿐인데 내 작은 관심이 시간이 지나 학생의 변화에 조금이나마 보탬이 되었다는 사실이 놀랍고 감사하게 느껴졌다.

이전에는 보지 못했던 것들을 수업 관찰을 통해 확인하면서 이런저런 고민이 많아졌다. '나는 우리 반 아이들이 수업 중 보이는 행동을 좀 더 깊이 있게 이해해 보려고 노력했던가? 그저 교단에 서서 보이는 모습만으로, 수박 겉핥기식으로 아이를 판단하고 있지는 않았나?' 이런 반성을 자주 하며, 이제는 감정이나 겉모습만으로 학생을 이해하는 것을 최대한 경계한다. 대신에 객관적인 사실과 학생에게서 직접 들은 이야기를 근거로 학생이 처한 상황을 살피고 발전적인 대안을 찾기 위해 노력한다. 변화는 거창한 것이 아니다. 작은 변화가 쌓이고 쌓여 시간이 지났을 때 커다란 변화를 만들어낸다.

2

창조성은
학생을 믿는 데서부터

"너희들은 어떤 사람이 되고 싶니?"

어느 날 수업을 하다 말고 아이들에게 물었다. 교실엔 잠시 정적이 흘렀다. 아이들은 누구도 이 질문에 쉽게 대답하지 못했다. 대부분의 학생들은 꿈이 있어도 그것을 왜 하고 싶은지 모르거나 꿈 자체가 없는 경우도 많았다.

생각해 보면 나도 저만한 나이였을 때 이렇다 할 꿈이 없었다. 아이들과 별반 다르지 않았던 것이다. 어른들은 쉽게 현재 자신의 생각을 기준으로 아이들에게 질문을 던지고 답을 요구한다. 하지만 꿈을 갖고 열심히 살아가는 것, 목표를 갖고 산다는 것은 어른인 우리에게도 쉽지 않은 일이다. 하물며 이제 갓 인생의 출발점에 선 아이들에게 확고한 목표를 세우고 살아가기를 바라는 것은 무리가 아닐까? 아무리 인생 선배로서의 조언이라고 하더라도 말이다.

사람은 각자 자신이 걸어온 시간 속에서 성장한다. 지금 당장은 위축되었을지 몰라도, 어떤 시점에 특별한 경험을 하게 되면 이전의 모습과는 다른 사람이 될 수도 있다. 지금은 꿈이 없다고 해도 언젠가 특별한 계기를 만나 꿈을 가지고 그것을 위해 나아갈 수 있다. 그렇기 때문에 우리는 더욱 지금 당장 보이는 모습으로 아이들을 판단하지 말고 교사라는 위치에서 너무나 쉽게 아이를 평가해 버리는 것을 경계해야 하는 것이다.

그렇다면 나는 아이들에게 교사로서 무엇을 해 줄 수 있을까?《유쾌한 크리에이티브》의 저자 톰 켈리와 데이비드 켈리 형제는 한 사람의 성장에 있어 '학교의 중요성'을 역설했다. 그들은 창조성은 특별한 사람만이 갖고 있는 게 아니라 노력하면 누구나 발휘할 수 있는 것이라고 말했다. 다만 실패에 대한 두려움이 창조성이 발현될 기회를 막고 있을 뿐이라는 것이다. 천재들은 단지 더 많은 시도를 했고, 실패했을 때마다 주저앉지 않고 그 실패를 계속해서 딛고 일어선 사람들일 뿐이다.

나는 켈리 형제의 사례를 보며 먼저 내 자신의 삶을 되돌아보았고 내가 아이들에게 지나치게 성공만을 강조했던 것은 아닌지 돌이켜보았다. 실패했을 때 그것으로부터 배우고 다시 시작할 수 있도록 용기를 얻은 아이들은 자신감을 잃지 않고 창조성을 갈고닦을 수 있다. 그러기 위해서는 아이들이 가장 많은 시간을 보내는 학교가 그들에게 더 많은 기회를 줘야 하고, 교사인 나부터 더 관대해질 필요가 있다.

🔍 수업 들여다보기

2014년 7월 15일 1교시 | 수학 : 비례식 알아보기 | 수업자 : 이효인 선생님

오늘 관찰할 수업은 비례식에 대해 공부하는 수학시간이다. 수업이 시작되자 선생님은 전날 미리 준비한 비례식 동영상을 학생들에게 보여주었다. 학생들도, 선생님도 조용히 동영상을 바라보았다. 동영상이 끝나자 학생들은 교과서와 익힘책을 스스로 다 해결하고 잘 모르는 내용이 있으면 옆 친구나 선생님에게 질문했다.

관찰 학생인 세진이는 모범생 타이틀에 걸맞게 한치의 흐트러짐도 없이 동영상에 집중했다. 활동이 시작되자 조용히 교과서 문제를 차근차근 해결해 나갔다.

문제를 푸는 시간이 이어지는데 교실에 전화벨이 울렸다. 선생님의 휴대전화였다. 교무실에서 급한 일이 있어 걸려온 터라 어쩔 수 없이

전화를 받은 선생님은 5분 정도 통화를 계속했다. 째깍째깍 시간이 흐르는 동안 장난꾸러기 친구들 서너 명이 옆 친구와 떠들기 시작했다. 멀리서 관찰해 봤더니 자신이 해야 할 활동을 아직 마치지 못한 상태였다. 그러는 와중에도 세진이는 소란스러운 쪽을 잠깐 쳐다보고는 별다른 동요 없이 익힘책에 있는 수학 문제를 풀어나갔다.

선생님은 통화를 끝낸 후 교실을 둘러보며 떠드는 아이 옆으로 다가가 크게 꾸짖기보다는 조용한 목소리로 한 명 한 명 주의를 주었다. 교실이 다시금 안정을 되찾을 즈음 세진이는 자신이 풀어야 할 문제를 다 해결하고 옆 친구를 살펴보았다.

대부분의 학생들이 문제를 해결하고 무엇을 해야 할지 기다리자 선생님은 친구들과 자신이 푼 문제를 맞춰보고 모르는 문제는 옆 친구나 선생님에게 질문하라고 안내했다. 세진이는 짝이 문제를 잘 해결하지 못하자 선생님 대신 세세하게 알려주며 도와주었다. 가르치는 모습이 사뭇 진지해 보였다.

학생들끼리 서로 알려주고 모르는 걸 함께 해결하는 동안 선생님은 교실을 돌아다니면서 과제를 어려워하는 친구를 찾아 도움을 주었다. 학생들은 선생님이 바로 옆에서 친절하게 도와주자 모르는 것을 조금은 부끄러워하면서도 밝은 미소를 지었다. 수업이 끝날 무렵 선생님은 학생들이 공통적으로 어려워했던 부분을 전체 학생들에게 다시 한 번 설명해 주었다.

💬 학생과의 대화

두 해 전 우리 반이었던 세진이는 참 밝고 예쁜 성격을 가지고 있다. 마음씨가 정말 고와서 그를 미워하거나 싫어하는 학생이 거의 없으며, 잘한 일이 있어도 잘난 척을 하지 않는 겸손한 학생이다. 공부도 잘하고 책도 웬만한 선생님들보다 많이 읽어 자기 나름대로의 생각을 갖고 있으며 자기의 주장을 표현할 줄도 안다. 누가 시킨 것도 아닌데 항상 책을 읽고 있는 모습을 보면 나까지 흐뭇한 미소를 짓게 된다. 세진이와 오랜만에 대화를 나눌 생각을 하니 기분이 좋았다.

"안녕! 선생님과 오랜만에 얘기를 해 보네. 그렇지?"

세진이는 나를 보며 특유의 환한 미소를 지었다. 항상 주변 사람들을 즐겁게 하는 얼굴이다.

"네, 뭘 인터뷰할 건데요?"

"수업에 대해서 묻고 싶은 게 있어서. 수업 시작할 때 동영상으로 오늘 배울 내용을 보던데 어떤 생각이 들었니?"

"좀 지루했어요." 세진이의 대답이 의외였다.

"그렇구나. 요점 정리는 잘 되어 있던 것 같던데?"

"네. 요점 정리는 잘 되어 있는데 좀 지루해요."

아이들이 스스로 활동할 시간을 좀 더 주기 위해 수업 전날 중요한 요점을 정리한 동영상을 직접 만들어 보여준 것인데, 선생님의 의도나 정성과 달리 아이들에게는 지루하게 느껴질 수 있구나. 같은 교사 입장에서 세진이의 대답은 내게도 예상 외로 들렸다. 이유가 궁금했다.

"왜 지루했는지 말해 줄 수 있니?"

"선생님의 모습과 목소리를 화면으로 들으니까 집중이 잘 안 돼요."

"아, 내용이 지루했던 게 아니라 동영상 화면을 보고 강의를 듣는 것이 집중하기 어려웠나 보구나."

"네. 차라리 그 요점 정리를 선생님이 직접 해 주시면 더 좋을 것 같아요."

"다른 친구들도 그렇게 생각하니?"

"음…… 글쎄요. 몇 명 친구들은 저와 생각이 비슷한 것 같은데 다른 친구들은 모르겠어요."

선생님은 동영상으로 그날 배울 핵심 내용을 정리해 최대한 짧은 시간 동안 보여주고 학생들이 스스로 학습할 수 있는 시간을 많이 주려고 이런 활동을 짠 것 같았다. 스스로 학습하는 시간이 많이 늘어난 것을 학생들은 어떻게 생각하는지 궁금했다.

"너희가 스스로 활동하는 시간도 많이 늘어난 것 같은데 그 점에 대해서는 어떻게 생각해?"

"중요 내용을 동영상으로 보는 것은 좀 지겹지만 그 이후에는 우리끼리 활동할 수 있는 시간이 좀 더 많아져서 좋은 것 같아요."

"너희끼리 활동하면 어떤 점이 좋니?"

"친구들과 이런저런 얘기도 나누고 편하게 활동할 수 있어서 좋아요"

"너희들끼리 활동하는 시간이 늘면서 어려운 점은 없었니?"

"활동하면서 옆 친구가 좀 답답하기도 해요. 이것도 모르나 싶고. 심지어는 작년에 배웠던 것도 모를 때가 있어요."

"그래도 친구를 도와주면서 너도 뭔가 배우는 게 있지 않을까? 상대방에게 설명을 해 주다가 스스로 생각지 못했던 부분도 발견하게 되고."

"네. 가르쳐주면서 여러 가지 생각은 하게 되는 것 같아요."

"그래, 앞으로 수업 중에 선생님이 어떤 것을 더 신경 써줬으면 좋겠니?"

"그냥 놀 수 있는 시간이 많았으면 좋겠어요. 공부 말고 그냥 노는 거요."

"너희들은 그냥 놀고 싶은 거구나. 하하!"

역시 아이들에게는 노는 게 최고인가 보다. 수업에 대해 세진이와 나눈 짧은 대화만으로는 뭔가 부족했다. 선생님에게 좀 더 자세한 수업 이야기를 들어보고 싶었다.

💬 수업자와의 대화

관찰자 오늘 수업에 대해 간단히 말씀해 주실 수 있을까요?

수업자 비례식에 대해 알아보는 수학시간이었습니다. 수업 전날 오늘 배울 내용에 대해 미리 준비한 짧은 동영상을 보여주고, 강의식 설명을 최대한 줄이려고 노력했습니다.

관찰자   학생들이 스스로 공부할 수 있는 시간을 좀 더 주기 위해 선생님의 개입을 최대한으로 줄이려고 그렇게 하신 것 같은데요. 해 보니까 어떠세요?

수업자   원래는 집에서 동영상을 보고 와서 학교에서는 학생들끼리 함께 문제를 해결하며 학습하는 시간을 갖게 할 계획이었어요. 그런데 그러기엔 어려움이 있어 학교 수업시간에 먼저 보여주고 수업을 하고 있습니다. 준비하는 데 시간이 많이 들어 모든 수업을 그렇게 하기는 힘들지만 학생들이 스스로 학습하고 스스로 해결해 가는 과정에는 큰 도움이 되는 것 같습니다.

관찰자   세진이와 면담하면서 수업 초반에 보는 동영상에 대한 생각도 물어봤는데요. 의외로 좀 지루한 면이 있다는 대답이 나왔습니다. 선생님은 어떻게 생각하시나요?

수업자   (이미 잘 알고 있다는 표정으로) 네. 저도 어느 정도 알고는 있었습니다. 그래도 활동 시간을 더 줄 수 있어서 아직까지는 이대로 하고 있는데 좀 더 해 보다가 학생들과 그 부분에 대해 이야기를 나눠봐야 할 것 같습니다.

관찰자   역시 알고 계셨군요. 오늘 수업 중에 인상 깊었던 부분이 또 있는데요. 교무실에서 급한 전화가 왔을 때 잠시지만 학생들이 조금 소란스러워졌습니다. 통화가 끝난 후 선생님은 떠드는 몇몇 학생들을 크게 꾸짖으시기보다는 가까이 다가가 활동에 집중하라고 타이르듯이 말씀하시더라고요. 혹시 제가 있어서 의식적으로 그러신 건 아닌가요?

수업자   네, 하하. 물론 선생님이 계시니까 좀 더 조심스럽긴 했지만 꼭 그래서만은 아니고요. 떠드는 학생으로 인해 마음이 간혹 불편하긴 하지만 마음이 불편하다고 감정적으로 학생한테 다가가는 건 학생에게도 저에게도 별 도움이 되지 않는 것 같네요.

관찰자   선생님이 다른 학생에게 도움을 주느라 자기들을 보고 있지 않아도 학생들이 서로 도와가며 문제를 해결하는 모습이 자연스럽고 보기 좋았습니다.

수업자   요즘 들어서 그런 모습이 더 자주 보여요. 아이들 스스로 학습하다 보니 자연스럽게 협력 학습 문화가 형성되어가는 것 같아요. 스스로 학습하면서 공부 외에도 많은 것을 배우는 것 같아서, 교사의 도움이 필요할 때 외에는 수업에 되도록 개입하지 않으려고 노력해요.

관찰자   수업 마지막에 학생들이 잘 모르는 부분을 파악해서 전체적으로 강의를 하시던데요. 학생들이 스스로 궁금했던 것들을 질문하고 교사가 거기에 답변을 하다 보니 적극적으로 참여하더라고요.

수업자   네, 아이들이 궁금해하는 것을 파악하여 설명하는 것이 도움이 되는 것 같아요. 그래서 수업을 진행하다가 도움이 필요할 때 전체적으로 설명을 해 줍니다.

수업 성찰

수업을 관찰하는 동안 교사에게서 특별한 것을 발견하지는 못했다. 교사가 하는 역할이 별로 없어서다. 그런데 이상하게 학생들의 눈빛은 살아 있다. 멍한 눈으로 앉아 있는 학생은 찾아보기 힘들다. 학생들은 누가 시킨 것도 아닌데 서로를 도와가며 자발적으로 공부하는 모습이다. 심지어 이전엔 공부를 열심히 하지 않았던 학생들도 서툴지만 활동에 적극적으로 참여하고 있었다. 어떻게 된 일일까?

나는 수업의 중심에서 한 걸음 물러나 아이들을 지켜보고 곁에서 도와주는 수업자의 모습에서 그 답을 찾을 수 있었다. 아무리 좋은 것을 권해도 본인이 원하지 않으면 소용이 없다. 마찬가지로 교사가 아무리 지식을 많이 보유하고, 그것을 학생들에게 전달한다 해도 학생 스스로 받아들일 준비가 되어 있지 않으면 그 지식은 진정 학생의 것이 될 수 없다.

수업자는 이런 사실을 잘 알고 있는 듯 보였다. 그래서 조금 늦더라도 학생들이 스스로 문제를 인식하고 이를 해결할 방법을 찾을 수 있도록 기다려주었고 그 과정에서 교사의 도움이 필요할 때(즉, 아이들이 받아들일 준비가 되었을 때) 지식을 전달했다. 또 수업 중 진행되는 교육 활동들은 아이들의 학습 상태에 따라 유동적으로 이루어졌고, 학생과 교사는 서로 피드백을 주고받으며 활발하게 소통했다.

수업시간에 소란스러운 아이들을 타이르는 모습도 인상적이었다. 선생님은 인터뷰에서 수업시간에 공개적으로 학생을 크게 꾸짖는 것이 문제 해결에 별 도움이 되지 않는다고 했다. 그러고 보니 맞는 말이었다. 교실에서 내가 수업할 때는 아이들이 떠들면 그것이 감정적으로 느껴졌는데 제3자가 되어 수업을 관찰해 보니 그다지 감정적으로 다가오지 않았다. 아이들은 수업을 방해하거나 어떤 의도가 있어서 그러는 것이 아니라는 게 눈에 보였다. 내가 느끼는 감정을 학생에게 즉각적으로 표현하지 않도록 조심해야겠다는 생각이 들었다.

아이들이 수업의 주인공이 되어 진정한 의미의 자율학습을 한다면 공부를 잘하는 학생이든 못하는 학생이든 문제를 해결하는 과정에서 많은 것을 배울 수 있을 것이다. 반대로 스스로 배우고자 하는 마음이 없다면 당장은 지식을 전달한 것 같아도 장기적으로 봤을 때 결국 아이들에게 큰 도움이 되지 못한다. 선생님이 알려주는 지식을 어느 정도까지는 소화할 수 있을지 모르지만 그를 바탕으로 스스로 생각하고 고민하여 자신만의 답을 만들어가는 창조성을 키우기는 어렵기 때문이다.

창조적 자신감은 성취도처럼 눈으로 확인할 수 있는 영역이 아니기에 어떻게 키울 수 있을지, 얼마나 키울 수 있는지 알기가 쉽지 않다. 그럴수록 아이들을 믿고 기다려주는 교사의 역할이 더욱 중요하다. 눈에 띄는 성과에 매달리지 않고 학생에게 진정한 '배움'이 일어나고 있는지를 먼저 살피는 안목을 길러 우리 반 아이들에게 창조적 자신감을 길러주고 싶다.

3

주변을 따뜻하게 하는
미소의 힘

수업이 시작되면 나는 우선 아이들의 표정부터 스윽 살피는 버릇이 있다. 뭐가 즐거운지 장난기 가득한 얼굴, 입술을 삐죽 내민 얼굴, 멍하니 한 곳을 응시하고 있는 얼굴, 슬픈 표정을 짓고 있는 얼굴. 그 다양한 얼굴 표정들을 보면서 오늘 하루가 어떻게 전개될지 그려보곤 한다.

어느 날 반 아이들 몇 명과 연극을 보러 가면서 이런저런 대화를 나눌 기회가 있었다. 한 아이가 내게 조용히 다가와 말했다.

"선생님! 전 선생님이 좋은데요. 바라는 게 있다면 선생님이 좀 더 우리들을 칭찬해 주고 자주 웃어주셨으면 해요."

별말 아닌 것 같지만 그 말을 들은 난 망치로 머리를 크게 쾅! 하고 맞은 것 같았다. 그동안 아이들의 표정만 관찰했지 정작 내 표정은 살피지 못했다는 사실이 떠올라서였다. 하루 동안 나는 아이들 앞에서 어떤 표정들을 짓고 있었던 것일까?

TV에 나오는 연예인들은 자기 자신을 아름답게 보이게 하는 멋진 표정을 짓고 있다. 그들은 찡그리고 짜증난 얼굴보다 활짝 웃는 모습이 더 보기 좋다는 것을 잘 알고 있다. 연예인들만의 이야기가 아니다. 우리는 같은 사람이라도 무표정을 하고 있을 때보다는 웃는 얼굴이 더 아름답게 보인다는 사실을 경험을 통해 잘 알고 있다.

선생님의 표정도 마찬가지다. 선생님이 어떤 표정으로 대하느냐에 따라 아이들의 표정도 달라질 수 있으니 말이다. 선생님이 즐겁고 행복한 표정을 지으면, 아이들도 선생님을 더욱 친근하게 느낄 것이다. 그런 관계가 이어지다 보면 교사와 학생 모두 좀 더 넉넉하고 아름다운 얼굴을 가질 수 있지 않을까?

🔍 수업 들여다보기

2014년 10월 31일 5교시 │ 국어 : 뉴스 취재 계획 세우기 │ 수업자 : 이효인 선생님

이번 수업은 '뉴스 취재 계획 세우기'를 주제로 한 국어 수업이다. 수업이 시작되었는데도 교실은 교과서를 꺼내느라 정신없는 학생, 아직까지 친구와 이야기를 끝마치지 못한 학생들로 어수선하다. 담임선생님은 차분하고 울림 있는 목소리로 아이들을 수업에 집중시킨다. 선생님은 말을 하는 중간에도 편안한 미소를 지으신다. 선생님의 미소를 보

고 예림이와 반 친구들은 다 같이 편안한 표정을 짓는다. 선생님의 미소는 그렇게 아이들에게 조금씩 전염되고 어느새 교실은 웃는 얼굴들로 가득하다.

지난 시간 무엇에 대해 공부했는지 서로 얘기를 나눈 후 선생님은 짧게 오늘 할 활동에 대해 안내한다. 안내가 끝나고 선생님은 뉴스 한 쪽지를 아이들에게 보여주었다. 예림이는 팔로 턱을 괴고 밝은 표정으로 선생님을 쳐다보며 선생님의 말을 집중해서 듣고는 뉴스를 보고 친구들과 소곤대며 재미있어 한다.

뉴스가 끝나자 학생들은 선생님의 안내에 따라 취재 계획을 세운다. 교실은 순식간에 아이들의 목소리로 가득 찼다. 시간이 좀 지나자 옆모둠의 몇몇 남자아이들이 소란스럽다. 서로 자기 생각이 맞다고 얘기하는 아이들의 주장은 금세 작은 말다툼으로 번졌다. 담임선생님은 조용히 곁으로 다가가 차분하고 편안한 미소로 모둠활동의 문제를 해결해 준다. 그리고 도움이 필요한 모둠이 또 있는지 살피며 주위를 둘러본다.

예림이는 친구들과 함께하는 모둠활동에 즐겁게 참여한다. 친구들에게 건네는 말도 편안하고 친구들과의 관계도 좋아 보인다. 선생님은 어느새 예림이 곁으로 와서 예림이에게 다정하게 말을 건넨다. 예림이는 밝게 웃으며 선생님의 말에 답하고 또다시 모둠활동에 활발히 참여한다. 활동 시간이 끝나갈 즈음 모둠별로 발표를 해 보고 오늘 배운 수업 내용을 정리했다. 종이 울리고 쉬는 시간이 되자 아이들의 웃음은 더욱더 커지고 교실은 더 큰 활기로 가득 찼다.

💬 학생과의 대화

오늘 관찰한 예림이는 작년까지만 해도 학교에서 문제가 발생했을 때마다 거기에 끼어 있던 학생이었다. 그런데 올해는 담임선생님의 보살핌 덕분인지 예림이에게 많은 변화가 나타났다. 눈빛과 태도도 전과는 매우 다르다. 선생님이 시키지 않아도 자신이 해야 할 일을 찾아서 하고, 선생님을 도와주기까지 한다. 문제를 일삼던 학생이 순식간에 바뀌기는 어렵지만 예림이는 분명 조금씩 바뀌고 있다. 어떻게 그럴 수 있었을까? 예림이와의 대화가 나도 조금은 기대된다.

"예림아 안녕?"

"네, 선생님."

"선생님이 오늘 너희 수업하는 걸 관찰했거든. 그런데 궁금한 것이 있어서. 예림이에게 물어봐도 괜찮을까?"

아이의 표정이 작년과 다르게 많이 밝아져서 궁금증이 생겼다. 예림이는 가만히 고개를 끄덕였다.

"예림이 네가 수업하는 모습을 봤는데 표정이 작년과 달리 많이 밝아졌더라. 요즘 무슨 즐거운 일이라도 있는 거니?"

나의 말에 기분이 좋아졌는지 예림이는 더 활짝 웃는다.

"아뇨. 별일 없는데요."

"그래. 선생님은 너의 표정이 밝아진 게 너무 보기 좋아서 궁금해서 물어본 거야. 하하!"

예림이는 작년에 여학생들 사이에서 문제를 일으킨 적이 더러 있었다. 교사를 대하는 태도도 반항적일 때가 많았다. 표정이 달라진 만큼 주변 친구들과의 관계도 달라졌을까?

"요즘에 교실에서 친구들과는 잘 지내니? 작년에는 조금 시끌시끌 했잖니."

예림이는 부끄러운지 옆에 있는 같은 반 친구의 얼굴을 바라보고 쑥스럽게 웃는다.

"네. 잘 지내고 있어요." 대답에 자신감이 묻어 있다.

"선생님도 그런 것 같아서 좀 예민한 부분이지만 조심스럽게 물어봤어. 하하! 예림아, 담임선생님이 널 많이 칭찬하시던데 넌 담임선생님을 어떻게 생각해?"

"뭐, 그냥 그렇죠…… 아니, 좋아요."

예림이는 부끄러운지 처음엔 아니라고 하다가 말을 바꾼다. 담임선생님의 어떤 점이 예림이의 마음을 이렇게도 바꾸어놓았는지 궁금하다.

"예림아, 넌 담임선생님의 어떤 점이 좋니?"

"선생님이 크게 야단도 안 치시고 편하게 대해 주세요."

예림이는 잠시 생각하더니 조금 부끄러운 표정으로 미소를 지으며 대답했다. 수업 중에 예림이 옆을 지나가면서 담임선생님이 보여줬던 미소를 떠올려봤다. 그 미소는 어쩐지 예림이의 미소와 닮아 있었다.

"그렇구나. 수업 중에 선생님이 이리저리 둘러보다가 네 옆을 지나갈 때 밝은 표정으로 뭐라고 하시던데. 혹시 뭐라고 하신거니?"

예림이는 생각이 잘 안 나는지 기억을 떠올려본다.

"아! 그때요. 그냥 교과서 활동이 잘 돼가냐고 물어보셨어요."

"담임선생님이 널 바라보는 시선이 참 따뜻하던데 많이 친해졌나 보구나."

내 말에 어떤 표정을 짓나 예림이의 얼굴을 가만히 살펴보니 말은 안 해도 기분이 좋아 보인다. 나는 분위기를 살려 다시 수업에 관해 물었다.

"모둠활동 할 때도 적극적으로 참여하고 선생님 말씀에도 집중을 잘 하던데, 오늘 수업은 어땠어?"

"친구들과 뉴스 취재에 대해 이것저것 얘기하고 좋았어요."

내가 본 것과 크게 다르지 않게 예림이는 오늘 수업이 즐겁고 편안했던 것 같다.

"그렇구나. 선생님이랑 대화해 줘서 고마워. 선생님은 항상 예림이가 지금처럼 즐겁게 학교생활 하기를 바랄게."

예림이는 밝은 표정을 지으며 씩씩하게 대답한다.

"네!"

예림이와 웃으며 인사하고 담임선생님과 이야기를 좀 더 이어가보았다.

💬 수업자와의 대화

관찰자   오늘 수업은 어떤 수업인가요?

수업자   모둠활동을 통해 뉴스 취재 계획을 세워보는 수업이었습니다. 학생들이 서툴지만 자유로운 분위기 속에서 함께 정한 질서에 따라 생각을 나누고 취재 계획을 세워보는 시간이었어요. 물론 서로의 생각을 조율하는 데 어려움도 있었고, 의견이 달라 앞으로 나아가지 못하는 모둠도 있었지만 대체로 잘 이루어진 것 같습니다.

관찰자   제가 봐도 몇몇 모둠은 서로 생각이 달라 처음엔 모둠활동에 어려움이 있더라고요. 우리 반도 그런 경우가 많은데, 심지어는 제가 앞에 있는데도 서로 감정적으로 다투는 경우도 있답니다.

수업자   그렇군요. 오늘 수업은 그 정도까진 아니었지만 우리 반도 그럴 때가 더러 있어요. 하하!

관찰자   저는 가끔 그럴 때 아이들을 중재하다가 저까지 화가 나는 경우가 있는데, 선생님은 어떠신가요?

수업자   저도 당연히 학생들 간에 감정적으로 불화가 생기면 마음이 불편할 때가 있어요. 하지만 학생들의 행동을 나무라기보다는 중재하려고 노력합니다. 문제를 해결하려고 학생들을 혼내게 되면 애초의 의도와 다르게 학생들도 경직되고 저 역시 자연스런 분위기로 수업을 이끌어가기가 힘들어지기 때문입니다.

관찰자   아, 그래서 수업 중에 언성을 높이시는 일이 거의 없으시군요.

수업자   하하하!

관찰자   예림이의 표정이 작년과 다르게 많이 밝아졌던데요. 무슨 비결이라도 있으신지요?

수업자   예림이가 밝아졌다는 말을 들으니 기분이 좋네요. 특별히 뭔가를 해 주기보다는 예림이의 말을 최대한 들어주고, 믿어주려고 노력했습니다. 예림이가 작년에 여학생들 사이에 문제가 있으면 꼭 끼어 있어서 저도 처음엔 선입견을 가지고 예림이를 대할 뻔했어요. 그런데 이런저런 대화를 나누다 보니 예림이가 그렇게 나쁜 아이가 아니구나 하는 생각이 들더라고요. 저 역시 문제 상황만 보고 예림이를 오해했다면 이전보다 더욱더 엇나가지 않았을까 하는 생각을 해 보게 되네요.

💡 수업 성찰

　예림이라는 이름만 듣고도 선생님의 눈빛은 초롱초롱 빛난다. 학생을 바라보는 선생님의 밝은 표정과 따뜻한 눈빛이 예림이를 그에 걸맞게 변하게 하지 않았을까?

　예림이와의 대화, 수업자와의 대화를 통해 나는 우리 교실을 다시 생각해 보게 되었다. 그동안 교실에서 아이들이 시끄러우면 괜스레 내가 뭔가를 잘못하고 있다고 느껴질 때가 많았다. 아이들을 그대로 놔두면 더 소란을 피우고 문제를 만들 것 같아 마음이 불편해지기도 했다.

　하지만 오늘 국어 수업을 관찰하면서 스스로에게 물어보았다. 왜 아이들이 떠들며 내는 소리가 그토록 싫은 것일까? 아마도 아이들이 각자 해야 할 일을 하지 않고 시간을 보내고 있다는 생각에 담임으로서 부담감을 느끼는 것일 테다. 그동안 나는 교사로서의 역할에 소홀하다는 소리를 듣고 싶지 않아 아이들의 마음을 모른 척하고 내가 편리한 방향대로 수업을 진행했다. 그러느라 아이들도 해야 할 것과 하고 싶은 것 사이에서 고민하고 있다는 사실을 잠시 보지 못했던 것 같다.

　하지만 내 마음 한편에는 어떻게 하면 아이들이 스스로 즐겁게 공부하도록 할 수 있을까 하는 질문이 줄곧 자리 잡고 있었다. 때로는 아이들의 말과 행동이 거슬릴 때도 있겠지만 아이들이 스스로 학습에 대한 욕구를 찾을 수 있도록 기다려주자고 다짐했다.

4

'보이지 않는 수업'도
중요하다

　같은 학년 선생님의 육아 휴직으로 기간제 선생님 한 분이 학교에 새로 오셨다. 선생님은 다른 대안학교의 교장선생님이시기도 하다. 어떻게 교장선생님이 기간제 선생님을 하게 되었느냐고 여쭸더니 돌아오는 답변이 놀라웠다. 학교 선생님들이 제때 월급을 받기가 힘든 상황이라 교장선생님께서 직접 돈을 벌기 위해 나오셨다는 것이다. 오늘 관찰할 수업의 수업자인 양용석 선생님 이야기다. 소탈한 선생님의 웃음에서 강인한 인상 뒤에 감춰진 따뜻한 마음이 물씬 느껴졌다.

　선생님이 계신 학교는 이런저런 말썽을 부린 학생들이 다녀가는 학교다. 그래도 선생님은 학생들을 가르치다 보면 힘든 점보다 보람을 더많이 느끼신다고 한다. 특히 스스로 이미 틀렸다고 생각했던 아이들이조금씩 마음을 열고 다가오는 것을 느낄 때 더욱 뿌듯하다고 한다.

선생님은 수업에 앞서 먼저 아이에게 마음으로 가까이 다가가야 한다고 당부했다. 아이들을 얼마만큼 잘 가르쳤는가도 중요하지만 얼마나 아이에게 다가가고 있는지도 생각해야 한다는 것이다. 현장에서 직접 체득한 경험이어선지 선생님의 말씀은 내 가슴 깊은 곳에 새겨졌다.

🔍 수업 들여다보기

2014년 12월 11일 2교시   국어 : 주장과 근거의 적절성 판단   수업자 : 양용석 선생님

하루 전날 수업을 관찰해도 되겠냐는 갑작스러운 나의 요청에도 선생님은 흔쾌히 교실 문을 열어주셨다. 수업은 딱딱하지 않고 편안하게 시작되었다.

"자~ 오늘은 누가 선생님과의 가위바위보에서 이겨 캐러멜을 획득하는지 보자!"

수업이 시작되자 선생님은 학생들을 향해 가위바위보 손을 번쩍 내미셨다. 학생들의 눈망울이 온통 선생님에게로 집중되었다. 마지막 한 명이 뽑히고 나니 여기저기서 아쉬운 탄성들이 터져 나왔다.

학생들은 "한!번!더!"를 외치며 선생님께 귀엽게 애걸한다. 선생님도 못 이기는 척 한 번만 더 한다며 게임을 진행하셨다. 즐거운 마음으로 게임이 마무리되고 모두 기분 좋게 오늘 수업을 시작할 준비를 한다.

선생님은 차분한 목소리로 교과서를 펴고 수업을 진행하셨다. 뉴스

에 나오는 시사 용어들을 아이들이 알아들을 수 있는 말로 쉽게 풀어 이야기해 주고 "너희들은 어떻게 생각해?"라고 물었다.

오늘 관찰할 학생인 선화는 선생님의 말과 친구들의 답변을 귀 기울여 들었다. 그리고 자신의 생각과 비슷하게 답하는 친구에게는 고개를 끄덕이며 공감을 표했다. 엉뚱한 대답을 하는 친구를 향해서는 편안한 미소를 지어 보였다.

선생님이 오늘 공부할 문제에 대해 묻자 학생들은 서로 대답을 하려고 팔을 들고 간절한 눈빛으로 선생님을 바라보았다. 학생들의 대답이 끝나고 선생님은 '공약'에 대해 쉽게 알 수 있도록 요즘 정치인들의 공약을 예로 들어 설명했다. 정치인들의 공약 가운데는 진정한 공약(公約)이 아니라 말만 앞설 뿐 속은 텅 빈 공약(空約)도 있다는 뼈 있는 말씀도 덧붙였다. 그리고 지금부터 여러분들이 공약을 정할 때는 진정으로 실천할 수 있는 공약을 정하고 그 이유를 써보라고 하셨다.

선화는 교과서에 자신이 생각하는 공약을 적기 시작했다. 다 적고나서는 옆 친구가 어떤 내용을 적었나 궁금한지 짝의 공약을 살펴보기도 한다. 선화는 공약을 미리 다 적고 남은 시간에 친구와 소곤소곤 얘기를 나누었다. 다른 아이들도 활동을 마쳤는지 주변이 조금씩 시끄러워지기 시작했다. 선생님은 학생들이 만든 공약과 그 공약을 제시한 이유, 그리고 실천 방법을 물어보았다. 주변 친구들을 웃기려고 엉뚱한 답변을 하는 친구도 있었지만 선생님은 정색을 하기보다 그저 웃고 유머로 받아넘기셨다. 그런 선생님을 보고 학생들은 더 밝게 웃었다.

선화는 처음엔 손을 들지 않고 친구들이 하는 발표를 가만히 듣고만 있었다. 마침내 수업이 끝날 무렵 오늘 배운 내용을 정리할 시간이 됐다. 선화는 오늘 무엇을 배웠는지 발표해 보자는 선생님의 말에 손을 번쩍 들었다. 하지만 아쉽게도 기회는 옆에 있는 다른 친구에게 돌아갔다. 선화는 그래도 밝은 표정으로 선생님이 정리해 주는 내용을 귀담아 들었다. 종소리가 울리고 수업이 마무리되었다.

💬 학생과의 대화

선화는 다문화 가정의 학생이다. 까만 피부에 허리까지 내려오는 긴 생머리가 트레이드마크여서 많은 학생들 속에서도 한눈에 금방 찾을 수 있다. 튀는 외모와 달리 선화는 차분하고 조용한 성격이다. 마음씨도 고와서 작년에 내가 담임을 맡았을 때 다른 친구가 도움을 필요로 하면 기꺼이 도와주는 모습을 자주 보았다.

하지만 부모님 중 한 분이 한국어에 서툰 외국인이다 보니, 학습에 약간의 어려움을 겪고 있다. 그래서 수업시간에 가끔 자신 없는 모습을 보일 때도 있었다. 학습에 자신감이 떨어졌던 선화가 올해는 어떻게 변했는지 궁금해 대화를 청했다.

"안녕!"

"네! 선생님."

"오랜만이다. 그렇지?"

"네."

"오늘 선생님이 너희가 수업하는 모습을 관찰했는데 선화와 이야기를 해 볼 수 있을까?"

"네, 말씀하세요."

"선화는 수업시간이 어떻게 느껴지니?"

"편안하고 재밌어요."

"새로 오신 선생님은 어떠신 것 같아?"

"저희들 말을 잘 들어주고 재밌으신 분이세요. 따뜻하시고요."

"그렇구나. 그럼 작년 선생님은?"

작년 선생님도 괜찮았다는 말이 듣고 싶어 장난스럽게 물었다.

"네? 작년 선생님은 선생님이시잖아요. 하하! 잘 모르겠는데요."

선화는 웃으며 대답했다.

"선화야. 수업 중에 보니까 너도 그렇고 많은 친구들이 선생님에게 스스럼없이 자신의 생각을 얘기하던데 선생님을 만나고 처음부터 그랬니?"

"아뇨. 처음에는 선생님이 무섭게 보여서 그러지 않았어요."

양용석 선생님의 첫인상이 강렬해 처음 만났을 때 나 역시도 조심스러웠던 기억이 떠올라 웃음이 났다.

"처음엔 무섭게 느껴졌지만 시간이 지날수록 선생님이 편안하고 따뜻하게 느껴졌구나."

"네. 우리 선생님 정말 좋으세요."

해맑은 선화의 대답에 양용석 선생님이 조금은 부러웠다. 오후에도 선생님의 교실엔 많은 학생들이 남아서 선생님과 자연스럽게 이런저런 얘기를 나눈다. 선생님에게는 아이들과 친해지는 무슨 비결이라도 있는 것일까?

"너도 그렇고 다른 친구들도 그렇고 수업이 끝나도 교실에서 선생님과 함께 오랫동안 있다가 가더구나. 학원도 가야하고 바쁠 텐데 선생님과 따로 하는 게 있는 거니?"

선화는 여전히 밝은 웃음을 머금고 대답했다.

"아뇨. 그냥 우리끼리 얘기하거나 선생님하고 수다를 떠는 게 재밌어서 남아 있어요."

듣고 보니 당연한 대답이었다. 아이들은 특별한 이유나 목적이 있어서가 아니라 그저 선생님이 좋아서 선생님과 함께 있는 것이었다. 방과 후에 선생님의 교실에 들릴 때가 있는데, 수업이 끝났는데도 교실에 남아서 선생님과 도란도란 얘기하는 아이들을 자주 볼 수 있었다. 그때마다 선생님은 세대 차이를 넘어 학생들과 대화를 하시고 때론 엉뚱한 유머로 학생들을 웃기곤 하셨다.

아이들의 눈빛에는 선생님을 좋아하는 마음이 그대로 묻어 있었다. 또 얼굴에는 미소가 끊이지 않는다. 그런 아이들과 선생님의 모습을 바라보는 나의 마음도 흐뭇해진다.

"선화야! 인터뷰 고마웠고 작년보다 수업시간에 더 즐거워하는 네 모습을 보니 선생님이 조금 질투가 나는데?"

익살스런 인사를 건네자 선화가 활짝 웃는다.

"하하! 저희 이제 가볼게요."

선화는 재빨리 일어서 교실로 돌아갔다.

💬 수업자와의 대화

관찰자   갑작스런 요청에 수업을 공개하기가 쉽지 않은데, 이렇게 공개해 주셔서 감사합니다. 참 많은 걸 보고 느낀 시간이었습니다. 아이들이 선생님을 참 좋아하고 있는 것 같아요.

수업자   별말씀을요. 오히려 부족한 수업이라 조금 부끄럽네요.

관찰자   오늘 수업은 어떤 수업이었나요?

수업자   선거 유세의 적절성을 판단하는 국어 수업입니다. 학생들에게 선거 유세에 대하여 알려주고 학생들이 선거 유세의 적절성을 스스로 판단하도록 수업을 이끌어보았습니다.

관찰자   수업 초반에 간식을 가지고 가위바위보 게임을 하시던데 어떤 의도가 있으셨나요?

수업자   아이들과 친밀감을 쌓기 위한 게임이었습니다. 캐러멜은 세 개만 준비하는데요. 아이들의 닫힌 마음도 풀어주고 좋네요.

관찰자   선화도 그렇고 아이들이 질문을 참 많이 하던데요. 어떤 비결이 있나요?

수업자   아마도 아이들과 신뢰가 형성돼서 그런 것 같아요. 아이들과 좀 더 친해진 거죠.

관찰자　제 경우는 아이들과 친해지다 보면 아이들이 넘지 않았으면 하는 선을 넘을 때가 있는데 선생님은 그럴 때 어떻게 하시나요?

수업자　수업 중에 아이를 크게 나무라지는 않아요. 다만 수업이 끝난 후 아이와 대화를 해 보고 거기에 맞는 조치를 취합니다. 제가 생각하는 선을 넘었다고 해서 그 즉시 아이를 나무라면 그동안 쌓았던 친밀감도 함께 무너질 위험이 있습니다. 그래서 되도록 아이들 앞에서는 감정적으로 대응하지 않으려고 노력합니다.

관찰자　그렇군요. 생각해 보면 저는 감정적으로 대응한 적이 많았던 것 같습니다. 최근에 수업 중에도 부끄럽지만 그런 일이 있었는데요. 지만이란 학생이 교과서도 안 가져오고 수업도 나몰라라 하며 자신이 하고 싶은 놀이에만 집중을 하는 것입니다. 그냥 그대로 놔두면 안 될 것 같아 수업 중이지만 그러지 말고 태도 바르게 하고 수업에 참여하라고 훈계를 했지요. 지만이는 그날따라 기분이 몹시 안 좋았던지 제가 하는 질문에 대답을 안 하더라고요. 학생들 앞에서 부끄럽기도 하고 무례하게 느껴져서 화가 난 저는 더 크게 혼을 내고 말았지요. 지만이는 문을 쾅 닫고 교실을 나가버렸고요. 당시엔 좀 당황스러웠습니다. 교실 밖을 서성이고 있는 지만이를 찾아 교재연구실에서 차분히 감정을 가라앉히고 이런저런 얘기를 나누어봤습니다. 한동안 입을 열지 않고 꿍하던 지만이는 조금씩 말문을 열었어요. 그러고는 하는 말이, 자신이 잘못한 줄은 알았지만 다른 친구들 앞에서 야단을 맞으니 기분이 너무 나빠서 그런 행동을 했다더군요. 지만이의 말을 듣는 순간 선생님

말씀처럼 지만이 입장에선 저만큼 기분이 나빴을 수 있겠구나 하는 생각이 들었어요. 학생들을 가르치는 것도 관계 맺는 것도 참 어려운 것 같아요. 그래서인지 선생님의 말씀이 더욱 깊이 와 닿았습니다. 부끄럽지만 앞으로도 배우고 실천해야 할 게 참 많은 것 같아요.

수업자 하하! 지금도 잘하고 계신데 별말씀을요.

관찰자 노력해야겠지요. 그런데 선생님, 작년에 저희 반이었던 선화가 그렇게 얘기를 많이 하는 친구인지 몰랐습니다. 선생님한테 얘기하는 걸 듣고 깜짝 놀랐어요. 선화하고는 어떻게 그리 가까워지셨나요?

수업자 제가 선화에게 이것저것 컴퓨터에 대한 도움을 많이 받았고요. 선화가 마음씨가 고와서 열심히 도와주더라고요.

관찰자 그러셨군요. 그래도 선화가 선생님과 친밀감이 형성되어 편하게 많은 얘기를 나누는 것 같아요. 저도 선생님처럼 아이들의 마음을 빼앗고 싶네요. 오늘 많은 걸 배웠습니다.

수업자 저도 대화 즐거웠습니다. 언제든 이런 대화는 환영입니다!

🔅 수업 성찰

양용석 선생님의 수업에는 눈에 띄는 화려함은 없을지라도 가슴을 촉촉이 적시는 무언가가 있다. 아이들은 수업과 관련 없는 질문도 서슴

없이 하며 편안하고 자연스러운 모습이었다. 아이들이 엉뚱한 질문을 해도 선생님은 정성껏 대답해 주고 그것을 수업과 연관지으려 노력하셨다.

수업이 끝난 뒤의 면담을 통해 아이와 선생님과의 관계가 어떻게 가까워질 수 있는지 조금은 느낄 수 있었다. 특히 학생이 교실에서 잘못한 게 있어도 바로 나무라지 않는다는 선생님의 신조가 의미 있게 다가왔다.

모든 아이들이 보는 교실에서 교사가 한 학생을 나무라게 되면, 그 아이와 친밀감이 깨지기 쉽고 수업 분위기도 싸늘하게 만들어버릴 수 있다. 잠깐 감정이 상했다고 해서 이것을 반 전체에 표출하며 내 감정을 해소하려 하기보다는, 학생의 이야기를 들어보고 일대일로 문제를 해결하려는 노력이 필요할 것 같다. 지식을 전달하고 학습 목표에 도달하는 '보이는 수업'도 중요하지만, 학생과 교사가 서로에 대해 알아가며 서로를 통해 배우는 '보이지 않는 수업'도 그만큼 중요하기 때문이다.

5

관계는
아주 작은 것에서부터

2년차 신규 선생님인 이다현 선생님의 반에는 작년에 나와 문제가 많던 학생이 하나 있다. 공부를 싫어했고 숙제도 거의 해 오지 않았던 터라 나는 그 아이를 보면 괜스레 마음이 불편해지곤 했다. 여러 번 혼낼 상황이 생기다 보니 아이도 비슷하게 느꼈을 것이다. 그렇게 나와 그 학생은 서로를 마음에 들어 하지 않는 상태로 1년을 보냈다.

그런데 그 학생이 올해 이다현 선생님 밑에서 공부하면서 많이 달라져 있었다. 나와 함께할 때는 학습에 흥미도 없고 관계도 좋지 않았던 아이가 이다현 선생님의 수업에서는 눈빛도 바뀌고 웃음도 많아졌다. 여전히 공부는 잘 못하지만 선생님을 통해 듣기로는 스스로 공부하려고 노력하는 모습을 종종 보인다고 한다. 내 수업에서와는 달리 손을 들고 발표도 하는 모습에 새삼 많은 것을 느낀다. 내가 학생에게 다가

가지 못했고, 기다려주지 못했구나 하는 생각이 나를 부끄럽게 만들었다.

아이들은 자기를 알아주고 마음으로 받아주는 사람을 향해 비로소 자신의 긍정적인 모습을 보여준다. 쉽게 저 아이는 안 된다고 말하고, 나부터가 긍정적인 모습을 기대하지 않으면서 아이가 변화하길 바라는 것은 어쩌면 애초에 잘못된 바람인지도 모른다. 나는 내가 그 학생과의 관계에서 무엇을 놓치고 있었는지 다시 생각해 보았다. 아마도 잘못을 고쳐주겠다는 생각만 했지 따뜻한 마음으로 보듬어주지 못했던 것 같다. 어쩌면 그래서 우리는 서로 간의 거리를 좁히지 못한 게 아닌가 싶다.

관계의 중요성은 누구나 잘 안다. 하지만 머리로는 너무나 잘 알고 있다 하더라도 나도 모르게 학생과 이리저리 얽힌 관계를 풀기란 생각처럼 쉽지 않다. 그럴 때는 무턱대고 관계를 풀려 하기 전에 관계가 어디서부터 잘못된 건지 고민해 보는 게 먼저가 아닐까?

🔍 수업 들여다보기

2014년 12월 12일 3교시 | 수학 : 정비례와 반비례 | 수업자 : 이다현 선생님

선생님이 씩씩한 목소리로 수업이 시작됐음을 알리자 학생들은 집중해서 선생님을 바라보았다. 선생님은 학생들이 자율적으로 수학 익

힘책 과제 정답을 확인하도록 했다. 아이들은 모두 고개를 숙이고 열심히 담임선생님의 말에 따라 정답을 맞힌다.

그런데 뒤쪽에 앉아 있거나 선생님이 가까이 다가가지 않았던 학생들은 거의 고개를 들지 않았다. 선생님의 목소리가 교실 앞과는 달리 뒤에서는 명확하게 들리지 않아서인 것 같았다. 그러다 보니 조금은 거리감이 느껴지기도 했다.

교실 뒤쪽에 앉은 유림이가 오늘의 집중 관찰 학생이다. 유림이는 수업을 듣는 듯 마는 듯 고개를 숙이고 선생님을 바라보지 않았다. 그저 교과서를 바라보며 연필과 지우개만 만지작거렸다. 선생님의 안내에 따라 친구들이 교과서 문제를 풀기 시작하자 그제서야 유림이도 조용히 문제를 풀었다. 선생님이 문제 풀이를 하고, 다른 아이들과 질의응답을 주고받는데도 유림이는 여전히 고개를 숙인 채 친구들과 선생님의 활동에 별 관심이 없다. 가끔 무심히 친구들의 발표를 쳐다볼 뿐이다.

선생님이 쉬운 문제를 질문하자 진규가 손을 번쩍 든다. 자신이 알고 있는 답을 자신 있게 대답하고 답이 맞았다고 하자 진규는 어깨를 으쓱하며 자신감 넘치는 표정을 짓는다. 이렇게 친구들이 수업에 적극적으로 참여하는 동안에도 유림이는 수업에 별 관심이 없다. 선생님의 마지막 정리와 함께 수업이 끝나자 유림이는 자리에서 벌떡 일어나 씩씩하게 교실 바깥으로 나갔다.

💬 학생과의 대화

유림이는 운동을 잘하고 목소리도 시원시원한, 생김새만 보면 남자 같은 여학생이다. 하지만 이야기를 나누며 무슨 생각을 갖고 있는지 들어보면 겉모습과는 다르게 정말 따뜻하고 섬세한 학생이다. 거짓 없는 표정과 행동도 유림이의 빼놓을 수 없는 장점이다. 수업 관찰을 끝내고 잠시 유림이와 이야기를 나누어보았다.

"유림아 안녕? 오늘 선생님이 너희가 수업하는 것을 관찰했어. 유림이는 수업 중에 고개를 많이 숙이고 있던데 수업이 재미없었니?"

"아니요. 그냥 아무 생각이 없었어요."

혹시 오늘 기분이 별로인 건 아닐까 하는 생각이 들었다.

"왜 아무 생각이 없었는데? 무슨 일이 있니?"

"아뇨, 그냥요."

"선생님이 보니까 해야 할 것은 다 하던데 다만 고개를 숙이고 적극적으로 참여하지 않길래 궁금해서 물어본 거야."

"네."

"혹시 선생님의 목소리는 잘 들리던?"

"네?"

유림이는 깜짝 놀라는 표정이다. 왜 깜짝 놀랐을까? 갑자기 담임선생님 이야기가 나와서 실수라도 할까봐 조심스러웠던 걸까?

"선생님도 뒤에서 관찰을 했는데, 뒤에서는 이다현 선생님 목소리가 조금 작게 들릴 때도 있더구나. 너는 앞에 앉을 때와 뒤에 앉을 때, 언제 집중이 더 잘 되는 것 같아?"

내가 관찰하면서 느꼈던 것을 유림이도 똑같이 느꼈을까?

"앞자리가 훨씬 더 집중되는 것 같아요. 선생님 목소리가 잘 들리다 보니까 아무래도 앞자리에서 수업이 더 잘 들어와요."

"그렇구나. 선생님의 눈도 여러 번 쳐다보게 되고. 그렇지?"

"네, 맞아요."

유림이는 제 얘기를 많이 하지 않았다. 단순히 내가 묻는 질문에만 답할 정도여서 유림이가 무슨 생각을 하고 있는지 자세히 들여다보지 못했다. 궁금한 것들이 많은데 아마도 담임선생님과 얘기를 나누면서 생각을 정리해 봐야겠다. 유림이가 수업 중 고개를 숙이고 선생님을 바라보지 않는 것이 선생님의 시선을 많이 못 받아서라고 섣부르게 결론을 내리는 것은 성급한 감이 있다.

💬 수업자와의 대화

관찰자   오늘 수업은 어떠셨나요?

수업자   선생님이 들어오시니까 아이들이 보통 때보다 수업을 열심히 하던데요. 하하!

이다현 선생님의 수업은 학생들이 떠들거나 수업 중 딴짓을 하지는 않지만 많은 친구들이 고개를 숙이고 있는 모습이었다. 선생님은 무엇을 보고 평소보다 열심히 한다고 얘기한 걸까?

관찰자　평상시에는 어땠는데요?

수업자　(약간 고민 섞인 표정을 지으며) 평상시에는 수업을 좀 지겨워하는 모습을 보여요. 제가 그래서 학생들이 즐거워할 만한 활동을 계획하곤 하는데요. 그럴 때는 활동하면서 매우 즐거워하고요. 그런 활동이 없는 보통 때는 수업이 지루하게 느껴지나 봐요. 그런데 선생님이 들어와서 수업을 보고 계시니까 발표도 열심히 하고, 깜짝 놀랐어요!

선생님은 학생들이 전보다 바른 자세로 수업에 집중하는 모습을 보여서 평소보다 열심히 했다고 여기셨나 보다. 학생들이 수업시간 동안 고개를 숙이고 있는 모습은 어떻게 생각할까 궁금했다.

관찰자　수업을 듣는데 학생들이 선생님과 눈을 마주치는 시간이 적고 교과서를 보고 반듯한 자세로 수업에 집중하던데 보통 수업 때도 그런가요?

수업자　(조금 놀라며) 아, 그러고 보니까 정말 그렇네요. 평상시와 다르게 좀 너무 바른 자세로 수업을 한 것 같아요. 그런데 저보다 교과서를 주로 바라보고 있는 줄은 몰랐어요.

관찰자　선생님은 평상시 수업할 때 학생들 얼굴을 골고루 잘 보시는 편인가요?

생각해 보니 평상시에 전 골고루 시선을 주는 편은 아니에요. 열심히 수업에 참여하거나 아니면 특별히 떠들거나 장난치는 학생들이 아니면 눈에 잘 들어오지 않는 것 같아요. 생각지 못했던 부분이네요. 하지만 오늘은 유난히 다른 때보다 고개를 숙이고 열심히 하는 모습을 보인 것 같아요.

관찰자 선생님 반 학생들이 제가 관찰한다고 하니 수업을 열심히 하는 모습을 보여주고 싶었나 봐요. 자기들 나름대로는 그 모습이 수업에 열심히 참여하는 모습이라고 생각한 것 같네요.

수업자 네, 듣고 보니 저도 그런 것 같아요.

관찰자 유림이는 어떤 학생인가요?

수업자 대단한 아이예요. 씩씩하고 활기찬 겉모습과는 다르게 가정형편이 어려운 학생이에요. 어머님이 계시지만 매우 바쁘시고 할머니 밑에서 큰 걸로 알고 있어요. 그런데도 다른 친구들 앞에서 주눅들지 않고 자기 주장을 확실하게 표현해요. 가끔 그 주장이 지나쳐 억지가 될 때도 있지만요(웃음).

관찰자 평상시 유림이와 관계는 어떠세요?

수업자 유림이는 저를 친구처럼 생각해서 때로는 장난이 지나칠 때가 있어요. 저에게 와서 개그콘서트에 나오는 유행어 "뭐야~ 뭐야~"를 따라하기도 하고 가끔은 뒤에서 제 무릎을 갑자기 누르는 짓궂은 장난을 치기도 해요. 한번은 저도 모르게 너무하다는 생각이 들어 유림이에게 "선생님이 네 친구냐"면서 화를 낸 적이 있어요.

관찰자   그 후론 선생님께 하던 장난이 좀 줄었나요?
수업자   아뇨. 조금 지나면 금방 잊어버리고 변함없이 저에게 다가와서 장난을 쳐요. 아마도 유림이는 저를 친구라고 생각하는 것 같아요.

관찰자   유림이의 평상시 수업 태도는 어떤가요?
수업자   수업 중 눈에 띄게 장난을 치거나 하지는 않아요. 그런데 고개를 숙이고 몰래 뭔가를 가지고 놀다가 저에게 혼날 때가 많아요.

관찰자   그렇군요. 앞쪽에 앉아 있을 때도 지금처럼 집중력이 떨어졌나요?
수업자   (잠시 생각을 더듬더니) 꼭 그렇지는 않았던 것 같아요. 앞에서는 제가 가까이 있어서 그런지 지금보다 더 집중해서 수업했던 기억이 있어요. 딴짓은 더러 하지만요.

선생님의 말을 듣고 나니 오늘 봤던 수업에서 유림이의 행동이 조금 이해가 갔다. 유림이는 선생님이 하는 말에 귀는 열어놓고 있으나 거의 집중을 하지 못하고 있었다. 아마도 선생님과의 관계가 나빠져 공부에 흥미가 없는 것은 아니고 그냥 수업시간이 지루해 혼자서 뭔가를 만지작거렸나 보다. 그럴 땐 담임선생님이 교실을 돌아다니며 학생 곁으로 다가가서 수업을 한다면 좀 더 집중할 수 있지 않을까?

유림이의 행동이 좀 정리되자 작년에 우리 반이었던 진규가 궁금해졌다. 진규는 공부에 거의 관심이 없고 자기가 하고 싶은 것에만 집중하던 학생이었다. 그런데 어떻게 선생님 반에 와서는 표정이 밝아지고 수업에도 적극적으로 참여하게 되었는지 궁금했다.

관찰자   작년에 우리 반이었던 진규가 수업 중에 스스로 발표하는 모습을 봤어요. 자신감도 생기고 밝아졌던데요.

수업자   아! 진규요. 여전히 공부는 잘 못하지만 이번에 기말고사 보면서 처음으로 스스로 공부를 했다고 하더라고요. 그래서 부모님도 매우 좋아하셨어요.

관찰자   진규에게 무슨 일이 있었던 건가요?

수업자   제가 뭐 한 건 없고요. 전 진규에게 "남아서 공부 좀 하다 가지 않을래?" 하고 얘기를 몇 번 건넨 것밖에 없어요. 그렇다고 진규가 남아서 공부한 적은 없고요. 억지로 시키지도 않았어요. 기말시험 전에 친구들과 시험 성적 올리기 내기를 하면서 그동안 잘하지 않던 질문을 주말에 직접 전화해서 물어보더라고요. 시험 바로 전이라 좀 늦은 감은 있었지만 그래도 기특했어요. 그동안 스스로 마음을 먹고 공부를 해 본 적이 없었거든요.

관찰자   또 생각나는 게 있다면요?

수업자 제가 교실에서 학생들을 가르칠 때 평상시에 잘 못하던 것을 잘해 내면 크게 칭찬을 해 주거든요. 또 쑥스럽지만 손가락으로 하트를 만들어 "사랑해!"라고 자주 말해 주고 학생들을 가끔 안아주기도 합니다. 이런 것들도 영향을 끼치지 않았을까 싶네요.

💡 수업 성찰

사실 처음 수업을 관찰했을 때는 전체적으로 학생들이 고개를 숙이고 있는 모습을 보고 뭔가 조금 이상하다는 생각이 들었다. 교실 분위기가 나쁘다거나 강압적인 것도 아닌데 학생들은 선생님과 눈을 마주치고 상호작용을 하기보다는 교과서를 바라보고 수업을 하고 있었다.

하지만 수업이 끝난 뒤 인터뷰를 통해 왜 그랬는지 조금은 이해할 수 있게 되었다. 학생들은 내 앞에서 담임선생님을 위해 열심히 수업하는 모습을 보여주려고 자기들 나름대로 애를 쓰고 있었던 것이다.

뒷자리에서 학생의 입장이 되어 유림이를 관찰하며 나 역시 많은 것들을 배웠다. 유림이와 진규를 생각하며 경우는 조금 다르지만 담임선생님과의 거리, 즉 '관계'가 얼마나 중요한지 다시 한 번 생각해 보게 되었다.

유림이는 담임선생님과 친밀한 관계를 맺고 있음에도 불구하고 수업 중에 선생님이 관심을 덜 가지면 집중력이 많이 흐트러지는 모습을 보였다. 아마도 뒤쪽에서 수업하고 있는 유림이는 담임선생님과의 거리로 인해 수업자의 관심에서 조금 벗어나게 되고 그러다 보니 수업을 방해하지 않는 선에서 혼자 딴짓을 하게 되는 것 같았다. 이럴 때는 교사가 조금만 관심을 가져주면, 아이의 눈을 금세 다시 수업으로 돌릴 수 있을 것이다.

하지만 오늘 수업에서 무엇보다 인상 깊었던 점은 진규의 변화다. 관계에 있어서 학생의 잘못된 점을 고치려 하기보다 잘하는 점을 칭찬하는 것, 부정적 자극보다 긍정적 자극을 주는 것이 얼마나 큰 힘을 갖는지 이번 수업 관찰로 다시 한 번 느낄 수 있었다.

나는 진규가 공부를 못하는 것을 가지고는 혼내지 않았지만 과제를 해 오지 않으면 크게 나무랐다. 그런 상황이 쌓이고 쌓여 학생과 나 사이의 친밀감이 어느샌가 조금씩 무너지기 시작한 것 같다. 사실 나는 자신이 해야 할 일조차 제대로 하지 않는 진규가 뭔가를 책임감 있게 해낼 수 있으리라고는, 긍정적으로 변할 수 있으리라고는 쉽게 믿지 못했다. 그렇게 나는 진규의 장점보다 단점을 먼저 보았고 장점이 보인다고 하더라도 그동안 쌓인 감정 때문에 별로 칭찬해 주고 싶지 않았다. 그만큼 우리는 멀어져버렸던 것이다.

하지만 새로운 선생님을 만나고 진규는 변했다. 자신의 장점을 칭찬해 주고 믿어준 선생님의 따뜻한 마음에 진규는 변화로 답하고 있었던 것이다.

관계는 작은 것들이 쌓여 큰 흐름을 이룬다. 작은 갈등과 마찰이 쌓이면 관계는 틀어지고 작은 관심과 믿음, 배려가 쌓이면 더욱 견고한 관계로 거듭난다. 내 예상을 깨고 보란 듯이 변한 진규처럼 친밀한 시간들이 차곡차곡 쌓인다면 학생과 교사 사이에는 작은 오해나 실수 따위에 쉽게 흔들리지 않는 신뢰감이 형성될 수 있을 것이다.

여러 번의 시행착오를 겪으며 나 역시 작은 것부터 변화를 주기 위해 노력 중이다. 교실에서 강의를 할 때 앞에서만 하지 않는 것도 그런 노력 가운데 하나다. 여러 번의 수업 관찰을 통해 자리를 옮겨가며 강의를 하는 것이 더 효과적임을 알게 된 덕분이다. 아이들도 선생님이 이제는 앞에서만 강의를 하지 않는다는 것을 잘 알고 있다. 그래서인지 수업 중에 딴짓을 하다가도 선생님을 바라보는 횟수가 많아졌다.

또 아이들을 바라보는 나의 눈빛도 전보다 따뜻해졌다. 그만큼 아이들도 나를 더욱 온화하게 맞아준다. 이제는 나부터 그런 아이들을 믿어주고 칭찬해 주기 위해 노력한다. 그러다 보니 교실이라는 공간이 좀 더 편안하고 행복하게 느껴진다. 이렇게 작지만 소중한 변화가 계속 이어져, 부족했던 부분을 깨닫고 채워가는 계기가 되었으면 한다.

우리 반 눈높이에
맞춘 수업 찾기

이효인 선생님의
수업 관찰기

─────"신규 때 수업 공개 많이 해. 신규 때는 틀려도 괜찮고 잘못해도 괜찮아. 뭘 해도 너그럽게 용서받는 게 신규 때야. 하지만 나이 먹고 공개하려면 모든 것이 어려워. 특히 후배들의 눈이 더 무서워져."

초임 교사 때부터 선배들에게 들었던 말이다.

명색이 수업장학이라는 교내 수업 공개 때도 상황은 크게 다르지 않다. 연구 수업을 할 사람을 뽑을 때마다 경력이 짧은 순으로 차례가 매겨지곤 한다. 그때마다 선배들은 핑계처럼 이렇게 이야기했다.

"나도 다 그렇게 지내왔어."

그렇게 시간이 흘러 나도 어느덧 경력이 쌓여 더 이상 공개수업을 할 필요가 없는 자기장학 대상자가 되었다. 그리고 나 역시 여느 선배들처럼 학교에서 실시하는 공개수업을 피할 수 있게 되었음에 안도했다.

사실 수업은 그 반의 담임교사가 가장 잘 이해하고 있음을 교사들도 모르는 게 아니다. 수업에서 중요한 것은 학생과 교사 간의 공감과 소통이라는 것도 잘 안다. 설사 수업을 사전에 계획했더라도 학생과의 소통 과정에서 그 계획이 틀어졌다면 수업 흐름에 맞게 그대로 진행하는 것이 훨씬 좋다는 것도 교사들은 알고 있다. 공장에서 생산되는 공산품처럼 모든 단계가 규격화된 수업이 꼭 좋은 것만은 아니라는 것도, 칠판 수업을 버려야 비로소 수업이 살아난다는 사실도 익히 들어왔다.

하지만 문제는 이렇게 잘 알고 있는 것을 실제 교실에서는 행동에 옮기기 어렵다는 데 있다. 수업장학에서는 규격에 맞추어 실수 없이 해내야 비로소 수업을 잘했다고 평가받기 때문이다. 아니, 공격받지 않으려면 그렇게 해야 한다. 그래서 교사들은 수업 공개를 가능한 피하려 한다. 교사의 존재 이유가 수업인데도 말이다.

이런 문제를 뛰어 넘어 수업 공개가 좀 더 의미 있는 시간이 되기 위해서는 수업을 여는 교사들에 대한 칭찬과 격려가 필요하다. 그래야 교사가 자발적으로 교실 문을 열고 수업을 공개할 수 있다. 그렇게 수업을 열어야 살아 있는 다른 수업을 볼 수 있게 되고, 그것을 자신의 수업과 비교하며 새로운 아이디어를 얻고 교사로서 성장할 수 있다.

우리가 수업친구 활동을 시작한 것도 같은 취지에서다. 수업을 열어 서로에게서 배우고, 전문성을 키워보자는 취지로 선생님들이 모였고 각자 자신의 교실 문을 열었다. 더 나은 교사가 되기 위한 첫발을 디딘 것이다.

천리 길도 한 걸음부터다. 거창한 목표보다는 그 목표에 도달하기

위해 뗀 한 걸음이 내게는 더욱 소중하다. 우리와 함께 많은 선생님들
이 서로의 수업친구로 함께할 때 그것은 단지 교사 몇 명의 걸음이 아
니라 학교의 걸음, 교육의 걸음이 될 것이라 믿는다.

1

배움을
수업의 중심에 두자!

수업의 목적은 기본적으로 학생의 배움에 있다. 수업자의 교수 행위는 단지 학생의 배움을 돕기 위한 것일 뿐이다. 교사가 아닌 학생이 수업의 중심에 놓여야 한다는 말이다.

하지만 교사 한 명당 학생이 25명 안팎인 우리 현실에서, 그런 일은 쉽지 않다. 교실을 관찰하는 사람의 입장에서는 학생의 배움보다 교사의 교수 행위가 더 쉽게 눈에 띈다. 여기서 우리는 '수업의 내용'뿐 아니라 '수업이 어떻게 보이는가'에 대한 고민도 함께하게 된다. 특히 그 수업이 공개수업이라면 후자의 고민은 더욱 커진다.

학생의 입장으로 바라본 수업은 어떤 모습일까? 수업시간에 가만히 앉아서 선생님을 쳐다보면 수업 태도가 좋다고 칭찬받는다. 손을 바르게 들고 발표를 하면 더 큰 보상을 받는다. 이런 수업이 보통 하루에 여섯 시간 정도 되고, 일주일에 두 번인 체육시간을 제외하면 수업시간에 활발한 신체 활동을 할 일은 거의 없다. 학생 입장에서 대부분의 수업 시간은 가만히 앉아만 있어야 하는 시간이라는 것이다.

보다 근본적인 문제는 학습 자체에 있다. 학생들이 스스로 주제를 잡고, 사고하고, 해결하고, 검증하고, 필요에 따라 토의하는 과정을 수업시간에 해 보기란 쉽지 않다. 현실적으로 교육과정이 존재하고 단위시간에 학습해야 할 주제가 이미 주어져 있으며 선생님과 학생은 진도를 끝내야 할 의무가 있기 때문이다.

소를 물가에 끌고갈 수는 있어도 억지로 물을 먹일 수는 없는 법이다. 목이 말라 물을 마시고 싶어야만 소는 물에 입을 댄다. 해야 할 과제가 이미 주어진 학교 수업에서 어떻게 하면 학생이 스스로 학습하는 것처럼 느낄 수 있을까? 어떻게 하면 배움에 목마르게 할 수 있을까? 수업을 준비할 때 교사가 먼저 고민해야 할 부분이다.

학생이 스스로 배우게 하자. 그들의 자발성을 최대한 끌어내자. 교사는 이를 뒷받침하고, 격려하고, 배움에서 이탈한 학생을 다시 끌어당기는 역할을 하자. 배움에 대한 목마름으로 스스로 우물을 파고 물을 마시게 하자. 자기 주도 학습의 이런 취지는 많은 호응과 공감을 얻고 있다.

하지만 '어떻게?'라는 질문 앞에서는 아직까지 속 시원한 대답이 나오지 못했다. 나 역시 이런 물음의 답을 찾는 과정에서 최근 유행하는 거꾸로 수업을 우리 반에서 시도해 보았다. 수업 전 5분간 동영상으로 그날 학습할 내용을 보여주고 학생들이 스스로 학습하도록 했다. 그러나 몇 번의 수업 후 학생들의 의견을 수렴해 내린 결정은 그런 방법이 생각만큼 큰 효과가 없다는 것이었다.

아무리 훌륭한 교수법이라도 나와 우리 학생들에게 딱 들어맞지 않으면 소용이 없다. 그래서 나와 우리 학생들은 '다른 교실'의 훌륭한 교수법을 찾기보다 방식을 달리해 가며 우리에게 딱 맞는 여러 가지 수업들을 만들어가고 있다. 나는 이런 과정을 '우리 반 눈높이에 맞춘 수업'이라고 부른다. 이 수업이 궁극적으로 추구하는 바는 40분의 수업시간을 학생이 중심이 되어 배우게 하는 것이고, 교사의 역할을 효과적으로 축소시키는 것이다.

능동적으로 배운 학생은 능동적으로 행동하게 된다. 선생님의 도움을 받더라도 결국 주도적으로 문제를 발견하고 해결해 나갈 것이다. 또한 스스로 배운 학생은 자신에게 닥친 문제를 스스로 해결할 수 있다. 그러기 위해서는 학생 개개인에게 맞는 수업 방식이 필요하다. 모든 학급에서 아이들 각각의 특성에 맞춘 학습자 중심 수업이 이루어질 때 배움의 크기도 더 커질 수 있다.

수업친구의 교실에서 내가 주로 관찰하는 것도 이 부분이다. 관찰 학생이 어느 순간에 자발적으로 수업에 참여하는지, 어떤 내용이 관찰 학생을 능동적으로 움직이게 하는지를 집중적으로 살핀다. 수업이 진정 그 목표를 달성하기 위해서는 학생의 반응을 잘 살피는 것이 무엇보다 중요하기 때문이다.

🔍 수업 들여다보기

2014년 7월 10일 3교시 ┃ 실과 : 전자회로 꾸미기 ┃ 수업자 : 전유리 선생님

이번 수업은 연속차시 수업으로 전자회로 꾸미기 실습시간이다. 아이들은 전 시간에 부품 하나하나와 이것들을 어떻게 연결하는지를 배웠다. 오늘은 이 설명을 바탕으로 학생들이 직접 빛을 내는 장치를 만들 차례다. 전 시간부터 진행된 활동이라 만드는 과정을 처음부터 확인하지는 못했지만, 아이들은 기기를 작동하는 데 능숙해 보였다. 자유로운 실습시간이었음에도 교실은 차분하고 정돈된 느낌이 들었다.

오늘의 관찰 학생은 교실 중간에 앉아 있는 가연이다. 가연이는 전자회로 꾸미기 활동을 금방 마치고 장치의 버튼을 눌러 빛이 나는 것을 확인했다. 다른 친구들은 아직 활동을 마치지 못한 것 같았다. 가연이는 본인의 작품을 완성하고 나자 교실 앞자리에서 뒷자리로, 옆자리로 수시로 옮겨 다니며 친구들에게 무엇인가 이야기했다. 무슨 이야기일까? 조금 자세히 들여다보니 가연이가 찾아다닌 친구들의 전자회로에서는 빛이 나지 않았다. 가연이는 무엇이 잘못되어 빛이 나지 않는지 친구들에게 설명해 주고 있었다.

학생들은 선생님의 별다른 개입 없이도 수업에 매우 진지하게 참여하는 모습이다. 실과 실습처럼 활동이 주가 되는 수업은 학생들이 능동적으로 참여하는 편이다. 이때 교사의 역할은 잘 안 되는 학생을 도와주는 선에서 멈추는 것이 좋다.

수업자인 전유리 선생님도 학생의 활동 상황을 체크하는 정도로만 수업에 개입하고 되도록 학생들이 알아서 수업을 이끌어가도록 하고 있었다. 실습이 아닌 과목의 수업도 이렇게 진행할 수는 없을까? 교실이라는 공간을 학생이 스스로 자신의 배움에 맞게 그때그때 바꿔갈 수는 없을까?

학생들의 활동이 얼추 마무리됐다. 선생님은 학생들에게 완성한 소감을 물었다. 자리로 돌아간 가연이는 손을 번쩍 들었다.

"저번보다 빠른 시간에 빛을 봐서 기뻤어요!"

가연이는 스스로 전자회로의 원리를 터득하고 친구들을 도와준 것이 뿌듯한 눈치였다.

다른 학생들의 소감 발표가 이어졌다. 선생님이 나서서 발표를 시키는 시간이 계속되자 아이들의 집중력이 떨어지기 시작한다. 아이들은 선생님과 눈이 마주치면 발표하는 친구를 보는 척하지만, 그렇지 않을 때는 짝꿍과 눈짓을 주고받거나 조용히 소근거렸다. 선생님이 시켜서 발표를 할 때 학생들은 무슨 생각을 하고 있을까?

"교과서 53쪽을 보세요."

학생들의 소감 발표가 끝나자 선생님은 교과서의 학습 내용을 다시 살펴보자고 했다. 가연이는 부품에 대한 설명을 다시 들으며 실제 자기가 만든 작품과 비교해 본다.

수업에서 모둠활동은 중요하다. 학생들은 그 안에서 협력하는 방법을 배우고 관계를 다져간다. 또 더 나은 학습법을 서로에게서 배울 수도 있다. 이렇게 협력 학습에는 긍정적이고 교육적인 가치들이 모두 담겨 있다.

주어진 과제를 해결했을 때의 기쁨을 맛본 가연이는 선생님의 지시가 없어도 스스로 다른 친구들에게 자신의 노하우를 전달했다. 실습을 완료한 학생은 활동을 짝꿍이나 모둠에 제한하지 않아도 여전히 수업에 집중하며 다른 학생을 도와 자연스럽게 협업을 이끌어냈다. 과제를 완료한 학생이든, 해결 중인 학생이든 수업에 성실하게 참여한 것이다.

가연이는 세 단계에 걸쳐 배움을 이어갔다. 먼저 자신의 회로를 꾸미는 과정을 해결하고(1단계), 다른 친구들이 과제를 해결하도록 자발

적으로 협력했으며(2단계), 선생님과 함께 배움을 정리했다(3단계). 자신에게 주어진 과제를 해결하며 기본 원리를 깨친 가연이는 다른 친구를 도와주며 더 깊은 배움의 단계로 나아간 것 같다.

친구들의 전자회로를 보며 오류를 발견하고, 그것을 분석해 바로잡는 단계에서 가연이는 자신의 회로와 친구들의 회로를 비교하고 추론하며 더 큰 배움의 세계로 나아갔다. 중요한 점은 선생님이 따로 과제를 주거나 친구들을 도우라고 시키지도 않았는데 가연이 스스로 그런 협력 학습을 해냈다는 점이다. 학습에서 자발성이 중요하다는 것을 다시 발견하는 순간이다.

💬 학생과의 대화

어느 학교나 그렇듯이 초등학교 고학년 여학생들은 그들만의 그룹이 있다. 작년 우리 반 여학생은 세 그룹으로 나뉘었다. 그 그룹 중 가장 활발하고, 그만큼 다툼도 많았으며, 그로 인해 나와 면담할 시간도 많았던 그룹의 리더. 오늘 관찰 학생인 가연이다.

나의 기억 속 가연이는 수업시간에 선생님인 나를 잘 봐주는 편이었고, 적절한 시점에 발표도 잘해 주었다. 특히 시험 기간이 되면 쉬는 시간에 스스로 문제집을 풀고 복습에 집중했으며, 이해가 안 되는 문제는 내게 묻기도 하였다. 모둠의 친구들과 주도적으로 문제를 내고 맞히는 활동을 하기도 했다. 모둠 토의가 필요할 때, 또 생일 파티 같은 학급 행사가 있을 때, 학급 게시판 작품을 교체할 때에도 주도적으로 나서서 나를 도와주었다.

　매사에 적극적으로 임했던 가연이가 오늘 수업은 어떻게 느꼈을지 궁금했다. 자신의 회로를 꾸밀 때와 친구들의 회로 꾸미기를 도와줄 때, 그리고 실습을 위해 개별 학습을 할 때, 학습 정리를 위해 전체 학습을 할 때 어떤 생각을 했는지 들어보고 싶어 대화를 청했다.

　"회로 꾸미기를 일찍 완성했던데 비결은 뭐니?"

　"저번 시간엔 잘 안 됐었는데 이번 시간에는 순서대로 하니까 잘 되더라고요."

　"네 것을 완성하고 나서 모둠 여기저기를 돌아다니던데 이유가 뭐였을까?"

　"친구들 도와주려고 갔어요."

　"친구들을 도와주는 것은 잘 됐어?"

　"건전지를 잘못 끼운 모둠도 있었고 저도 잘 모르겠던 모둠도 있었어요."

　"네 것을 완성할 때와 친구들을 도와줄 때, 언제 더 이해의 폭이 넓어졌던 것 같아?"

내 질문이 조금 어려웠을까? 가연이는 잠시 생각하더니 대답했다.

"네? 친구들 도와주는 게 더 어려웠어요."

친구들과의 협력 학습에서 더 많은 도전 과제를 만났다는 의미다.

"실습이 끝나고 학습 정리를 할 때 가만히 있던데 무슨 생각을 했는지 물어봐도 될까?"

"그냥 아까 만들던 거 생각했어요."

"수업시간에는 언제가 집중이 제일 잘 되니?"

"제가 스스로 하고 싶을 때, 그때 잘 되는 것 같았어요."

관찰하며 예상했던 대로 가연이는 스스로 공부할 때 더 집중해서 하는 아이였고 그래서 오늘 실습 때도 몰입하고 재미있어했다. 특히 친구들을 가르쳐주며 한 단계 도약을 한 것 같았다.

수업 초반 아직 회로를 꾸미지 못한 친구들을 도와주러 다닐 때 가연이는 능동적인 모습을 보였다. 반면 선생님과 학습 내용을 정리하던 중·후반에는 비교적 얌전하고 수동적으로 수업에 임했다. 무엇이 가연이의 태도에 영향을 미쳤을까?

💬 수업자와의 대화

관찰자 　오늘 수업은 실습 위주의 수업이었는데 어디에 중점을 두셨나요?

수업자 　부품이 잘 맞춰져서 작동되는지, 잘 완성되는지 직접 회로를 꾸며보며 성취의 기쁨을 맛보는 게 중요하다고 생각했어요. 그래서 아이들에게 되도록 충분히 시간을 주려고 했습니다.

관찰자   아이들마다 배우는 속도가 각각 다릅니다. 어떻게 하면 속도 차가 있는 아이들의 협력 활동을 강화할 수 있을까요?

수업자   오늘 같은 실습 수업에서는 먼저 해결한 학생이 아직 해결하지 못했거나 곤란을 겪는 아이들을 찾아가서 먼저 도와주도록 합니다. 해결을 못한 아이가 먼저 친구에게 도움을 청하기는 어려우니까요.

💡 수업 성찰

학생들은 스스로 공부할 수 있는 능력이 있다. 이 능력을 일깨울 때 능동적으로 학습하는 학생이 된다. 그래서 수업은 교사가 지식을 주입해 주는 것이 아니라 학습자가 지식을 스스로 만들어가는 과정이 되어야 한다.

따라서 교사는 학습자마다 필요한 방식이 다르다는 것을 알고, 그것을 찾기 위해 노력해야 한다. 수업에서 교사의 중요한 임무는 학생이 학습에 의욕을 느끼도록 학습 환경(해결해야 할 문제, 협의해야 할 내용, 활용할 학습 자료 등)을 잘 갖추고 분위기를 만들어주는 일이다.

그러려면 먼저 학생 개개인의 학습 단계와 사정(학습자 변인)은 너무 다양해서 고려하기 어렵다는 선입견부터 버려야겠다. 그리고 우리 반 학생들은 무엇을 하고 싶어하고 또 잘하는지, 스스로 지식을 채워가도록 진정으로 도와줘야겠다.

지식은 단순히 암기로 얻어지는 것이 아님을 믿는다면 교사는 '가르침'이 아닌 '배움'의 과정을 이해하고 그 과정에서 학습자를 힘껏 도와야 한다. 훌륭한 수업은 교사가 뿌듯한 수업이 아니라 아이들 하나하나가 배움에서 뿌듯함을 느끼는 수업이니까 말이다. 수업에 임할 때 교사는 앞에서 끌고 가는 사람이 아니라 함께 걸어가는 사람이라는 사실을 항상 기억하자.

2

아이들의 미소가
되살아나는 수업

일상수업을 공개하며 내가 가장 먼저 느낀 것은 아이들의 표정 변화
다. 강의 중심 수업을 진행했을 때 아이들의 미소를 보려면 내가 아이
들을 웃기거나, 아이들이 웃긴 말이나 행동을 해야 했다(물론 쉬는 시간
에는 항상 행복한 표정으로 가득 찬 아이들의 얼굴을 볼 수 있는데도 말이다).
하지만 우리 반 눈높이에 맞춘 수업에서는 수업자가 최대한 개입을 자
제하는데도 아이들이 스스로 미소를 띤다. 파안대소가 아니라 입가에
보이는 작은 미소, 문제를 풀다가 스스로 띄우는 미소, 모둠활동을 하
며 서로 마주 보고 짓는 미소가 교실 여기저기서 보인다.

이런 나의 생각이 착각일지라도 최소한 수업을 진행하는 내가 전보
다 더 행복한 것은 분명하다. 일단 교사가 행복하다는 것은 우리 반 아
이들에게 좋은 일이다.

오늘 수업을 공개하는 박형종 선생님은 항상 얼굴에 미소를 잃지 않는 다정다감한 선생님이다. 선생님의 온화한 표정은 학생들에게 어떤 영향을 끼칠까? 오늘 관찰할 학생은 선생님의 수업에서 무엇을 배우게 될까?

수업 들여다보기

2014년 10월 10일 2교시 음악 : 초록바다 노래 부르기 수업자 : 박형종 선생님

오랜만에 관찰하는 음악 수업이다. 예체능교과는 확고한 전문성을 갖지 않으면 공개하기 부담스럽다. 수업을 공개해도 부담이 없다는 일상수업 공개의 장점 덕분에 귀한 수업을 들여다 볼 수 있었다.

초등학교에서 예술교과의 목표는 '잘하기'보다는 '즐기기'에 있다. 하지만 고기도 먹어본 사람이 잘 먹는다는 말이 있다. 예술을 즐기기 위해서는 예술에 대한 이해도 중요하다. 그래서 음악 수업처럼 활동 중심 수업이라도 이론이나 관련 배경을 설명하는 부분이 꼭 필요하다고 생각한다.

사실 대중가요의 범람으로 아이돌 가수가 초등학생들의 최고 우상이 되어버린 현실에서 동요를 부르며 즐겁게 수업하는 것은 쉽지 않다. 어렵고 지겨운 수학, 사회 같은 과목보다 활동 중심의 음악 수업을 상대적으로 선호할 수는 있겠지만 선호도 1위의 체육과 달리 역시 음악 수업은 사춘기 학생들이 즐기기엔 한계가 있다.

오늘 배울 제재곡은 '초록바다'였다. 이번 차시는 노래를 듣고 허밍으로 부른 뒤 가사를 붙여서 따라 불러보고, 끝으로 스스로 불러보는 활동 중심 수업이다.

관찰 학생인 수연이가 오늘 유일하게 수업에 집중하는 듯이 보였던 순간은 처음 노래에 대한 느낌을 이야기할 때였다. 선생님은 가사를 읽어보고 학생들에게 느낌을 적어보게 했다. 수연이가 적은 "맑아지는 느낌"이라는 문구를 선생님이 대신 읽어주었다. 뒷자리에서 한 여학생이 "그와 처음 만났던 그 바다"라고 큰소리로 이야기하자 교실은 웃음바다가 되었다. 수연이는 다른 친구의 대답을 듣고는 눈빛이 달라지며 무엇인가를 생각하는 표정이다.

6학년은 이성에 눈을 뜰 때다. 특히 여학생들은 남학생보다 호기심이 더 빨리 오는 것 같다. 학생들의 관심사는 수업 중에도 자연스럽게 드러났다. 선생님은 이때를 놓치지 않고 수업을 감성적으로 자연스럽게 끌고 갔다. 학생들은 자신들의 관심사를 이야기하자 수업에 쉽게 집중했다.

수연이는 선생님이 시범으로 초록바다를 허밍으로 부를 때 웃으며 선생님을 빤히 바라봤다. 하지만 본인이 해야 할 때는 노래를 부르지 않고 대신 손바닥으로 약하게 박수만 쳤다. 몇몇 아이들도 노래를 따라 부르지 않고 박수만 치는 모습이다.

"허밍할 줄 모르는 사람 손들어 보세요."

선생님이 눈을 가늘게 뜨고 말하자 수연이는 마지못해 손을 들며 수줍게 웃었다. 선생님이 다시 허밍을 하며 노래를 불러주자 수연이와 아이들은 같이 웃었다.

계속해서 허밍으로 부르기를 했지만 수연이는 부르지 않았다. 대신 다른 친구들을 보며 손짓을 하거나 고개를 숙이고 있다가 곡이 끝날 때 박수치는 흉내만 냈다. 가사와 함께 부를 때에도 모니터를 보며 입을 조그맣게 벌리고 아주

가끔 흥얼거릴 뿐이었다. 수연이는 이따금씩 책상 위에 올려놓은 장난감 마이크를 굴리거나 손가락을 만지작거렸다. 그러다가 책에 무엇인가를 끄적거리기도 했다. 수연이에게는 음악시간이 영 재미가 없는 모양이었다.

"파아란 하늘 빛~ 물이 들지요~ 어여쁜 초록 빛 손이 되지요~"

초록바다는 중간에 박자가 4분의 2박자로 바뀌며 노래가 빨라진다. 선생님은 그 이유를 학생들에게 물었다. 수연이는 대답은 하지 않은 채로 선생님을 바라보았다. '플랫(♭)'의 뜻도 물었다. 수연이는 대답 대신 고개를 숙이고 책장을 넘겼다.

반음을 내린 이유를 생각해 보라며 선생님은 학급에 있는 피아노 건반을 직접 눌러주었다. 역시 설명보다 직접 듣게 하는 것이 이해하는 데 도움이 되었다. 학생들에게 직접 경험을 제공하는 것이 효과적이라는 것을 학습자의 입장에서 느낄 수 있었다. 하지만 수연이는 여전히 마이크와 자신의 손가락만 쳐다보며 좀처럼 수업에 집중하지 못하는 모습이다.

음악 수업에 흥미를 못 느끼는 학생의 음악성을 어떤 방법으로 길러줄 수 있을까? 교사에게 특별한 재능을 요구하는 예술교과는 나에게도 가장 곤란한 과목 가운데 하나다.

사실 동요를 그다지 좋아하지 않는 6학년 학생들에게 왜 적극적으로 노래를 부르지 않느냐고 따져 물을 수는 없다. 교육과정이 개정되어 제재곡이 동요나 민요에서 본인이 좋아하는 음악으로 바뀐다면 학생들이 지금보다는 더욱 즐겁게 참여할 것이다. 교과서의 다양화도 중요하지만, 음악 교육과정도 시대를 반영해 변화를 줄 필요가 있다.

📣 학생과의 대화

작년에 5학년 반 대항 축구 시합을 한 적이 있다. 전반은 여학생, 후반은 남학생이 경기를 하여 모두가 참여하는 축구 시합이었다. 대부분의 여학생들은 공을 차본 경험이 많지 않다. 그래서 공에 발을 정확히 맞추는 것도 힘들어하고, 공의 바운드와 몸이 엇나가기 일쑤다.

그런데 수연이는 달랐다. 반 대항 축구 시합에서 수연이의 경기력은 단연 눈에 띄었다. 수연이는 마치 남학생처럼 공을 뻥뻥 차넣었고, 경기 내내 쉴 틈 없이 뛰어다녀 반에 승리를 안겼다.

비슷한 기억이 또 하나 있다. 체력 평가 때 일이다. 오래달리기 측정을 하는데 달리는 속도가 무척 빠른 수연이는 2등과 상당한 격차를 보이며 1위로 들어왔다. 여학생은 운동장 네 바퀴를 뛰어야 했다. 그런데 심지어 수연이는 한 바퀴를 더 돌아 5바퀴를 뛰었다.

"선생님! 뛰다 보니 몇 바퀴 뛰었는지 몰라 한 바퀴 더 돌았나 봐요!"

놀라운 일이었지만 수연이는 아무 일도 아니라는 듯이 겸연쩍게 말하곤 자리로 돌아갔다. 아마도 내가 본 여학생 가운데 가장 체력이 좋은 아이일 것이다. 수연이는 체육에 훌륭한 재능을 갖고 있다.

그런 수연이를 보며 아이들의 특성과 취향을 고려하여 교육과정을 바꿀 필요가 있겠다는 생각이 들었다. 지식도 경험을 통해 스스로 재구성할 수 있도록 하고, 예체능 활동은 요즘 유행하는 아이돌 운동회나 오디션 같은 방법을 도입하면 학생들이 더 흥미를 느끼지 않을까?

체육을 좋아하는 수연이가 동요를 배우는 음악시간은 어떻게 느꼈을지 궁금했다.

"음악시간이 즐거웠니?"

"음악 수업 자체에 흥미가 없어요."

예상대로 수연이는 시큰둥한 반응이었다.

"가요 듣는 것은 어때?"

"가요는 좋아해요." 수연이의 표정이 조금 바뀌었다.

"음악시간에 노래를 부르며 박수를 쳤던 이유는 뭐니?"

"원래 박수를 많이 쳐요."

"노래를 부르다 안 부르다 하던데 왜 그랬던 거니?"

"선생님의 시선이 느껴져서요. 그래서 안 불렀어요."

"선생님이 샤프와 플랫에 대해 물었는데 알고 있었어?"

"아니요. 잘 몰랐어요."

"선생님이 피아노로 음을 들려주시던데 그때 무슨 생각이 들었니?"

"피아노로 치며 말로 설명해 주시니까 음계 구분이 잘 되었어요."

💬 수업자와의 대화

관찰자 음악 교육과정의 문제점이 있다면 무엇이라고 생각하세요?

수업자 아이들이 노래 부르는 것은 그럭저럭 하는데, 이론은 접근하기 어려워해요.

관찰자   아이들이 음악 이론에 쉽게 다가갈 수 있는 방법은 무엇이 있을까요?

수업자   교과서 안에서만 찾다 보면 딱딱하고, 또 아이들이 좋아하지 않는 곡이 많아요. 그래서 가사나 멜로디가 아름다운 가요도 많이 불러 봤어요. 요즘은 교과서에 나오지 않는 동요 중에 좋은 곡을 골라 불러요. 어떤 종류든 정서 순화를 할 수 있는 제재곡이면 좋을 것 같아요.

💡 수업 성찰

오늘 수업을 진행한 선생님은 시종일관 웃음을 보여주셨다. 자연스럽게 번져나오는 웃음은 수업 분위기를 편안하게 만들었다. 그 웃음이 학생의 얼굴에서도 보였으면 했다.

수연이를 비롯한 학생들은 자신이 관심 있는 주제가 나올 때 미소를 넘어 파안대소하며 능동적으로 수업에 집중해서 참여했지만, 정작 제재곡을 부를 때는 노래를 불렀다 안 불렀다 했다. 웃음을 머금은 표정도 볼 수 없었다.

왜 그럴까? 무엇이 학생의 표정에서 미소를 빼앗아갔을까? 감수성이 풍부하고 아이돌 가수의 노래를 좋아하는 6학년 여학생에게 혹시 동요가 너무 지루했던 것은 아닐까?

관찰과 면담을 통해 살펴본 바와 같이 수연이는 가요는 좋아하지만 동요는 별로 좋아하지 않는 평범한 아이였다. 엄밀히 말하면 '음악' 자체를 싫어하는 것이 아니라 자신의 눈높이와 맞지 않는 '음악교과'에 흥미가 없는 것이다. 어떻게 하면 수연이 같은 6학년 학생들을 음악시간에 즐겁게 참여하도록 할 수 있을까?

음악시간의 모든 것을 교사 한 사람의 능력이나 임기응변에 맡기는 데는 한계가 있다. 아이들이 음악을 자체를 싫어하는 게 아닌데도 음악시간을 지루하게 여긴다면 그것은 교사의 탓이 아니라 교육과정을 시대에 맞지 않게 구성한 교육당국의 문제다. 제대로 된 교육과정 위에서 아이들에게 맞는 교재로 아이들의 얼굴에 미소를 돌려주고 싶다.

학생들의 관심사와 취향에 맞는 주제로 음악 교육과정을 바꿀 수는 없을까? 동요와 가요를 비교해 본다거나, 율동을 더해서 체육교과와 융합하는 식으로 수정할 필요가 있어 보인다. 물론 지도를 해야 하는 교사는 조금 난감할 수 있다. 하지만 학생들이 음악에 흥미를 잃는 것보다야 낫지 않겠는가? 무표정으로 노래를 부르는 것보다 스스로 너무 좋아서 웃음을 머금고 노래를 부를 때 음악이라는 교과의 설 자리가 생기지 않을까?

음악뿐만 아니라 모든 교과가 마찬가지다. 좋아하는 것을 배우면 공부가 놀이처럼 느껴지고 아이들 스스로 그것을 즐길 수 있다. 수많은 '수포자'를 양산하는 수학시간도 그렇고, 외울 것이 많아 싫어하는 사회시간도 그렇다. 아이들이 좋아하는 방식으로 수업을 재편하면 학생들도 기꺼이 스스로 참여하고 모두의 얼굴에 미소가 가득할 것이다.

발표를 좋아하는 아이는 발표를 즐겨하고 반을 위해 소리 내어 책 읽기를 하고 싶어 하는 아이는 그때마다 책을 읽으려 한다. 수업에선 이렇게 적극적으로 참여하려는 학생도 있지만 반면에 자신을 드러내지 않으려고 하는 학생도 많다. 그러나 자신을 드러내지 않을 뿐 배움의 길에서 벗어나 있는 것은 아니다. 그 학생들은 나름의 방법으로 배우고 있으며 다만 배우는 방법이나 형식이 다를 뿐이다. 나는 종종 이런 사실을 잊고 수업에 아이들을 섣불리 끌어들이려다 *끈끈한 유대감*을 놓친 적이 많았다.

학생의 미소를 찾는 과정에서 아주 중요한 사실 하나를 깨달았다. 학생들의 수업 참여를 내 방식대로만 고집해선 안 된다는 것이다. 학생에게 미소를 찾아주는 것은 학생의 눈높이를 정확히 아는 데서 출발한다. 수업이 학생의 관심사와 밀접하게 관련될 때, 그리고 학생이 원하는 방식으로 진행될 때 배움은 더 크게 일어난다. 배움이 클 때 학생은 학습의 기쁨을 느끼고, 미소를 찾을 수 있다.

3

질문이 있는 교실의
조건

요즘 학교에선 '질문이 있는 교실'이 화두다. 그런 교실은 과연 어떤 교실일까?

아주 오랜 옛날 소크라테스는 질문하고 답하며 제자들을 가르쳤다고 한다. 하지만 굳이 묻고 답하는 방법을 통하지 않더라도 인간은 본능처럼 매일 질문을 던진다. 삶은 끊임없는 물음과 답변으로 가득 차 있다. 문답법이란 여기에 관해 의사소통을 하는 것이다.

그렇다면 질문이 있는 교실은 결국 의사소통이 살아 있는 교실을 말하는 게 아닐까? 질문을 하고 답을 찾는다는 것은 구성원들이 어떤 문제를 어떻게 해결할지 서로 얘기하고, 방법을 다르게 논의하는 활발한 소통 그 자체를 의미한다.

따라서 질문이 있는 교실을 만들기 위해서는 무엇이 의사소통을 가로막는지 밝히는 게 우선이다.

얼마 전 한 연수에서 동영상 한 편을 시청할 기회가 있었다. 영상은 국제회의에 참석한 버락 오바마 미국 대통령의 모습을 담고 있었다. 그는 우리나라 기자에게 질문할 기회를 주었다. 하지만 우리나라 기자들 가운데 질문을 하는 사람은 아무도 없었고 회의장 분위기는 썰렁해졌다. 침묵을 견디다 못해 한 중국인 기자가 일어나 아시아를 대표하여 본인이 질문하겠다고 했지만 오바마 대통령은 다시 한국 기자에게 기회를 주고 싶다고 했다. 그럼에도 질문을 하는 기자는 단 한 명도 없었다. 영상을 시청하는 교사들도, 강의를 하는 강사도 끝까지 보고 있기 민망할 정도였다.

이런 일이 벌어진 데는 이유가 있었다. 이 회의가 있기 얼마 전, 우리나라 기자가 중요한 기자회견 때 영어로 질문을 했다가 한국에 돌아와서 선배들과 네티즌에게 혼이 났다고 한다. "우리나라를 대표하는 자린데 영어의 어법이 그게 뭐냐?" "말이 맞느냐?" "억양과 발음이 너무 안 좋다." 쏟아지는 문책에 용기 있게 질문했던 그 기자는 정신적으로 만신창이가 되고 말았다.

이런 경험을 공유한 다음부터 어떤 기자가 질문을 할 수 있겠는가? 우리 모두가 남을 지적하고 비난하는 태도를 고치지 않는 한 활발한 의사소통을 기대하기는 어렵다.

학교도 마찬가지다. 학생들은 흥이 나면 수업시간에 이것저것 질문을 쏟아낸다. 엉뚱한 아이들은 엉뚱한 내용을 엉뚱하게 묻는다. 교사들은 진도가 바빠서, 또 학습목표에 도달해야 한다는 생각에 그런 질문들에 답하기를 쉽게 거절해 버릴 때가 있다. 한 번 거절당한 경험을 가진 그 아이가 다음 시간에도 나에게 질문을 할 수 있을까?

수업은 교사와 학생의 의사소통으로 이루어진다. 그리고 그 의사소통이 잘 이루어지려면 교사와 학생은 지시와 복종이 아닌 수평적인 대화를 주고받아야 한다. 물론 소통이 늘 생각처럼 잘 이루어지는 것은 아니다. 때로는 오해가 생기거나 불통으로 비칠 수도 있다. 하지만 질문이 있는 교실을 원한다면 우리는 스스로에게 다시 한 번 물어야 한다. '아이들과 어떻게 하면 의사소통을 잘 할 수 있을까?'

🔍 수업 들여다보기

2014년 11월 25일 4교시 ┃ 수학 : 방정식 알아보기 ┃ 수업자 : 박형종 선생님

수학교과는 그 어느 과목보다 학생이 되도록 많은 문제를 직접 풀어 보는 것이 중요하다. 물론 처음 접하는 수의 개념이나 풀이 방법은 선생님이 설명해 줄 수 있겠지만 때에 따라서는 한 시간을 통째로 문제풀이나 협력 학습으로 보내도 의미가 있다.

수업친구의 교실 문을 열고 들어갔을 때는 이미 수업이 시작하고 약 5분이 흐른 뒤였다. 선생님은 방정식을 세우는 방법을 이해시키기 위해 숫자를 바꿔가며 같은 원리를 여러 번 반복해서 설명하고 있었다.

관찰 학생인 미래는 선생님이 설명할 때마다 앞 친구를 가리키며 웃

거나 손톱을 물어뜯거나 다리를 떨고 있었다. 아무리 중요하다고 강조해도 미래는 선생님을 잘 보지 않았다. 식을 세우는 것에는 좀처럼 흥미가 없는 모양이었다. 그러다 선생님이 그림으로 식을 칠판에 그려 설명하자 다른 곳을 보던 미래가 드디어 선생님의 설명을 듣기 시작했다.

"$x \times 3$, $3 \times x$의 차이를 아는 사람?"

선생님의 질문에 아이들은 대답이 없다. 선생님께서 교과서에 있는 다른 문제와 함께 $x \times 3$, $3 \times x$의 차이를 그림으로 그려보라고 하자 미래는 문제를 풀기 시작했다. 하지만 그것도 잠시, 미래는 문제를 풀다가 말고 하품을 한다. 골똘히 뭔가를 생각하던 미래는 책상에 낙서를 하다가 지우개로 지웠다. 그리고 교과서에 뭔가를 그리기 시작했다. 교실을 돌아보던 선생님이 미래에게 이게 뭐냐고 물었다.

"그냥 뒤에 그림 따라 그린 거예요."

미래는 대충 대답하곤 고개를 숙였다.

미래가 문제를 잘 풀다가 막힌 부분은 $x \times 3$, $3 \times x$의 차이를 그림으로 그리는 부분이다. 미래는 x가 3배 있는 것은 3개의 묶음 꾸러미를 그리고 그 안에 x개의 사탕을 넣어 표현했다. 하지만 사탕 3개를 x묶음으로 표현하는 단계에서는 더 이상 앞으로 나아가지 못했다. 아마도 초등학생들은 묶음이 x개가 있는 것을 그림으로 그려본 일이 없을 것이다.

드디어 정답을 맞춰보는 시간. 선생님이 정답을 불러주자 미래는 잠시 집중하며 자신의 답과 맞춰보았다. 선생님이 그린 $x \times 3$, $3 \times x$와 자기가 그린 그림을 비교해 본다.

　나는 이 과정에서 미래의 사고 과정을 유추해 보았다. '방정식에 대
하여 이해했다 → 식을 그림으로 그려볼까? → x번을 어떻게 표현하
지? → 선생님의 설명이 이해가 안 된다 → 친구 그림을 살펴볼까? →
다시 내가 표현해 보자 → 어렵다. 어떻게 이걸 해낼 수 있을까?' 미래
는 아마 이런 과정을 거쳤을 것이다. 이 과정의 어느 한 지점에 배움을
한 단계 도약시키는 '점프 과제'가 있다.

　점프 과제는 교사가 의도적으로 줄 수도 있지만 학습 과정에서 우연
히 아이들 스스로 발견할 수도 있다. 또 어떤 아이들은 쉽게 해결할 수
있는 문제가 다른 아이에게는 점프 과제로 다가올 수도 있다.

　한번 풀리지 않는 문제는 그것이 해결될 때까지 아이의 머릿속에서
수많은 질문들을 만들어낼 것이다. 오늘 미래는 주어진 과제를 해결하
지는 못했지만 그렇더라도 해결 과정에서 복잡한 사고를 거쳤을 거라
는 추측은 쉽게 할 수 있다.

　수업을 참관하며 '이 부분에서는 선생님이 설명을 해 주면 좋지 않

을까' 생각했었다. 하지만 많은 학생들이 어려워하는 것을 확인한 선생님은 답을 제시해 주기보다 실마리가 될 만한 힌트만 주었다. 만일 그림으로 x번

을 표현하는 방법을 선생님이 가르쳐주었다면 아마도 매끄러운 수업으로 끝났을 것이다. 하지만 선생님은 아이들에게 고민의 기회를 주었고 아이들은 x번을 어떻게 표현할지를 두고 골똘히 생각하며 각자 답을 찾기 위해 최선을 다했다.

정답에 이르는 길을 비춰주며 따라오도록 하는 것보다 때로는 문제의 답을 스스로 찾아보도록 내버려두는 것도 의미가 있다.

💬 학생과의 대화

미래는 말과 행동이 곱기로 칭찬이 자자하다. 담임선생님도 미래가 참 예쁘다고 가끔 칭찬하실 정도다. 복도를 걷다가 만나면 반갑게 인사하고 예쁘게 웃는다. 웃으며 묻는 내 안부 인사에 미래는 특유의 미소를 띠며 여러 가지 이야기를 재잘대기도 한다. 사교성도 좋아 언제나 주위에 친구가 있다.

일 년 동안 이 아이는 얼마나 성장했을까? 몸도 마음도 부쩍 자라서

이제는 자신의 세계가 확고해지지 않았을까? 좋은 선생님과 1년을 지내며 수많은 질문에 대해 스스로의 답을 찾아내지 않았을까? 수업시간 내내 x의 개념을 이해하기 위해 애쓰던 미래의 모습을 보며 이것저것 궁금한 것이 많아졌다.

"오늘 수업은 어땠어?"

"그림으로 그리기가 어려웠어요."

미래는 자신이 어려워했던 부분이 어딘지 정확히 알고 있었고, 솔직하게 대답했다.

"선생님의 설명은 문제를 해결하는 데 도움이 됐니?"

"선생님 말대로 하면 틀릴 때도 있어요."

"지금 배우는 방정식이 어렵지는 않고?"

"학습지로 예전부터 풀어서 괜찮아요. 지금 중학교 단계를 하고 있어서 문제로 나오는 것은 쉬워요."

미래의 대답은 대한민국 교실에서 벌어지는 수업의 단면을 그대로 보여준다. 선행학습, 과도한 사교육의 폐해로 교실은 생기를 잃어가고 있다. 교사가 아무리 즐거운 수업을 준비해도 내용을 이미 아는 학생들의 입장에서는 재미가 없을 수밖에 없다. 선행학습은 학생에게서 질문할 기회를 빼앗고, 다른 학생들의 학습권을 방해하며, 학교교육을 죽이는 대표적인 병폐다.

미래는 수업에 집중하지 못하고 낙서를 자주 했다. 때로는 멍한 표정으로 손톱을 물어뜯었다. 그러면서도 선행학습 때문인지 해결해야 할 문제는 쉽게 풀었다. 교과서에 제시된 방법에 한해서는 말이다.

그러나 선생님이 돌발적으로 방정식의 개념을 그림으로 그려보라고 하자 무척 어려워했다. 아마도 학원에서 배운 적이 없는 내용이기에 그럴 것이다. 정해진 정답을 찾는 문제에 익숙해져 있는 미래는 창의성을 발휘해서 해결해야 하는 문제는 어려워했다.

수업 후 수업자와도 짧게 대화를 나눴다. 선생님도 비슷한 고민을 하고 있었다. 미래처럼 공부를 잘하는 학생들은 수업 내용을 이미 사교육에서 다 배워와 단원 평가를 봐도 거의 만점을 받는다. 선생님은 이런 학생들을 어떻게 수업에 흥미를 갖고 참여하도록 할지 고민이라고 했다. 학생들의 수준을 뛰어 넘는 질문도 던져보고, 오늘처럼 학생에게 개념 설명을 시켜보기도 하지만 오히려 이런 문제로 좌절하지 않을까 염려도 된다고 했다. 우리는 "학생에게 질문하기를 권하기도 어려운 시대"라는 말로 짧은 대화를 씁쓸하게 마쳤다.

💡 수업 성찰

공부가 재미있어서 하는 학생은 얼마 없다. 물론 재미있다고 느낄 때가 간혹 있긴 하지만 대개는 공부를 직간접적으로 '시켜야' 하게 된다. 하지만 시켜서 하는 공부라도 재미있게 할 수는 없을까? 재미는 스스로 느끼는 것이다. 시켜서 하는 공부라도 능동적인 생각을 갖고 하게 된다면 재미를 느낄 가능성이 커진다.

아이들은 수업을 판단할 때 재미가 있는지 없는지, 본인에게 도움이 되는지 안 되는지를 기준으로 판단하는 것 같다. 재미있는 수업에서는 궁금증이 생기기 마련이고, 자신이 궁금해하는 내용을 교사에게 거리낌 없이 질문한다. 교사가 학생에게 도움이 되는 것도 '재미있는 수업'에서 가능한 일인 것이다.

그런데 배우는 내용을 이미 알고 있다면 그것이 과연 재미있을까? 수업에 능동적으로 참여할 수 있을까? 문제를 이미 알고 있으니 쉬워서 능동적으로 해 나갈 수 있다고 하더라도, 그것으로 학생이 한 단계 더 발전할 수 있을까? 사고나 의식의 확장이 일어나지 않는다면 그것을 좋은 학습이라고 평가할 수 있을까?

교실에 앉아 있는 많은 학생들은 이미 선수학습을 통해 능숙하게 문제를 푼다. 그런데 이런 능숙함은 그저 문제풀이만을 위한 것은 아닐까? 문제풀이에 능한 학생들은 정말 어려운 문제, 즉 생각을 해야 하는 문제에 부딪히면 더욱 어려워한다. 단순히 식을 복잡하게 꼰 문제가 아니라 개념을 완전히 이해해야 풀 수 있는 문제, 공식이 유도되는 과정을 스스로 설명해 보는 과제는 더 어려울 수 있다.

쉬워야 할 것이 오히려 어렵게 느껴지는 이런 아이러니는 아마 배움을 소화하는 단계를 생략한 채 공식만 외우고 문제풀이에 집중하면서 생긴 현상일 가능성이 높다. 이런 현상이 심화되면서 개념과 원리를 이해시키고, 공식을 유도하는 과정이 수업에서 가장 어려운 부분이 됐다. 기초 중의 기초인 개념을 가르치기가 더욱 까다로워진 것이다. 그 이유는 우선 아이들이 어려워하기도 하고, 어려운 문제에 대해 생각하는 것을 싫어하기 때문이다.

거기에 진도를 나가야 한다는 핑계로 적당히 가르치고 넘어갔던 나에게도 잘못이 있다. 나는 그동안 가르칠 수업의 내용은 알지만 학생들이 어느 부분을 어려워할지, 무엇을 궁금해할지는 깊이 고민해 보지 못했다. 수업을 준비할 때 내용과 흐름만 보고 들어가도 훌륭한 선생님이라 생각했던 때도 있었다. 그래서 과거에 이미 가르쳤던 내용이니 지도서만 대강 보고 수업에 들어가도 잘할 수 있다고 오만하게 생각했다. 그러나 수업 관찰을 통해 교사가 아닌 학생의 입장에서 배움에 임해 보니 그동안 내가 너무 안일했다는 사실을 새삼 깨달았다.

어떻게 해야 교실에서 질문을 다시 찾을 수 있을까? 질문이 있는 교실이 되려면 교사는 어떤 준비를 해야 할까? 그것은 현실을 인정하는 것에서부터 시작해야 한다. 장기적으로는 선행학습이 일반화된 교육의 폐해를 고쳐나가야겠지만, 당장은 학생 대다수가 이미 수업 내용을 교실 밖에서 배워온다는 사실을 받아들여야 한다. 하지만 대부분의 교사들은 학생들이 오늘 배우는 내용을 전혀 모른다는 가정하에 수업을 진행하며 처음부터 하나하나 가르치려 한다.

학생이 수업 내용을 이미 알고 있다는 사실을 받아들이면 의외로 쉽게 수업 방식을 바꿀 수 있다. 내용을 잘 아는 학생에게 심화 문제를 해결하게 하거나, 모르는 학생과 짝을 지어 서로 가르치고 배우게 하는 방법으로 말이다.

찾아보기만 하면 이외에도 다양한 방법이 있다. 결국 '질문이 있는 교실'이라는 슬로건이 달성되는 것은 교사가 학생들을 얼마나 잘 파악하고, 학생들의 요구에 잘 대처하느냐에 달려 있다.

4

교사가 잘하는 것을
가르치자

초등학교 교사는 일부 교담과목을 제외하고 거의 모든 과목을 혼자서 가르쳐야 한다. 그러니 국어, 수학, 사회, 과학은 당연히 아주 잘 알아야 하고, 실과와 체육, 음악과 미술, 심지어 외국어인 영어까지 애들 앞에서 전문가인 척 때로는 연기도 해야 한다.

초임 교사 시절에는 이런 부담 때문에 과연 내가 잘해 낼 수 있을까 하는 고민도 많았다. 교재 연구를 위해 지도서를 살피고 인터넷을 뒤지며 자료를 수집했다. 그러나 그런 노력도 시간이 흐르고 경력이 쌓이면서 이제는 시들해져 나태함을 익숙함으로 포장하곤 할 때가 많다. 이미 다 아는 내용이니까 괜찮다고 스스로 합리화하며 다른 준비 없이 수업에 들어갈 때도 적지 않다.

이런 부담을 그나마 조금 덜 수 있는 시기가 학기말 시험이 끝나고 방학식까지의 시간이다. 이 기간에는 학습에 대한 부담을 털고 교사와 학생이 함께 행복해지는 다양한 활동을 시도해 볼 수 있다. 교육과정을 창의적 체험활동 시간과 연계하여 재구성하면 교사가 잘하는 것, 학생이 하고 싶은 활동을 할 수 있는 여유가 있기 때문이다.

작고 예쁜 것을 수집하고 만들기 좋아하는 옆 반 신규 교사는 재미있고 독특한 미술 수업을 준비하고 있다. 그래서 4분기 학습 준비물로 야광물감과 유리병을 신청하고 이를 활용할 방법을 연구 중이다. 더불어 보드게임에 착안해서 체육시간에 팀을 나눠 카드에 적힌 계급대로 승부를 벌이는 놀이도 실시했다. 아이들은 선생님과 행복한 시간을 보내고 있다.

학기말 기간을 활용해 교사가 잘할 수 있는 것들로 수업을 꾸민다면 학생들도 교사도 즐거운 수업을 만들 수 있다. 하지만 교사가 모든 분야에서 뛰어날 수는 없다. 이때는 교사들끼리 서로에게 도움을 줄 수 있다. 각자의 특기와 소질, 흥미를 터놓고 이야기하고 이를 중심으로 교육과정을 재구성한다면 교사는 그야말로 열과 성을 다해 가르치지 않을까? 또한 배우는 학생은 정말로 살아 있는 지식을 얻지 않을까?

이런 취지가 더욱 빛을 발하는 곳이 혁신학교다. 혁신학교는 교육과정을 재구성하는 노력의 중심에 있다. 주제와 핵심역량을 기준으로, 심지어 교과의 벽을 완전히 허물고 재구성하기도 한다. 이는 '역량 중심 교육'이라는 교육의 지구적 패러다임과도 맞아 떨어진다. 교사가 자신 있는 영역, 살아가면서 미리 알면 더 좋을 내용을 가르쳐보는 것은 생각만으로도 설레는 일이다.

🔍 수업 들여다보기

2014년 12월 9일 4교시 │ 체육 : 스키장에서 신나는 하루 │ 수업자 : 박형종 선생님

오늘 수업은 내륙에서 실시하기 힘든 스키 수업이다. 수업 관찰이 있기 전 선생님으로부터 오늘 수업을 계획하신 이유를 들을 기회가 있었다. 스키는 선생님이 겨울만 되면 즐겨하는 스포츠여서 자신 있게 가르칠 수 있고, 또 스키 타는 법은 어릴 때 익히는 것이 도움이 되기 때문에 학생들과 함께 도전해 보고 싶다고 하셨다.

사실 선생님은 스키를 즐기러 스위스 여행을 갈 정도로 스키 마니아다. 가장 자신 있는 겨울 스포츠로 꼽는 것도 역시 스키다. 그런데 스키는 계절 운동이고 스키장에 가야 탈 수 있다. 시설이 충분히 갖춰져 있지 않은 탓에 스키는 수영과 더불어 학교에서 수업하기 가장 어려운 종목 중에 하나다. 그래선지 오늘 수업이 더욱 기대된다. 선생님은 도대체 어떤 방법으로 수업을 할까? 오늘 관찰 학생은 수업 속에서 어떤 행복한 표정을 지을까?

관찰 학생인 영은이는 척 봐도 모범학생처럼 보였다. 자기 책상 주변의 정리 정돈 상태, 단정하고 바르게 앉아 있는 모습, 약간의 미소를 띠고 두 눈을 반짝이며 선생님을 바라보는 표정까지 수업자의 마음에 쏙 드는 학생이다. 어떤 질문을 해도 선생님이 원하는 답을 콕 집어 말해 줄 것 같은 자신만만한 모습이다.

"자, 오늘은 스키에 대해 배워보자!"

선생님의 신나는 목소리에 아이들은 호기심어린 눈빛으로 체육책을 폈다. 선생님은 체육책에 나와 있는 스키 장비들을 하나하나 설명해 주었다. 스키 장비에 대한 설명을 듣던 반 친구들이 스키복의 가격과 기능에 대해 질문했다. 선생님은 자신 있게 아이들의 물음에 대답해 주었다. 수업자 본인이 좋아하고 잘 아는 주제로 수업을 진행해서 그런지 자신이 있어 보였다. 자신감 넘치는 선생님의 모습은 아이들에게 신뢰감을 준다.

설명을 마치고 본격적으로 스키 타는 방법을 배우는 시간.

"스키를 타려면 가장 먼저 뭘 배워야 할까?"

선생님이 물었다. 누군가가 "넘어지는 법이요"라고 말하자 영은이도 두 눈을 반짝거리며 호기심을 보였다.

선생님은 스키를 타는 다양한 방법에 대해 설명을 이어갔다. 설명할 때마다 직접 몸으로 시범을 보이기도 했다. 보겐법을 설명하면서는 스키를 타본 적이 있는 학생을 앞세워 직접 왼쪽, 오른쪽으로 회전하는 방법을 가르쳐주기도 하였다. 영은이를 비롯한 다른 아이들도 그때마다 웃으며 자기 자리에서 발동작으로 따라해 보았다. 학생들은 비로소 얼굴에 웃음을 띠기 시작했다. 파렌법과 페러렐을 설명할 때는 학생들 모두 이미 진지하게 수업에 빠져들어 있었다.

교실에서 장비도 없이 스키를 배운다니 언뜻 재미가 없을 것 같았지만 선생님이 직접 스키를 타는 시늉을 하며 시연하니 아이들도 무척 흥미롭게 여기는 듯했다. 선생님은 수업 중에 동영상을 전혀 활용하지 않았다. 대신 본인이 하나하나 직접 설명하며 질문과 답변으로 수업을 풀

어나갔다. 선생님은 학생들과 함께 직접 무게 중심을 이리저리 옮겨보면서 머리가 아닌 몸으로 감각을 익힐 수 있는 기회를 주었다.

영은이는 시작부터 끝까지 한결같이 수업에 집중하며 교사가 기대하는 모든 모습을 보여주었다. 처음에는 선생님과 책을 번갈아 살피며 선생님의 말씀을 이해하려 노력했고, 선생님이 스키 타는 방법을 설명할 때는 얼굴에 웃음꽃이 밝게 피었다. 오늘 수업을 통해 영은이가 스키에 대해 이해하고, 타보고 싶은 마음도 생기지 않았을까?

💬 학생과의 대화

영은이 어머니는 학교에서 저학년 책 읽어주기 활동을 하신다. 그래서 학교에서는 영은이보다 영은이 어머니를 더 자주 뵐 때가 많다. 작년과 마찬가지로 올해 담임선생님도 영은이에 대한 칭찬을 많이 하신다. 정말 괜찮은 아이란다. 어머니를 닮아서 그런지 예의가 바르고 선생님을 잘 따르며 자기 할 일을 잘하고, 약한 친구를 도와주는 봉사 정신까지 갖추었다고 말이다.

하지만 막연하게 잘하는 아이라는 생각을 갖고 있어서 그랬는지 그동안 수업시간에 영은이를 제대로 관찰해 본 적이 없었다. 스키라는 낯선 스포츠가 선생님의 색다른 수업을 통해 학습자인 영은이에게 어떻게 다가왔을지 궁금했다.

"스키 수업을 했는데 어땠니?"

"처음에는 '뭐지?' 이런 생각이 들었어요."

"그리고?"

"스키는 어차피 탈 일도 별로 없는데 왜 배울까 이런 생각요."

"오늘 왜 이런 수업을 했을까?"

"선생님이 좋아해서요."

영은이는 처음엔 스키에 별 관심이 없었다.

"오늘 배웠던 것 중에 혹시 기억나는 건 있니?"

"엣지? 그리고 옆으로 이동하는 방법이요. 또 그냥 타는 것인 줄 알았는데 스키를 타는 방법이 따로 있었어요."

"스키 장비에는 어떤 것이 있었어?"

"헬멧하고 폴이요. 아 그리고 스키요."

"오늘 수업 후 느낀 점도 말해 줄래?"

"선생님이 적극적으로 가르쳐주시니까 스키가 타고 싶어졌어요. 얼마 전에 아람단에서 스키 캠프 안내장이 왔는데 안 간다고 한 게 후회 돼요. 다시 안내장 받으면 참가한다고 할 것 같아요."

면담을 통해 영은이가 스키에 흥미와 호기심을 갖게 되었음을 알 수 있었다. 수업시간에 계절 스포츠를 배운 것은 관찰 학생에게는 큰 행운이었고, 앞으로 더 배워보고 싶다는 마음을 갖게 됐다.

사실 세계 대부분의 나라에서는 수영과 자전거 타기를 학교에서 필수로 배운다. 독일의 학교에서는 수영장이 없는 경우 책상 위에 엎드려서 팔을 젓는 법과 다리 차는 법을 미리 연습한 후, 인근 수영장에 가서 집중적으로 수영을 배운다고 한다. 그런데 우리나라 학교에서는 장소와 여건이 마련돼 있지 않다는 이유로 계절 운동을 건너뛰는 경우가 많다. 수영은 체험학습으로 대신한다지만 스키 같은 겨울 스포츠는 특히 생략하는 경우가 많다.

🗩 수업자와의 대화

관찰자   스키는 제약이 많은 계절 스포츠의 대명사인데, 오늘 수업을 하신 이유가 무엇인가요?

수업자   제가 자신이 있어서요. 스키는 그 누구보다 잘 탈 수 있으니 체육 수업에서 아이들과 함께 해 보고 싶었어요. 마침 교과서에도 나오고요.

관찰자   오늘 수업을 통해 얻고자 하는 점은 무엇인가요?

수업자   아이들이 스키가 무엇이고, 어떻게 타는 것인지 간접적으로라도 경험하게 해 주고 싶었어요. 최소한 '이것이 스키다'라는 것을요. 나중에 배우는 것보다 어릴 때 미리 알게 해 주면 좋겠다는 생각을 했거든요.

관찰자   오늘 수업에서는 동영상을 사용하지 않았는데 그 이유는 무엇인가요?

수업자   동영상은 자세히 설명해 주고 싶은 부분이 금방 지나가 버리고 또 잘 나오지 않아요. 제가 스키를 타면서 느꼈던 중요한 것, 그리고 쉽게 스키를 탈 수 있는 방법을 알려주고 싶었어요.

💡 수업 성찰

여러 가지 제약이 있어도 교사가 그 주제에 자신이 있다면 효과적으로 수업에 끌어올 수 있는 아이디어가 샘솟는다. 교사의 자신감은 수업을 받는 아이들에게도 그대로 전달된다. 아이들은 선생님이 해당 분야를 얼마나 좋아하고 잘하는지 보며, 스스로 따라해 보고 싶다는 마음을 먹게 된다.

몸으로 배우는 즐거움은 공부의 즐거움과도 밀접한 관련이 있다. 기능을 익히는 것도 중요한 공부이기 때문이다. 수업시간에 재미를 느낀다면 선생님의 특별한 개입 없이 바로 몰입이 일어날 수 있으며, 그 몰입이 바로 공부이고 배움이다. 수업 내내 스키 배우기에 몰입했던 영은이는 시종일관 배움의 상태에 있었으며, 즐거웠고 재미있었을 것이다.

그동안 나는 교육과정 진도를 끝내는 데만 급급했지 나 자신이 잘하는 것, 배우고 경험했던 것을 수업에 활용해 볼 생각은 하지 못했다. 우리 반 아이들은 수업이 얼마나 지루하고 재미없었을까? 국가에서 정해준 학습 주제보다 교사인 내가 그동안 살아오면서 배우고, 체험하고, 느낀 수많은 경험들이 사실은 더 생생한 교과서가 될 수 있었을 텐데 그것을 활용하지 못한 것이 후회된다. 이제부터라도 자신 있는 주제로 수업을 해 보자. 교사가 먼저 수업을 즐기자. 그리고 우리 모두 행복해지자.

5
가르침의 시작은
학생을 믿어주는 것

　6학년 담임이 되고 가장 걱정되던 아이가 있었다. 작년에 담임선생님과 문제가 생기자 아이들을 모아 교장실에 항의하러 갔던 채영이가 그 주인공이다. 채영이는 소위 잘나가는 학생이다. 화장하는 것을 좋아하고, 남자친구를 만드는 데도 관심이 많다. 아침에도 늦게 올 때가 많고 때론 교담선생님과 문제를 일으키기도 한다. 채영이는 항상 아이들의 중심에 있고, 자신의 맘에 안 들면 남자아이라도 발로 차버리고 만다.

　나는 '올해는 이 학생과 관계를 어떻게 맺느냐에 성패가 달려 있다'는 생각으로 새 학기가 시작될 때부터 어떻게 채영이에게 다가갈지 고심하고 또 고심했다. 작년 담임선생님은 채영이를 원칙적으로 대했고 내가 볼 때 그것이 관계에 큰 도움은 되지 않았다. 그래서 올해는 작전을 바꾸기로 했다. '아이 입장에서 생각해 보고 편애가 되지 않는 범위에서 최대한 관대하게 대해 주자'는 생각으로 하루하루를 지냈다.

벌칙은 공평해야 한다는 것을 분명히 하고 다른 아이들과 똑같이 대하되, 문제가 생길 때는 이유를 충분히 들어주고 먼저 "너를 이해한다"고 말해 주었다. 각 반 담임선생님께 심부름 보낼 일이 생기면 가장 먼저 시켰다. 그렇게 1학기가 끝날 때쯤 되었을 때 채영이는 누구보다도 나와 친한 학생이 되어 있었다. 때로는 학급에서 일어나는 일을 조용히 나에게 알려주기까지 했다.

우리가 친해지게 된 결정적인 계기는 '희망교실' 활동을 통해서였다. 희망교실은 광주광역시교육청에서 실시하는 사업으로 신청한 교사에게 직접 지원금을 주어 교육 소외 학생의 자존감을 키워주는 사제 동행 활동을 할 수 있도록 지원하는 사업이다. 야구 경기나 영화 관람, 서점 방문 같은 문화 활동, 레스토랑에서 선생님과 데이트 등 학생과 인간적으로 친해질 수 있는 활동이 주를 이룬다. 교육적으로 의미가 크기에, 지역 내 교사와 학생 모두에게 높은 지지를 받는 최고의 사업이다.

나는 채영이와도 희망교실 활동을 함께하기로 마음먹었다. 그래서 일부러 잘한 점을 찾아 크게 칭찬한 후 상으로 영화를 보여주겠다고 했다. 영화를 보고 나서 저녁을 먹는데 채영이는 갑자기 배가 아프다며 화장실에 다녀오겠다고 하더니, 잠시 후 손에 따뜻한 커피를 들고 나타나 내게 내밀며 감사하다고 했다. 자기가 생각해도 크게 잘한 일은 아닌데 영화를 보여주고, 근사한 저녁까지 사주니 선생님이 자기를 무척 믿어주고 아껴주는 것으로 느꼈나 보다. 그날 이후 채영이는 내 든든한 팬이 되었고, 나 역시 학급 일이 있으면 그 아이와 상의해서 처리했다.

하지만 그렇다고 문제가 모두 해결된 것은 아니었다. 내가 조금 더 믿어주고 감싸줄 뿐, 채영이는 여전히 화장실에서 다른 여자 아이들과 화장을 진하게 하고 지우거나 교담선생님이 맘에 들지 않는다고 수업을 빠지기도 했다. 내가 교실을 비울 때는 남자 아이들을 발로 차기도 했다.

그래도 그 빈도가 1학기 초에 비하면 놀라울 만큼 줄어들었다. 아이들이 채영이와의 문제로 상담을 신청하는 일이 2학기에는 한 건도 없었으니 말이다. 변화가 시작되었다는 의미다.

행동의 변화는 학습에서도 나타났다. 채영이는 쉬는 시간마다 스스로 문제집을 꺼내 푼다. 자투리 시간도 아끼며 잘하기 위해서 노력하는 모습이 눈에 확연히 보일 정도로 열심히 한다. 모둠별 토의 때도 주도적으로 나서고 수업시간에 몰입에 가까울 정도로 집중하고 있다.

어떻게 이런 변화가 가능했을까? 나는 조심스럽게 내가 학생과 쌓은 '신뢰'가 그 시작이 아닐까 생각해 본다. 만약 그 아이가 잘못된 행동을 했을 때 엄하게 꾸짖고 즉시 수정하도록 강제했다면 어떻게 되었을까? 채영이가 곧장 내 말을 받아들였을까? 아닐 것 같다. 행동의 변화는 마음으로부터 나오기 때문이다.

상대방이 나를 믿어준다는 느낌은 그 어떤 동기보다 강력하게 작동한다. '선생님이 나를 믿어주고 있다'는 긍정적인 신호가 학생의 행동을 선생님의 기대에 부응하는 쪽으로 서서히 바꾸어놓은 것이다. 신뢰가 생기고 나면 더 이상 많은 이야기가 필요 없다. 학생은 나의 생각을 미리 알고 알아서 자신을 그쪽으로 바꾼다.

다만 이런 신뢰는 한순간에 생기는 게 아니다. 아무런 노력 없이 저절로 쉽게 쌓이지도 않는다. 공들여 쌓은 신뢰도 교사가 조급해하면 금방 사라진다. 이점을 잊지 말고 느긋한 마음으로 믿고 기다리자. 어느 순간 학생과 나 사이에 조금씩 천천히, 그러나 무너지지 않는 신뢰가 쌓일 것이다.

🔍 수업 들여다보기

2014년 12월 11일 2교시 | 국어 : 주장과 근거의 적절성 판단   수업자 : 양용석 선생님

수업을 알리는 종이 방송으로 울려 퍼졌다. 선생님께서는 약속을 지키겠다며 상 받을 학생을 가위바위보로 뽑자고 했다. 선생님과 학생들의 가위바위보 게임이 시작됐다. 규칙은 간단하다. 선생님이 주먹을 내자 가위를 낸 학생들이 울상을 지었다. 주먹과 보를 낸 학생들은 계속해서 가위바위보를 이어갔다. 학생들은 순식간에 게임에 깊이 몰입해 선생님의 일거수일투족을 주시했다. "가위, 바위, 보!" 마지막 구호가 교실에 울려 퍼지고 여기저기서 환호와 탄성이 터져 나왔다. 최후의 승자가 된 학생 한 명은 상으로 간식을 받았다. 이렇게 간단한 게임 하나로 학급은 하나가 되었다.

오늘은 선거 유세를 듣고 주장과 근거의 적절성을 따져보는 수업이다.

"내가 대통령 선거에 나간다면 공군부대 전투기 이착륙 때 발생하는 소음 때문에 피해를 받는 이곳 주민들에게 1억씩 보상금을 지급하겠다."

선생님은 학생들을 주민들로 가정한 상황극으로 지역 문제를 수업에 끌어들였다. "진짜요?" "양용석! 양용석!" 아이들은 선생님의 이름을 외치며 열광했다.

오늘 관찰 학생인 예쁨이는 친구들의 말을 듣고 가만히 웃었다. 공약 내용을 듣던 예쁨이는 실수로 연필을 떨어뜨렸다. 앞자리 친구에게 연필을 주워달라고 말한 예쁨이는 잠시 선생님을 보다가 다시 앞 친구의 머리카락을 만지며 말했다. "나 대통령 할 거야!" 친구는 힐끗 뒤돌아보며 예쁨이에게 "넌 가능성이 없어"라고 답했다. 수업은 재미있었지만 예쁨이는 수업에 완전히 집중하지는 못했다.

이번에는 각자 선거 유세에서 말할 공약을 정할 시간이다. 예쁨이도 자신의 공약을 책에 적었다. 그리고 앞에 앉은 친구에게 책을 넘겨 보여주며 할 게 없다고 투덜댔다.

선생님은 학생들 사이를 돌아다니며 무엇을 공약으로 내세웠는지 하나하나 유심히 확인해 주었다. 비어 있는 예쁨이의 책을 보고 "너는 왜 적지 못했니?"라고 물었지만 예쁨이는 아무런 대답도 하지 않았다. 앞 친구에게 보여준 것은 무엇이었을까?

잠시 생각을 하던 예쁨이는 책에 무엇인가를 적었다. 친구와 대화하는 것을 들어보니 예쁨이는 무엇을 선거 공약으로 쓸지 정하지 못하고

고민을 계속 하는 것 같았다. 그럼에도 시종일관 선생님 말씀에 귀를 기울이며 입가에 미소를 띤 것으로 보아, 선생님께 마음이 열려 있음을 알 수 있다. 무엇을 쓸지 정하지 못하던 예쁨이는 전에 배웠던 불끄기와 음식물 쓰레기 줄이기 운동을 가지고 좋은 나라 만들기를 주요 공약으로 내세워 유세 내용을 채웠다.

선생님은 적은 내용을 발표해 보자며 몇 명 아이들을 지목했다. 예쁨이는 다른 친구들의 발표를 열심히 들었다. 드디어 예쁨이의 차례. "대통령 선거에 나갈 거예요!" 선생님의 호명에 일어난 예쁨이는 큰 목소리로 자신이 나갈 선거를 말하고 이어서 공약 내용을 읊었다. 선생님은 좋은 내용이라고 예쁨이를 칭찬해 주었다.

예쁨이가 배운 내용을 활용해 유세문을 썼다는 것은 앞 시간 수업을 충실히 받았다는 것을 의미한다. 그리고 그때 배운 내용이 기억에 남았다고 볼 수 있다. 그렇다면 이번 시간에 배우고 고민했던 내용도 예쁨이의 머릿속에 또 하나의 기억으로 오래 남을 것이다. 그 기억은 어쩌면 선생님과의 만남이 긍정적이었기에 가능했던 건 아닐까?

수업을 능숙하고 재미있게 진행하는 교사는 분명히 존재한다. 오늘 수업자인 양용석 선생님도 그중 한 분이시다. 선생님은 아이들이 지루하지 않게 적절한 타이밍에 발문을 하고, 학생들의 활동에 개입하셨다.

하지만 언제나 그렇듯 선생님의 다양한 수업 방법이 모든 학생들에게 그대로 전달되지는 않는다. 배움은 학생의 문제이기에 철저하게 학생의 입장에서 주변을 관찰해야 그들이 어떤 과정을 통해 배움에 이르는지 이해할 수 있다.

예쁨이는 수업 초반 '가위바위보' 게임을 할 때 가장 집중했으며 적극적으로 참여했다. 하지만 이후 활동에서는 그다지 적극적이지 않았고, 앞 친구와 자주 이야기를 나누는 모습을 보여주었다. 수업 초반의 집중력을 계속해서 이어갈 수 있는 방법은 무엇일까? 어떻게 하면 다른 재미 요소의 힘을 빌리지 않고도 학습을 그 자체로 즐기며 수업에 집중할 수 있을까?

💬 학생과의 대화

나예쁨은 우리 반 학생 나예슬의 쌍둥이 언니다. 담임이어서 동생인 예슬이는 잘 알고 있지만, 예쁨이와는 대화를 나눌 기회가 많지 않았다. 예쁨이는 선생님과 어떤 관계를 맺고 있을까? 그리고 그 관계는 수업에 어떤 영향을 미칠까? 오늘 면담은 이런 궁금증을 바탕으로 진행되었다.

"수업에 반 친구들이 무척 활발하게 참여하는 것 같았어. 원래 그랬니?"

"선생님이 재미있게 해 주시니까요. 원래는 안 그랬는데 양용석 선생님이 오시고 변한 것 같아요."

선생님과 학생과의 관계가 수업의 분위기까지 바꿔놓았음을 확인할 수 있는 대목이다.

"무엇이 친구들을 변하게 했을까?"

"처음에는 선생님이 주전부리를 주시니까 그거 받으려고 그랬는데, 그러면서 많이 친해졌어요."

💬 수업자와의 대화

관찰자　수업을 시작할 때 가위바위보 게임을 하셨는데, 그 이유는 무엇인가요?

수업자　애들하고 약속을 했어요. 수업 전에 선생님하고 게임을 해서 이긴 사람에게는 상을 주겠다고요. 약속을 지키는 과정이었죠.

관찰자　선생님이 오시기 전에 1반 수업이 재미가 없고 아이들이 말을 많이 안 한다는 이야기를 자주 들었습니다. 그런데 오늘 선생님의 수업에 들어가보고 그 화기애애한 분위기에 놀랐습니다. 이렇게 빨리 분위기를 바꿔놓은 비결은 무엇인가요?

수업자　특별한 비결은 없어요. 그냥 아이들에게 진솔하게 다가가는 것, 나 자신을 대하듯 아이들을 대해 주는 것, 약속한 것은 지키는 것, 아이들의 마음을 알아주는 것 정도요? 친근하게 대해 준 거죠. 권위를 부리지 않고 친근하게 다가가니까 아이들이 마음을 열고 하나둘 질문을 하더라고요. 그래도 질문을 안 했던 아이가 하나 있었는데, 최근에 그 아이도 손을 들고 질문을 했어요.

관찰자   그렇게 일단 신뢰가 형성되면 교사의 수업 기술과 상관없이 학생의 수업 태도와 생활 태도가 모두 좋아지는 것 같아요.

수업자   맞아요. 서로 신뢰를 쌓는 것이 먼저죠. 모든 것은 그다음이에요. 신뢰가 생기면 무슨 말이든 터놓고 이야기하게 되고, 그러다 보면 할 수 있다는 자신감이 생기거든요. 자신감을 쌓으려면 할 수 있게 해 줘야 해요. 예를 들면 일기 검사를 할 때, 일기에 쓸 사건을 만들어주고 그날은 그 사건을 쓰라고 해요. 그러면 모든 학생들이 쉽게 일기를 쓸 수 있어요.

💡 수업 성찰

발표를 주저하는 학생들은 실패에 대한 두려움을 공통적으로 가지고 있다. 나의 발표가 엉뚱해서 다른 학생들로부터, 또는 선생님으로부터 비난받을지도 모른다는 두려움 말이다.

평소 소극적으로 보였던 관찰 학생은 오늘 수업에서 시종일관 웃는 얼굴로 선생님을 바라보며 대통령 선거에 나가보고 싶다는 당찬 포부도 밝혔다. 어떤 순간이 두려움을 이겨내고 자신의 공약을 발표하게 했을까? 관찰 학생의 자신감은 언제 생겼을까?

선생님은 학생들에게 발표를 시키기 전에 선생님 자신이 선거에 나간다면 공약을 이렇게 내겠노라고 말하며 직접 예를 들어주셨다. 이 문제에는 정해진 답이 없으니 무엇을 말해도 부끄럽지 않다는 것을 직접 시범으로 보여주신 것이다. 학생들은 바로 여기서 자신감을 얻은 게 아닐까? '선생님도 저렇게 웃기게 말하는데 괜찮아 보이는구나. 나도 용기를 내봐야지' 하는 생각이 들지 않았을까?

기간제 선생님인 수업자가 짧은 시간 동안 학생들을 변화시킨 결정적인 비결은 학생들에게 준 신뢰다. 신뢰는 학생을 전적으로 믿어주는 데서 시작된다. 여기에 수업 기술은 덤일 뿐, 결정적인 게 아니다. 배움은 학생의 내면에서 스스로 일어나는 것이기 때문이다.

학생의 배움은 교사인 내가 어떻게 할 수 있는 게 아니다. 때문에 '나는 오늘 얼마나 잘 가르쳤나'를 생각하지 말고, '나는 얼마나 오늘 학생을 믿어주었는가, 그들을 위해 얼마나 기다려주었는가'를 곱씹어봐야 한다.

신뢰는 학생에 대한 세심한 배려에서 싹튼다. 수학을 못한다고 해서 수학시간에 학생의 자존감까지 낮아져선 안 된다. 나의 수업을 돌아보면 이해가 늦거나 성취가 낮은 학생들을 위한 배려는 별로 없었던 것 같다. 계산을 힘들어하는 아이에게 계산기를 주고, 방과 후에 따로 공부하는 방법을 이야기했다면 그 아이는 수학에 마음을 조금 더 열었을 것이다.

국어시간도 그렇다. 글쓰기를 어려워하는 아이를 위해 예시 문장을 주고 상황을 바꾸어 적어보라고 했으면 쉽게 글을 쓰지 않았을까? 그렇게 되었다면 친구들이 자신을 보는 시선도 달라졌을 테고 국어시간에 발표도 더 많이 했을 것이며 자존감도 높아졌을 것이다. 나아가 앞으로의 국어시간이 기다려지기까지 했을 것이다.

생각해 보니 모든 수업시간이 마찬가지였다. 학생이 모든 것을 교사가 기대하는 만큼 잘할 수는 없다. 무엇을 하든지 꼭 잘해야 하는 것도 아니다. 선생님의 기대가 자기 능력에 비해 너무 크다고 느끼면 학생은 부담감 때문에 스스로 잘하는 것을 숨길 수도 있다. 내 기대를 앞세우기보다 조금만 더 학생을 이해하고 배려했다면 나는 수업에서 소외되었던 아이들 중 몇몇이라도 돌려세워 다시 수업으로 데려올 수 있었을 것이다. 나아가 이해와 배려를 바탕으로 한 긍정적인 에너지가 우리 반을 가득 채웠을 것이다.

사실 이것이 바로 우리가 생각하는 행복한 학급의 모습이 아닌가? 행복한 교실, 스스로 학습하는 아이들, 즐겁게 가르치는 교사. 그러고 보니 어쩌면 이 모든 것은 학생과 교사 사이의 신뢰에서 시작되는지도 모른다.

아이의 능력을 끌어내기 위해서는 무엇을 하든지 성과를 재촉하기보다 기다려주고 믿어주어야 한다. 서툴거나 잘 못하더라도 다음에는 더 좋아진다는 믿음으로 무엇이든 말하게 하고 진심을 보여주면 아이들은 즉각 알아챈다. 그리고 믿음에 대한 보답으로 아이들은 해낸다. 물론 그것이 최고의 성과는 아니다. 하지만 그건 중요하지 않다. 다음에는 지금보다 더 잘할 것이기 때문이다. 학생의 능력은 무한하다. 교사가 믿음을 갖고 기다려주는 한.

교사인 나를 깨우는 울림

이 책에 담긴 수업친구들의 이야기는 화려하거나 강렬하지는 않지만 진정성이 있다. 서로 꾸미지 않은 일상수업을 보여주었고 솔직한 고백으로 대화를 이어나갔기 때문이다. 우리는 수업을 공개하며 가면을 쓰지도, 쇼를 하지도 않았다. 수업친구 활동을 하는 내내 그래온 것처럼 마지막 역시 다섯 가지 색깔의 진솔한 이야기로 마무리하려 한다.

우리 수업친구 할래요? 김보미 선생님

"우리 수업친구 할래요?" 이 말 한마디로 우리는 수업친구가 되었다. 새 학교에 와서 학교에 적응하는 게 먼저였기에 어떤 일도 벌이지 않겠다고 다짐했는데, 전부터 친분이 있던 선생님의 낮은 목소리와 '친구'라는 말에 훅! 하고 넘어가버렸다. 친구! 얼마나 좋은 말인가. 내 마음을 터놓고 이야기할 수 있는 대상을 새로운 학교에서 사귈 수 있다니. 거기에 교사의 가장 큰 고민거리인 '수업'에 대해 이야기할 수 있는 든든한 동료가 생긴다니 말이다. 나는 설레는 마음으로 두 명의 선생님과 수업친구가 되어 일상수업 공개를 시작했다.

그리고 1년이 훌쩍 지나 해가 바뀌었다. 그동안 학년도 바뀌고 아이들도 바뀌었다. 1년 전에는 생소했던 '일상수업 공개'와 '수업친구'라는 단어는 이제 나에게 자연스럽게 이야기하고 당연한 것처럼 대할 수 있는 친근한 말이 되었다. 우리 학교에서는 지난 해 활동이 있었던 덕분인지 다른 선생님들과도 거부감 없이 수업친구 이야기를 할 수 있게 되었다.

아쉽게도 올해는 수업친구 활동을 하기가 어렵지만 그래도 동학년 선생님들과 수시로 수업 계획이나 평가, 교육과정, 아이들의 생활 지도 등에 관해 이야기를 나누고 있다. 수업친구가 학년 친구, 학교 친구로 발전해 가는 느낌이다. 학교나 아이들에 관해 이야기를 나눌 때면 나와 수업친구 선생님들은 시간이 가는 줄 모를 정도로 서로의 이야기에 빠져들곤 했다. 수업시간에 재잘거리는 아이들처럼, 이 책을 읽는 선생님들도 수업이 끝난 후 즐겁게 학교생활을 이야기할 수 있는 '친구'를 찾을 수 있기를 바란다.

나눌수록 커지는 희망 지경준 선생님

인간은 사회적 동물이다. 그래서 혼자는 외롭다. 수업하는 교사는 그동안 학교에서 고립되고 외로운 존재였다. 동료와 나누는 이야기에도 수업은 없었다.

그러나 교사는 여전히 가르치는 사람이다. 가르치는 사람들의 이야기에 수업이 빠져도 괜찮을까? 그것은 공허한 모래성과 같다. 작은 바람에도 흔들리고 무너지기 쉽다. 교사로서의 자존감, 가르칠 수 있는 용기도 그만큼 움츠러든다.

수업친구는 학교 담장을 넘어 다양한 곳에서 찾을 수 있다. 우리 주위에는 수업에 진정성을 담고자 노력하는 많은 선생님들이 있다. 그러한 노력이 교사의 정체성을 찾아주고 교실에서의 삶에 희망을 줄 수 있다. 그리고 그 희망은 나눌수록 커진다. 이 책을 '교실에서 나는 어떤 존재인지, 동료 교사들과 무엇을 이야기해야 하는지' 고민하는 많은 교사들이 읽기를 바란다. 그리고 가르칠 수 있는 용기를 얻었으면 좋겠다. 나의 또 다른 수업친구인 새내기 교사 이환희 선생님의 글을 인용하며 마무리하려 한다.

"사실 처음엔 수업시간을 촬영한 동영상만으로 무엇을 얼마나 알 수 있을까 하는 의구심이 들기도 했다. 하지만 내 예상은 빗나갔다. 그동안 수업을 참관할 때에는 생방송 방청객이 된 기분으로 긴장감을 가지고 교실을 바라봤다. 그래서 많은 것들을 놓치기도 했다. 하지만 동영상으로 수업을 촬영하여 차분한 분위기에서 수업을 관찰하니, 선생님과 아이들을 온전히 바라보고 생각할 수 있는 여유가 생겼다.

동영상을 보는 내내 내가 느낀 과학 수업의 분위기는 한마디로 참 따뜻했다. 내가 과학 교담을 했을 땐 아이들이 다치지 않을까 하는 불안감에 실험을 할 때마다 예민해졌다. 또 시간 안에 실험을 끝내고 과학 개념을 가르칠 수 있을까 하는 생각 때문에 아이들에게 불친절하게 안내하고 설명할 때가 많았으며, 교실엔 항상 긴장감이 감돌았다. 그런데 선생님의 동영상 속 아이들은 한 명 한 명 시간에 쫓기지 않고 모두가 자유롭고 편안하게 수업에 참여하고 있었다.

나는 영상을 통해 선생님이 평소 얘기하던 교육관이 무엇인지 더 명확하게 알게 되었다. 과학 시간에 '무거울수록 아래에 자리 잡는 설탕물처럼, 사회도 아래가 튼튼해야 무너지지 않는다'는 사실을 발견하고 이 사회를 지탱하는 '공동체'를 생각할 수도 있는 것이다. '철학이 있는 교육과정'은 나침반이 있는 항해와도 같다. 그래서 교과과정은 다르더라도 그 모두를 아우르는 하나의 가치가 있고, 그것은 각각의 수업에 실제로 녹아들어 있다."

새롭게 수업친구를 사귀려는 선생님에게 **서은영 선생님**

처음 일상수업 공개를 시작할 땐 수업을 관찰하고 기록하고 수업친구와 이야기를 나누는 게 마냥 좋았다. 학교 일이 많아 힘들기도 했지만 함께였기 때문에 즐거움이 더 컸다. 그렇게 활동할 때는 더없이 재미있고 뜻깊었는데 막상 평범한 우리들의 이야기를 책으로 낸다고 하니 왠지 모를 부담감과 부끄러움이 하늘을 찌른다.

그래도 되돌아보면 수업친구 1년간의 기록이 있다는 사실만으로 든든하고 자랑스러웠다. 그 기억 덕분에 학교를 옮겨서도 활동을 계속 이어가고 싶다는 생각이 들었다.

하지만 새로 옮긴 학교는 수업친구 활동을 따로 하고 있지 않았다. 나는 마음을 굳게 먹고 직접 수업친구를 찾아보기로 했다. 그런데 '기록'이 걸렸다. 기록을 한다는 게 얼핏 형식적으로 보일 수 있기 때문이다. 그래도 혹시나 하는 희망을 갖고 동료 선생님들에게 수업친구 활동을 소개하고 함께하자고 제안해 보았다. 반응이 없을까 걱정도 됐지만 한편으로는 설레는 마음도 컸다.

그렇게 며칠이 흘렀다. 예상대로 아무 반응이 없었다. 안 되겠구나 하고 포기하려던 찰나, 한 선생님이 해 보고 싶다는 뜻을 전해 왔다. 마음을 먹고 그것을 실천에 옮기면 어떻게든 수업친구를 만날 수 있구나 하는 생각에 고맙기도 하고 안심도 되었다. 그렇게 나는 새로운 학교에서 새로운 수업친구와 일상수업 공개를 다시 시작했다.

이 책을 읽는 선생님들 가운데도 학교생활에서 의미를 찾지 못하거나, 교사로서 흔들릴 때 교육 주체들과의 관계 때문에 고민하는 분들이 있다면 나는 다시 수업친구 활동을 권하고 싶다. 그게 여의치 않다면 다른 교사 모임이어도 좋다. 만남이 있으면 거기엔 반드시 배움과 성장이 있기 때문이다.

다른 선생님들과의 만남을 통해 알게 된 사실이 하나 있다. 그것은 바로 모든 교사에게는 교육에 대한 열정이 있다는 사실이다. 쏟아지는 행정 업무와 엄격한 관행에 막혀 밖으로 나오지 못했을 뿐, 모든 선생님들은 가슴 한편에 가르침에 대한 열정을 품고 있다.

이제 용기를 내어 그것을 밖으로 꺼내보자. 옆에 있는 동료 선생님을 향해 함께하자고 손을 내밀어보자. 이 책이 선생님의 용기에 작은 보탬이 되기를 바란다. 얼마 지나지 않아 선생님도 "교사여서 행복해!"라고 진심을 담아 외치게 될 것이다.

수업친구가 있어 든든한 학교생활 **박형종 선생님**

지난 여름, 오랜만에 다섯 명의 수업친구가 다시 모였다. 이 책의 원고를 마무리하기 위해서였다. 그런데 우리의 이야기는 어느새 책 이야기에서 각자의 수업 철학과 교육에 대한 열띤 대화로 이어졌다. 예전에는 상상도 할 수 없던 일인데 지금은 이런 대화가 너무도 익숙하다. 부족하지만 지금보다 더 나은 교사가 되기 위해 함께 고민을 나누고 발전해 가는 모습이 스스로 생각해도 자랑스럽다. 그리고 나는 지금 이 순간 교사로서 정말 행복하다.

모임을 마치고 집으로 돌아오는 길에 즐겨듣던 라디오 채널에서 내 마음을 차분하게 해 주는 클래식 음악이 들려왔다. 나는 그 음악을 가만히 들으며 우리 학교, 우리 교실을 떠올렸다.

학교와 교실은 서로 다른 모습으로 서로 다른 소리를 내는 교사와 아이들이 함께 모여 있는 곳이다. 심지어 같은 학년, 같은 교실에 있어도 그 안에 있는 사람들은 모두 다른 저마다의 성격과 개성을 갖고 있다. 그래서 지금 내가 듣는 음악처럼 교실에서는 우리들의 어울림과 조화가 중요하다. 각기 다른 우리 모두가 함께 어우러져 화음을 만들어내면 따뜻한 웃음소리로 가득한 교실이 되지만, 서로 어우러지지 못하고 부딪히고 삐거덕거리다 보면 짜증과 불만으로 가득한 불협화음이 된다. 그럴 때 교실 밖에서 내 이야기를 들어주고 나에게 건강한 피드백을 주는 수업친구가 있다면 우리는 곧 다시 교실에 돌아가 화음을 맞춰볼 용기를 얻을 수 있다.

지금 글을 쓰고 있는 이 순간에도 우리 교실엔 여전히 불협화음이 남아 있다. 하지만 언젠가는 멋진 화음을 만들어낼 수 있다고 믿고 서로 노력하며 다 함께 행복해지는 교실을 만들기 위해 노력하고 있다. 그 과정에서 앞으로 또 어떤 고민이 나에게 찾아올지는 알 수 없다. 하지만 나는 걱정하지 않는다. 함께 고민을 나눌 수 있는 든든한 수업친구가 있기 때문이다.

또다시 일상수업 공개를 시작하며 **이효인 선생님**

2014년을 되돌아본다. 겁 없이 교실 문을 열고 수업친구에게 일상수업을 공개했다. 뭔가에 홀린 듯이 보낸 일 년이었다. 솔직히 수업을 공개하고 거기에 대해 이야기하고 또 그것을 기록까지 하는 이 활동을 무려 일 년 동안이나 꾸준히 하게 될 줄은 나 자신도 몰랐다. 중간에 바빠서, 힘들어서 못 할 줄 알았다. 각오는 늘 다졌지만 끝까지 갈 수 있을까 싶었다. 누가 시켜서 한 일도 아니었고 특별히 무엇을 바라고 한 것도 아니었기 때문이다.

관찰만 하면 됐지 기록은 왜 하는지, 불편한 수업 공개를 힘들게 왜 하는지 궁금해하는 선생님들도 있었다. 그때마다 설명하는 것도 쉽지 않았다. 그래도 우리끼리는 좋았다. 그냥 서로 위로가 되었다. 내가 원하는 학교와 교육의 모습을 그리다 지칠 때면 함께 그려주고 색칠해 줄 동료가 생겼기 때문이었을까. 점심시간이 지나면 날마다 수업친구와 수업 방식, 학생, 교육에 대해 수다를 떨었다. 그러다 보니 수업친구가 단짝친구가 되어버렸다.

학년 말 즈음이었다. 어느 날 아침, 학교에 새로 부임한 신규 선생님이 관심을 보이며 물었다. "그거 같이 하고 싶은데, 용기가 없어요." 아직 경험이 많지 않은 새내기 선생님이기에 혹시 이 활동이 수업에 대한 고정관념을 심어줄까 싶어 나도 조금은 걱정이 됐다. 그래서 선뜻 같이 하자고는 못하고 내년을 기약하며 공수표가 될지 모를 약속을 했었다.

그로부터 얼마 후 또 다른 선생님이 찾아와 비슷한 이야기를 했다. "내년에 선생님과 같은 학년 하고 싶어요. 일상수업 공개를 같이 하고 싶거든요." 그 선생님께도 내년을 기약했다. 그 후로도 몇몇 선생님들이 일상수업 공개에 관심을 보였다. 떠들썩하게 활동한 것도 아닌데, 과분한 관심을 받았다.

그렇게 해가 바뀌고 5월이 되도록 나는 이렇다 할 활동을 하지 않았다. 쉬기도 하고, 연수도 받고, 책도 읽었다. 학교에서도 수업 준비와 공문 처리만 하면 됐다. 자연스럽게 다시 나태함이 찾아왔다. 건강한 긴장감은 조금씩 사라져갔다.

그럴수록 마음 한구석에서 일상수업 공개를 다시 시작해야 하지 않을까 하는 생각이 조금씩 다시 자라나기 시작했다. 수업은 여느 때처럼 하고 있었지만, 어딘가 허전했다. 수업에 대해, 아이들의 배움에 대해 이야기하던 시절이 이따금씩 떠올랐다. 학교에서 근무하며 받은 상처를 서로 공감하며 감싸주었던 동료애가 그리웠다. 게다가 작년에 함께하자고 약속했던 선생님들과 눈이 마주칠 때마다 '언제 시작할 거예요?'라고 묻는 것처럼 느껴졌다. 도둑이 제 발 저린다는 게 꼭 나를 두고 하는 말 같았다. 피해갈 수 없는 운명처럼 느껴졌다.

그렇게 나는 다시 수업친구 2기 활동을 시작했다. 참여 교사가 작년보다 훨씬 늘어났다. 다들 자발적으로 참여한 분들이다. 이 귀한 인연들과 함께하며 수업에서 보람도 찾고 교사로서 성숙할 내 모습을 생각하니 벌써부터 기대가 된다.

첫 회의 때 나는 수업친구 활동에 대한 생각을 솔직하게 이야기했다. 자기성찰을 위해 글을 쓴다는 것은 만만치 않은 일이다. 그렇기에 당연히 겁도 난다. 하지만 노력이 쌓이면 그 노력만큼 값진 무언가를 얻을 수 있다. 일상수업 공개를 통한 자기성찰은 교사의 정체성을 되찾아주고 우리가 가야 할 방향을 알려준다. 나는 이 사실을 경험을 통해 확인했다.

그래서 이 책을 읽는 선생님들께도 드리고 싶은 말씀이 있다. 용기를 내서 수업친구와 인연을 맺어보시기를. 그리고 수업친구와 일상수업 공개를 꼭 해 보시기를. 그래서 교사와 학생, 가르침과 배움, 교육의 나아갈 방향에 대하여 이야기를 나눠보시기를. 어느 순간 자신도 모르게 훌쩍 성장한 모습을 발견하게 되실 것이다.

「이 도서의 국립중앙도서관 출판시도서목록(CIP)은
서지정보유통지원시스템 홈페이지(http://seoji.nl.go.kr)와
국가자료공동목록시스템(http://www.nl.go.kr/kolisnet)에서 이용하실 수 있습니다.
(CIP제어번호: CIP 2015024432)」

수업친구

초판 1쇄 발행 2015년 10월 15일

지은이 김보미 지경준 서은영 박형종 이효인

발행인 이진영
편집인 윤을식

책임편집 박은아
편집 남민우

펴낸곳 도서출판 지식프레임
출판등록 2008년 1월 4일 제 322-2008-000004호

주소 서울시 서초구 방배동 981-32 봉황빌딩 B1
전화 (02)521-3172 | **팩스** (02)6007-1835
이메일 editor@jisikframe.com
홈페이지 http://www.jisikframe.com

ISBN 978-89-94655-42-0 (03370)